La vade-mecum du chef de terre

Les formalités administratives au Cameroun de A à Z

Problématiques africaines
Collection dirigée par Lucien AYISSI

Il s'agit de promouvoir la pensée relative au devenir éthique et politique de l'Afrique dans un monde dont on proclame de plus en plus la fin de l'histoire et de la géographie. L'enjeu principal de cette pensée à promouvoir est la réappropriation conceptuelle, par les intellectuels africains (philosophes, politistes, et les autres hommes et femmes de culture), d'un débat qui est souvent initié et mené ailleurs par d'autres, mais dont les conclusions trouvent dans le continent africain, le champ d'application ou d'expérimentation. La pensée à promouvoir doit notamment s'articuler, dans la perspective de la justice et de la paix, autour des questions liées au vivre-ensemble et aux modalités éthiques et politiques de la gestion de la différence dans un espace politique où la précarité fait souvent le lit de la conflictualité.

La collection « Problématiques africaines » a également l'ambition d'être un important espace scientifique susceptible de rendre de plus en plus présente l'Afrique dans les débats mondiaux relatifs à l'éthique et à la politique.

Déjà parus

Léonelle Flore NGUINTA HEUGANG DIEKOUAM, *La protection de l'environnement en période de conflit armé*, 2015.
Étienne SEGNOU, *Le nationalisme camerounais dans les programmes et manuels d'histoire*, 2015.
Gianna PALLANTE, *Essai d'interprétation du vivre ensemble. Du dialogue interculturel*, volume 2, 2014.
Gianna PALLANTE, *Essai d'interprétation des phénomènes culturels. Du dialogue interculturel, volume1*, 2014.
Henri Brice AFANE, *Agents publics, pouvoirs et terroirs en Afrique*, 2014.
Pascal MANI, *Le vade-mecum du chef de terre. How to succeed in the prefectural career*, 2013.
Joseph NDZOMO-MOLÉ, *Autopsie de la « ploutomanie » et critique de l'esprit de jouissance. Critique de la mentalité « digesto-festive »*, 2013.
Roger Bernard ONOMO ETABA, *Rivalités et conflits religieux au Cameroun*, 2013.
Jean NZIEH ENGONO, *Discours sur l'afro-modernité*, 2013.
Nsame MBONGO, *La personnalité physique du monde noir. Contre-histoire de la philosophie, tome 2*, 2013.
Nsame MBONGO, *La philosophie classique africaine. Contre-histoire de la philosophie, tome 1*, 2013.
Pascal MANI, *La problématique de la retraite sous les tropiques*, 2012.

Pascal MANI

Le vade-mecum du chef de terre

Les formalités administratives au Cameroun de A à Z

Volume 2

L'Harmattan

Du même auteur chez le même éditeur

LE VADE-MECUM DU CHEF DE TERRE, Comment réussir une carrière dans la préfectorale, déc. 2010, 229 p.

LA PROBLÉMATIQUE DE LA RETRAITE SOUS LES TROPIQUES, oct. 2012, 188 p.

LE VADE-MECUM DU CHEF DE TERRE, vol. 1, How to succeed in the prefectural career, 2014, 311 p.

5-7, rue de l'Ecole-Polytechnique, 75005 Paris

http://www.harmattan.fr
diffusion.harmattan@wanadoo.fr
harmattan1@wanadoo.fr

ISBN : 978-2-343-10443-0
EAN : 9782343104430

Dédicace spéciale in memoriam

À

- l'oncle Eteme Oloa Athanase
- mon beau-père Etaba Ateba Simon-Pierre

Remerciements

Toute œuvre de recherche est un cheminement qui donne l'occasion à son auteur de vivre ou d'apprécier la collaboration de certaines personnes.

Je remercie vivement tous ceux qui ont contribué, à un moment donné et à divers niveaux, à la réalisation de cette œuvre, que ce soit pour la documentation ou la relecture du document : ils se reconnaîtront.

Avertissement

Ce modeste travail porte essentiellement sur les principales formalités administratives en cours au Cameroun. Il peut aussi s'agir des termes juridiques les plus usités ou qui sont utiles au citoyen camerounais, et à tous ceux qui s'intéressent à ce pays. Donc, il ne s'agit ni de droit ni de science administrative, encore moins de l'histoire du Cameroun, mais de quelque chose de plus général faisant appel à tout cela à la fois, sans prétention aucune.

Il faut observer qu'avec le temps, il est fort probable que l'état de la réglementation évolue dans un sens ; dans ce cas, en attendant les éventuelles mises à jour de cet ouvrage, toute personne intéressée a le droit de se rapprocher de l'administration compétente pour connaître les dernières modalités en vigueur.

Mode d'emploi de ce lexique particulier

Ce lexique se présente par ordre alphabétique et numérique :

Le mot principal ou groupe de mots de base est mis en exergue avec, autour de celui-ci, les multiples usages ; ainsi, il peut être remplacé par des points de suspension. Exemple : pour **Police**, il est indiqué, **... administrative** ; **... judiciaire**, ... **municipale**.

Autre cas, un mot de base peut être placé de manière à faire ressortir les autres opérations, situations ou procédures connexes ou alors le point où le terme est mieux traité. Par exemple, sous **Titre foncier**, on trouve les mots ou groupes de mots suivants : **immatriculation directe**, **concession**, **transcription**, etc. Ce regroupement, avec certains usages courants y relatifs, permet de trouver le lien direct entre les situations afin d'analyser les conséquences éventuelles qui en découlent.

Les renvois (le mot est suivi d'un astérisque et/ou de la formule « voir ...* ») permettent de se repérer au cours de l'exploitation et d'aller là où le mot est mis en exergue, c'est-à-dire traité ou mieux expliqué. De même, « **cf.** » renvoie aux dispositions ou références de certains textes.

Avant-propos

Le chef de terre qui est le dépositaire de l'autorité de l'État dans son unité de compétence est au centre de toutes les préoccupations. Le plus souvent, il est confronté à des interrogations sur de nombreuses procédures relevant tant de sa compétence que de celle des autres leviers de l'État. Parfois, il s'agit des débats portant sur les aspects les plus variés de la vie publique avec une tonalité frisant un contrôle de connaissances.

Le « bon » chef de terre efficace, disponible, se doit non seulement de dissiper les doutes ou les malentendus de ses administrés, de ses collaborateurs, mais aussi d'orienter judicieusement ceux-ci vers les structures compétentes, le cas échéant. Cela suppose qu'il est lui-même informé de la bonne pratique, car une erreur d'orientation ruinerait son image, voire son prestige.

Ce rôle de conseiller en matière juridico-administrative est d'autant plus sensible que l'éloignement des grands centres de décision est un obstacle supplémentaire d'accès à la connaissance pour les populations, surtout des zones rurales. Bien plus, dans notre contexte, la divulgation des informations, des normes, des textes n'est pas la chose la mieux partagée ; même si en réalité cela ne contredit pas au fond le principe selon lequel « nul n'est censé ignorer la loi ».

Une autorité compétente n'est pas celle qui, par des manœuvres plus ou moins habiles, ou par un tour de passe-passe, tenterait d'instruire des dossiers à son niveau, au-delà de ses attributions formelles. En effet, la bonne écoute faite d'un geste de réconfort et d'une orientation correcte est salutaire quand des individus sont désorientés, voire désemparés.

Au demeurant, le représentant de l'État à la périphérie et/ou le bon citoyen doivent chercher à maîtriser autant que possible l'histoire du pays, l'état de la législation dans des secteurs variés, les pratiques et les procédures dans de nombreux domaines. Il peut aussi être question, au-delà des procédures et formalités administratives, d'appréhender les implications pratiques des concepts juridiques courants.

Aussi est-il une tâche exaltante de rendre service et surtout d'avoir la pleine maîtrise de toute situation, à temps et à contretemps… Cependant, pourquoi interroger les autres, fussent-ils les voix les plus autorisées, là où on peut soi-même avoir la solution ?

C'est le sens de cet ouvrage qui aurait pu s'intituler « Le guide du bon citoyen ».

Introduction

Les relations entre l'État et le citoyen, entre l'Administration et l'usager/client, entre le service public et les principaux demandeurs, sont facilitées par la connaissance par tous des procédures objectives mises en place pour chaque situation. Cela permet non seulement de dissiper de nombreux malentendus, mais aussi de réduire les incompréhensions et les récriminations qui alimentent parfois le contentieux administratif. Bien plus, face au désarroi de l'usager ignorant, l'opacité des procédures est un terreau favorable à la manipulation des esprits, voire à la corruption.

Par l'adoption d'un manuel de procédures pour chaque département ministériel, il est un fait indéniable que l'administration camerounaise se modernise. Toutefois, cette opération connaît certainement des résistances de la part de ceux qui tirent profit de l'opacité du système. S'il peut être relativement facile d'élaborer des procédures, il peut aussi être plus difficile, voire complexe de les mettre à la disposition du grand public. Or, la vulgarisation des procédures administratives, par exemple, peut être considérée comme un moyen de lutte pour la gouvernance, c'est-à-dire contre la corruption et les autres pratiques contraires à l'éthique. En effet, l'État ne doit pas se contenter d'édicter des règles, il doit aussi les appliquer lui-même à travers ses agents à tous les niveaux ; mais il lui incombe surtout de les vulgariser pour réduire à leur plus simple expression les initiatives individuelles des agents publics, voire leur pouvoir discrétionnaire qui sont généralement source de chantage, d'abus de pouvoir et de conflits.

La mise en place des mécanismes objectifs, susceptibles d'être connus de tous, est une forme de transparence qui permet de restreindre les incertitudes, les pertes de temps et de rapprocher les pouvoirs publics des citoyens et des populations qu'ils sont censés servir dans une relation de confiance réciproque : ce qui élimine les barrières pour accroître l'efficacité de l'Administration.

La connaissance de ses droits et obligations permet au citoyen d'appréhender les limites du libre exercice de ses libertés individuelles ;

aussi, la jouissance des droits entraîne-t-elle une bonne expansion des réflexes démocratiques, gage d'une gouvernance positive susceptible d'asseoir le bien-être individuel et collectif. C'est un défi majeur pour tous : gouvernants, citoyens, société civile, communauté internationale.

Liste des abréviations

Art. : Article

BRQ : Bulletin de renseignements quotidien

CEMAC : Communauté économique et monétaire de l'Afrique centrale

CNPS : Caisse nationale de prévoyance sociale

cf. : Confer (se référer à)

CTD : Collectivité territoriale décentralisée

Ex. : Exemple

GIC : Groupement d'intérêt communautaire

GIE : Groupement d'intérêt économique

LF : Loi fédérale

N.B. : Nota bene

OHADA : Organisation pour l'harmonisation en Afrique du droit des affaires

Pr. : Professeur

UMAC : Union monétaire de l'Afrique centrale

A

1. Abandon (... d'une concession forestière ... de foyer, ... de poste)

Abandon est défini comme le « fait de délaisser une personne, un bien ou une activité au mépris d'un devoir ».

1- L'**abandon d'une concession forestière** est le fait pour un exploitant forestier de renoncer à exploiter une **concession* forestière**.

2- L'**abandon de foyer** consiste pour l'un des conjoints, un tuteur ou un responsable coutumier, à abandonner le domicile conjugal ou familial, voire à se soustraire à ses obligations. C'est une infraction réprimée par le code pénal (art. 358).

L'abandon de foyer est aussi une cause péremptoire de divorce.

3- L'**abandon de poste** pour un fonctionnaire est consécutif à une absence irrégulière non justifiée. Au-delà de 30 jours consécutifs après une mise en demeure restée sans effet auprès du fonctionnaire ayant abandonné son poste de travail, la révocation, c'est-à-dire son exclusion définitive du service, peut être prononcée par l'autorité investie du pouvoir de nomination (cf. art. 121 du statut général de la fonction publique).

Pour un militaire, on entend par poste l'endroit où on s'est rendu ou on se trouve sur l'ordre de ses chefs pour l'accomplissement d'une mission ; l'**abandon de poste** dans ce cas est puni d'une peine d'emprisonnement variant selon qu'il a été effectué en temps de guerre, de siège, en présence des rebelles ou de l'ennemi (voir aussi **désertion***).

2. Absence (… irrégulière, autorisation d'…, permission d'…)

L'**absence** est, en droit civil, l'état d'une personne qu'aucun événement ne laisse présager qu'elle est décédée, mais dont on est sans nouvelles.

1- L'**absence irrégulière** pour un fonctionnaire est le fait de s'absenter de son poste sans justification (cf. art. 105 du statut général de la fonction publique).

Dans ce cas, la première mesure conservatoire à prendre par le chef hiérarchique dudit agent public est d'établir par un acte réglementaire, le début de l'absence et les effets induits notamment la suspension de salaire. Si l'agent regagne son poste, un autre acte devra déterminer la durée exacte de l'absence avant toute autre procédure.

Le supérieur hiérarchique qui s'abstient de communiquer l'absence irrégulière d'un collaborateur à l'autorité compétente, ou de prendre des mesures conservatoires consécutives à une absence irrégulière, est passible d'une sanction disciplinaire.

Un agent public désireux de s'absenter de son poste de manière régulière dispose de deux options : il peut bénéficier d'une autorisation d'absence ou d'une permission d'absence selon les cas.

2- L'**autorisation d'absence** (cf. article 54 du décret susvisé) pour un fonctionnaire vise à lui permettre de s'absenter de son service, délai de route non compris, pour des raisons objectives de famille : une naissance dans un foyer légitime (03 jours ouvrables), mariage ou décès du conjoint (05 jours ouvrables), le décès d'un descendant ou d'un ascendant de premier degré ou des collatéraux (03 jours ouvrables).

3- Une **permission d'absence** peut être accordée à un fonctionnaire pour convenance personnelle dûment justifiée. Au cours d'une année, si les permissions d'absence dont bénéficie un fonctionnaire excèdent 10 jours, toute nouvelle permission est déduite du prochain congé administratif annuel (cf. article 54 du décret n°94/199 du 07 octobre 1994 portant statut général de la fonction publique, modifié et complété par le décret n°2000/287 du 12 octobre 2000).

N.B. Les autorisations spéciales et permissions d'absence peuvent être accordées aux agents publics en poste dans les services centraux sur leur demande écrite, par le ministre utilisateur ou un de ses collaborateurs ayant reçu délégation de signature à cet effet.

Les agents publics travaillant dans les services extérieurs quant à eux doivent s'adresser, sous couvert de leur chef hiérarchique le cas échéant, aux différents chefs d'unités administratives correspondant à leur niveau de responsabilité (cf. art. 2 du décret n°2000/690/PM du 13 septembre 2000 du Premier ministre chef du gouvernement déterminant les autorités compétentes pour l'octroi des autorisations spéciales et permissions d'absence).

3. Abus (... de confiance, ... de fonction, ... de pouvoir)

Un **abus** est l'usage excessif d'une chose ou d'une prérogative juridique, ou encore un acte injuste. C'est une action consistant pour le titulaire d'un droit, d'un pouvoir ou d'une fonction, à sortir du cadre légal qui en gouverne l'exercice licite.

1- L'**abus de confiance** est un acte par lequel un individu porte atteinte à la fortune d'autrui en détournant, détruisant ou soustrayant tout bien qu'il a reçu pour en faire un usage déterminé (art. 318 du code pénal).

2- L'**abus de fonction** concerne l'agent public qui profite de sa position pour porter atteinte aux droits ou intérêts privés. Les peines et amendes punissant cette infraction sont prévues entre autres à l'article 140 du code pénal.

3- L'**abus de pouvoir** consiste, pour une personne morale ou physique, à accomplir un acte qui dépasse ses droits et ses attributions.

4. Accident (... de trajet, ... de travail)

Un **accident** est un fait involontaire ou un événement dommageable et imprévu.

1- Un **accident de trajet** est assimilé à un accident de travail survenu à un travailleur au cours de son voyage aller et retour, entre sa résidence et son lieu de travail. Pour produire les effets de droit escomptés, l'accident doit être survenu pendant le temps normal de trajet entre le domicile et le lieu de service ou dans le sens contraire.

2- Un **accident de travail** est celui qui survient par le fait ou à l'occasion du travail.

Tout travailleur victime d'un accident professionnel grave doit immédiatement le porter à la connaissance de l'employeur ou de l'un de ses préposés, sauf cas de force majeure (cf. décret n°78/546 du 28 décembre 1978 fixant les modalités de déclaration et la procédure d'enquête en matière d'accident de travail ou de maladies professionnelles).

L'employeur ainsi informé est tenu : d'assurer les premiers secours ou les premiers soins, de procéder à l'évacuation de l'accidenté en urgence vers un centre de soins approprié, de déclarer l'accident à la CNPS et à l'inspecteur du travail territorialement compétent.

En cas de carence de l'employeur, c'est-à-dire s'il ne déclare pas l'accident à la CNPS ou si le travailleur n'y est pas immatriculé, la victime d'un accident grave ou ses ayants droit disposent d'un délai de 03 ans pour le déclarer à la Caisse nationale de prévoyance sociale. Cette société prend en charge les accidents de travail et les maladies professionnelles, y compris ceux des travailleurs non affiliés à la CNPS, pour exercer à la fin une action récursoire contre les employeurs indélicats.

N.B. Les accidents bénins doivent faire l'objet d'un suivi local. Toutefois, en cas de complication ultérieure y relative, déclaration doit être faite selon les formes et délais prescrits ci-dessus.

5. Accident de circulation (constat, constat amiable, délit de fuite)

Un **accident de circulation** désigne tout accident impliquant un engin terrestre à moteur (véhicules, remorques, semi-remorques et autres), d'un fait de la circulation sauf preuve contraire apportée par la victime.

1 - Le **constat d'un accident de circulation** est fait par un agent de police ou de gendarmerie qui doit trouver le ou les engins accidentés en l'état, au lieu de l'accident. Toutefois, en attendant les agents publics chargés du constat, pour ne pas bloquer la circulation ou entraver d'une manière générale la voie, il faut prendre soin de matérialiser la position sur le terrain de chaque véhicule et/ou personne impliqués dans l'accident et les mettre de côté ou les secourir (s'il s'agit des personnes).

Après le constat, chaque accidenté doit déclarer l'accident à son assureur au plus tard dans les 72 heures ; celui-ci se chargeant de contacter l'assureur de l'autre partie le cas échéant.

2 - Un **constat** est dit **amiable** lorsqu'il résulte d'une entente entre les deux parties à un accident de circulation ; de ce fait, il suffit qu'elles remplissent les formulaires disponibles dans leurs compagnies d'assurance respectives pour déclencher la procédure.

3 - Le **délit de fuite** consiste, pour le conducteur d'un engin accidenté, à prendre la fuite pour échapper à la responsabilité qu'il encourt. C'est une infraction punissable des peines prévues aux articles 289 et 290 du code pénal avec possibilité d'une décision judiciaire de retrait de permis

de conduire ou l'interdiction de l'obtenir pour une durée maximum de 02 ans.

6. Accusé

Un **accusé** est une personne qui, après inculpation par le juge d'instruction, doit comparaître pour des actes qualifiés de **crimes*** dont elle est soupçonnée d'être l'auteur.

Pour un délit ou contravention, voir **prévenu***.

7. Actes d'état civil (**reconstitution** ou **rectification d'...**)

Un **acte d'état civil** est un document authentique prévu par la loi pour constater une situation juridique donnée (naissance, mariage, décès).

1 - Les **actes d'état civil** qui concernent les naissances, les mariages et les décès sont gratuitement dressés dans des centres principaux d'état civil (**mairies***, **ambassades*** et **consulats*** à l'étranger) et dans des centres secondaires d'état civil à l'intérieur du pays. Les formulaires à remplir à cet effet sont exempts de timbre.

- **Acte de naissance**

L'**acte de naissance** qui est un document authentique dressé dans un centre d'état civil pour constater la naissance d'un enfant comporte les mentions ci-après : - nom du centre d'état civil - noms, prénoms et sexe ainsi que les date et lieu de naissance de l'enfant - noms, prénoms, âge, nationalité, profession, domicile ou résidence du père et de la mère de l'enfant - noms, prénoms et signatures de l'officier et du secrétaire d'état civil - date d'établissement de l'acte.

N.B. Un enfant né hors mariage peut être directement reconnu par le père par déclaration devant l'officier d'état civil au moment de l'établissement de l'acte de naissance. Après consentement de la mère et en présence de 02 témoins, cette déclaration est consignée dans un registre spécial coté et paraphé par le président du tribunal et destiné à cet effet. S'il n'y a pas contestation, le nom du père doit être porté sur l'espace réservé sur l'acte. Si la mère de l'enfant reconnu est mineure, ses parents doivent être entendus (cf. articles 43 et 44 de l'ordonnance n°81/002 du 29 juin 1961 portant organisation de l'état civil et diverses dispositions relatives à l'état des personnes physiques).

En cas de reconnaissance ou de légitimation d'un enfant né hors mariage par jugement du tribunal, la décision du tribunal doit être portée en marge de l'acte de naissance (cf. art. 41, al.3 de l'ordonnance susvisée).

La naissance doit être déclarée à l'officier d'état civil dans les 60 jours suivant l'accouchement (cf. article 30 de la loi n°2011/011 du 06 mai 2011 modifiant et complétant certaines dispositions de l'ordonnance n°81 - 02 du 29 juin 1981 portant organisation de l'état civil et diverses dispositions relatives à l'état des personnes physiques). Aussi, lorsqu'un enfant est né dans un centre hospitalier, le médecin ou toute autre personne ayant assisté la maman est tenu de déclarer la naissance de l'enfant dans les 30 jours suivant l'accouchement.

Toutefois, les naissances déclarées après expiration des délais sont enregistrées sur réquisition du procureur de la République.

Après 06 mois, si une naissance n'a pas été déclarée, elle ne peut l'être qu'en vertu d'un jugement rendu par le tribunal compétent (cf. articles 23 et 24 de l'ordonnance n°81/002 du 29 juin 1981 portant organisation de l'état civil et diverses dispositions relatives à l'état des personnes physiques). Voir infra, **rectification** et **reconstitution**.

- **Acte de mariage**

L'**acte de mariage** est le document d'état civil dressé dans un centre d'état civil après la célébration du mariage entre deux personnes de sexe opposé. Il est conjointement signé par les époux, les témoins, l'officier et le secrétaire d'état civil après que les conditions notamment d'âge et de publication de ban ont été remplies.

L'acte de mariage comporte également les mentions suivantes : - le nom du centre d'état civil - les noms, prénoms, date et lieu de naissance, nationalité, profession et domicile des époux - consentement des parents en cas de minorité - les date et lieu de célébration du mariage - l'indication du régime des biens (communauté ou séparation des biens) - la forme du mariage (monogamie ou polygamie) - les noms et prénoms des témoins.

- **Acte de décès**

L'**acte de décès** est le document d'état civil visant à constater légalement le décès d'une personne ; il comporte les mentions suivantes : - le nom du centre d'état civil - les noms, prénoms, sexe, date et lieu de naissance, situation matrimoniale, profession et domicile du défunt - les date et lieu du décès - les noms et prénoms du père et de la mère du défunt - noms, domicile et qualité du déclarant - les noms, profession et domicile des témoins le cas échéant - la date d'établissement de l'acte.

La déclaration de décès d'une personne doit être faite par un parent, un témoin ayant eu connaissance certaine du décès ou par le responsable d'un établissement hospitalier ou pénitentiaire en cas de mort dans une de ces structures.

2 - La **rectification** et la **reconstitution des actes d'état civil** ne peuvent être faites que par jugement du tribunal après enquête menée par le parquet compétent :

- la **rectification** se fait lorsque l'acte d'état civil comporte des mentions erronées qui n'ont pas pu être redressées au moment de l'établissement dudit acte (voir **rature***) ;

- la **reconstitution** a lieu en cas de perte, de destruction de registres ou lorsque la déclaration n'a pas été faite selon les délais légaux.

Les demandes y relatives adressées au président du tribunal territorialement compétent où l'acte a été ou aurait dû être dressé comportent les noms et prénoms du requérant ; les noms, prénoms, filiation, date et lieu de naissance de la personne concernée par la rectification ou la reconstitution ; les motifs justifiant la rectification ou la reconstitution demandée ; les noms, prénoms, âge et résidence des témoins ; le centre d'état civil où l'acte a été ou aurait dû être dressé.

3 - Un **extrait de la souche** de tout acte d'état civil, pour un usage ponctuel, peut être établi par le centre d'état civil où cet acte a été préalablement dressé, à condition pour son titulaire de fournir certains éléments qui permettent de retrouver ladite souche.

8. Action (... civile, ... publique)

1 - L'**action civile,** auprès des tribunaux compétents, vise la réparation du dommage causé par un tiers en vertu de l'article 1382 et suivants du code civil. Elle se fait à l'initiative de la victime par voie d'**agent d'affaires*** ou d'**avocat***, par exploit d'huissier ou par requête directe devant la juridiction compétente.

2 - L'**action publique** est, au nom de la société, l'opération qui vise à faire sanctionner par un juge les violations de la loi pénale. Elle peut être engagée par des magistrats du parquet ou des officiers de police judiciaire contre les auteurs d'infractions, par une victime sous forme de

plainte ou par un tiers sous forme de dénonciation auprès du tribunal compétent.

9. Action récursoire

Une **action récursoire** est une opération par laquelle, l'État ou tout simplement un employeur, récupère auprès de son agent ou employé, auteur d'une faute personnelle, les moyens qu'il a engagés pour réparer le préjudice que cet agent aura causé à un tiers. Cela résulte en fait de la substitution de la responsabilité de l'agent condamné pour faute personnelle à celle de l'employeur.

À titre d'exemple, si un chauffeur d'un véhicule administratif dans un état d'ivresse, percute un piéton et est condamné à payer des dommages à cette victime, l'État peut payer cette somme d'argent dans un premier temps et se retourner contre son agent pour récupérer les sommes versées. Cette opération de remboursement est une action récursoire qui n'est pas exclusive des sanctions disciplinaires. Cependant, dans le cadre de la fonction publique, l'agent mis en cause peut saisir le juge administratif pour contestation de l'ordre de recettes émis à son encontre. (cf. article 26 du décret portant statut général de la fonction publique et l'arrêté n°0006437/CAB/MINFOPRA du 21 sept. 2000 fixant les modalités de l'exercice de l'action récursoire).

10. Adjoint (… au sous-préfet, … au préfet)

1- L'**adjoint au sous-préfet** est le fonctionnaire qui seconde le sous-préfet dans l'exercice de ses fonctions. Il fait partie du personnel de commandement et en est le premier niveau au bas de l'échelle. Il a rang de chef de service de l'administration centrale et « bénéficie des prérogatives accordées au sous-préfet, dans la limite des conditions prévues par les textes particuliers en vigueur » cf. décret n°2011/109 du 29 avril 2011 fixant les rangs et prérogatives des personnels des services des chefs de circonscriptions administratives.

2- L'**adjoint préfectoral** est l'assistant du préfet dans les mêmes conditions que ci-dessus. Un préfet peut avoir plusieurs adjoints. L'adjoint préfectoral a rang de sous-préfet.

N.B. L'adjoint au sous-préfet et les adjoints au préfet sont nommés par arrêté du Premier ministre.

11. Administration (... centrale)

L'**Administration** est l'ensemble des services et des agents publics chargés d'assurer l'exécution des lois et règlements, et le fonctionnement continu des services de l'État. Elle est placée sous l'autorité du **gouvernement***.

L'administration centrale est l'ensemble des services centraux des ministères ou autres structures installés dans la **capitale***, différents des services déconcentrés (extérieurs) de l'État se trouvant à la périphérie.

L'administration centrale d'un département ministériel fonctionne sous l'autorité directe du ministre. Elle comprend, outre le cabinet du ministre avec tous les services y rattachés, les directions et autres structures, avec tous les personnels qui travaillent sous une hiérarchie bien déterminée.

12. Adoption d'enfant

L'**adoption d'enfant** est une procédure légale qui permet à une personne, l'adoptant, d'avoir un lien de filiation volontaire avec un enfant de son choix.

Au Cameroun, les procédures d'adoption se font actuellement selon les cas conformément aux dispositions de la loi n°84/04 du 04 juillet 1984 fixant les conditions d'adoption et de tutelle des **pupilles de la nation*** et de l'article 344 du code civil.

L'adoption d'enfant se fait exclusivement par voie judiciaire. Il y a : l'**adoption simple** lorsque les géniteurs de l'enfant sont connus, et l'**adoption plénière** lorsqu'il s'agit d'un enfant abandonné. Toutefois, pour le cas d'extrême urgence d'un enfant en détresse, le gouvernement utilise la formule de « placement administratif provisoire » dans un foyer local ou dans un centre d'accueil agréé (**œuvre sociale privée***) en attendant une éventuelle demande d'adoption.

13. Adultère

L'**adultère** est une relation sexuelle extraconjugale, c'est-à-dire le fait, pour une personne engagée dans un lien de mariage, d'avoir des relations sexuelles avec une personne autre que son conjoint. L'adultère est une cause péremptoire de divorce (cf. articles 229 et 230 du code civil) et est également un délit au regard de l'article 85 du code pénal.

14. Aéroport

Un **aéroport** est un espace comprenant de nombreuses installations nécessaires au trafic d'aéronefs.

Un aéroport est dit international lorsque plusieurs États ont décidé d'y installer d'un commun accord leurs services de douanes et de police. Sa gestion relève de la compétence du ministère camerounais en charge des problèmes des transports.

Le comité de sûreté prévu dans chaque aéroport du Cameroun et réglementé par l'arrêté présidentiel n° 222/CAB/PR du 13 juillet 2004 est en principe un organe consultatif chargé d'émettre des avis sur toute question relative aux mesures de sûreté dans les aéroports.

15. Affichage

L'**affichage** est un moyen de communication qui consiste à placarder un document d'information ou de publicité sur un support généralement vertical.

L'affichage dans les lieux publics est organisé par les responsables compétents en charge desdites structures publiques. Les autres points d'affichage sont désignés par le magistrat municipal territorialement compétent (cf. article 33 de la loi n°90/052 du 19 décembre 1990 relative à la liberté de communication sociale).

N.B. L'affichage des photos et documents des candidats en période de campagne électorale est organisé par Elections Cameroon sur des emplacements prévus par le magistrat municipal (cf. article 90 du code électoral).

16. Agent d'affaires

Est **agent d'affaires** celui qui, sans être **officier ministériel*** ou avocat défenseur, a pour profession moyennant rétribution, de gérer les affaires d'autrui en donnant des conseils, en rédigeant des contrats, en recouvrant des créances, en un mot en intervenant pour le compte de certaines personnes.

L'autorisation d'être agent d'affaires est accordée par décision du ministre de la Justice sous les conditions suivantes :

- être Camerounais âgé de 25 ans au moins ;
- être titulaire de la capacité en droit, du baccalauréat ou du brevet supérieur ;

• avoir effectué un stage certifié dans une étude d'avocat, de notaire, d'huissier de justice ou dans un greffe, ou encore satisfaire à un examen d'aptitude (cf. arrêté du 07 juillet 1955 sur la profession d'agent d'affaires et d'écrivain public).

17. Agent de maison (voir **domestique***)

18. Aire (... protégée, ... de santé)

Une **aire** est un espace géographique bien délimité et servant à une activité ou une opération donnée.

1 - Une **aire protégée** est, en matière faunique, une zone protégée par des lois et règlements afin d'y limiter l'occupation ou les activités humaines. Il peut s'agir des paysages, des parcs nationaux ou naturels (pour les espèces sauvages), etc.

2 - Une **aire de santé** est une parcelle du territoire regroupant un ou plusieurs villages ou quartiers et considérée comme entité en matière de santé publique. Une aire de santé correspond à un seul centre de santé intégré.

19. Alcool (voir **débit de boissons***)

Il y a plusieurs sortes d'alcools à consommer : les spiritueux, les vins, les bières, etc. Ceux-ci correspondent à une catégorisation précise.

20. Ambassadeur (... itinérant)

1 - Un **ambassadeur** est d'une manière générale un chef de mission diplomatique, représentant d'un État souverain dans un État étranger. Il se fait accréditer par des **lettres de créance*** et bénéficie de l'**immunité diplomatique*** dans l'exercice de ses fonctions.

Au Cameroun, les ambassadeurs sont nommés par décret présidentiel et ne sont pas nécessairement des diplomates de formation.

Les ambassadeurs nommés auprès de l'État du Cameroun présentent leurs lettres de créance au Chef de l'État au cours d'une cérémonie publique au palais présidentiel.

Il faut noter que le « Haut commissaire » est l'appellation de l'ambassadeur d'un pays membre du Commonwealth tandis que le Nonce apostolique est l'ambassadeur de l'État de la Cité du Vatican.

2 - Un **ambassadeur itinérant** est une personnalité nommée par le Chef de l'État et à qui il peut confier des missions spéciales.

21. Amende

Une **amende** est une pénalité pécuniaire infligée à une personne l'obligeant à verser au Trésor public une somme d'argent dont le minima et le maxima sont déterminés par la loi, et le montant généralement fixé par le juge. Elle peut être liée à une infraction pénale, sociale ou fiscale.

L'amende est différente de l'indemnisation qui, au civil, est une sorte de réparation d'un dommage causé à autrui.

22. Amendement

Un **amendement** est une modification proposée à un projet ou proposition de loi en cours de discussion au Parlement. Il peut s'agir d'une modification, d'un ajout ou de la suppression d'une partie du texte.

Les amendements sont généralement proposés par les partis politiques, les groupes parlementaires ou les députés isolés. Aux États-Unis, un amendement est une modification apportée à la Constitution de 1787.

23. Amnistie

L'**amnistie** est, concernant certaines infractions, l'extinction de l'action publique ou l'effacement d'une peine par le législateur ; subsistent cependant l'action civile et ses effets.

La loi n°91/002 du 23 avril 1991 votée et promulguée au Cameroun est un exemple de loi d'amnistie.

L'amnistie est différente, de la **grâce*** qui est accordée par le Chef de l'État à certains prisonniers de droit commun à l'occasion de la commémoration d'un événement majeur de la vie de la nation, et de la **réhabilitation***.

24. Ampliation

Une ampliation est la **copie*** d'un acte ou d'un document administratif.

Pour lui donner plus de valeur juridique, l'ampliation doit être authentifiée par un collaborateur autre que l'autorité qui a signé l'original. Le signataire fait précéder sa signature de sa fonction et de la formule « Pour Ampliation ». Par exemple, pour un document signé par le préfet et dont l'ampliation est authentifiée par le 2e adjoint préfectoral, il sera écrit : « Pour ampliation, le 2e adjoint préfectoral …) » ; s'il s'agit d'un document signé du Président de la République, on verra : « Pour Ampliation, le Secrétaire général de la Présidence de la République ... ».

25. Apostille

Une **apostille** est une mention complémentaire, modificative ou explicative faite en marge d'un acte pour l'authentifier (voir **authentification***).

Sur le plan international, c'est un procédé prévu par la convention de La Haye du 5 octobre 1961 supprimant l'exigence de la légalisation des actes publics étrangers dans les États faisant partie de la convention ou l'ayant ratifiée.

26. Appel

L'**appel** est une voie de recours ordinaire par laquelle un plaideur (appelant) porte une décision de justice d'instance qu'il désapprouve devant une juridiction supérieure afin de faire réformer ladite décision. Le but de l'appel est de provoquer un deuxième examen du procès par une juridiction autre que celle qui a statué en premier lieu. L'appel donne lieu à un examen en faits et en droit : on parle ainsi de l'effet dévolutif de l'appel.

La **cour d'appel***, située au chef-lieu de région, a une compétence régionale. De ce fait, elle statue sur les décisions rendues par les tribunaux de sa compétence.

N.B. Le délai pour faire appel est de 03 (trois) mois à compter de la signification du jugement. Cependant, en matière de divorce, le délai est de 02 (deux) mois ; et pour le **référé***, le délai est seulement de 15 (quinze) jours.

27. Appel d'offres (... ouvert, ... restreint, ... avec concours)

Un **appel d'offres** est la procédure par laquelle l'Administration, dans le cadre des **marchés publics***, invite des soumissionnaires, sous certaines conditions, à lui présenter des offres à apprécier pour le choix d'un cocontractant.

1- Un **appel d'offres ouvert** est celui qui comporte un appel public à la concurrence, sans restriction préalable. L'avis public invite tous les candidats intéressés à remettre, pour une date fixée, leurs offres.

2- Un **appel d'offres restreint** concerne un nombre limité de candidats préalablement choisis par l'Administration pour diverses raisons.

3- Un **appel d'offres** peut être assorti d'un **concours** lorsque des motifs d'ordre technique, esthétique ou financier justifient des recherches particulières.

Dans ce cas, le concours porte sur la conception d'une œuvre ou d'un projet architectural.

Il y a des **appels d'offres nationaux** et des **appels d'offres internationaux** selon qu'ils s'adressent aux nationaux ou aux étrangers.

28. Arme (... de chasse, ... guerre, ... de poing, autorisation d'achat d' ..., permis de port d' ..., achat de cartouches)

Une **arme,** selon Gérard CORNU dans le *Vocabulaire juridique*, est un engin destiné à l'attaque ou à la défense.

Dans le cadre des activités du ministère de l'Administration territoriale, on distingue les **armes de chasse** et les **armes de poing**.

1 - Une **arme de chasse,** comme son nom l'indique, sert aux activités de chasse légère (pour petit gibier) ou de grande chasse (pour gros animaux). Son acquisition est subordonnée à une autorisation préalable (voir ci-dessous autorisation d'achat d'arme).

2 - Une **arme de guerre** est un engin susceptible d'être utilisé par les forces de sécurité et de défense dans le cadre d'un conflit armé.

3 - Une **arme de poing** est une arme légère, genre pistolet ou revolver, servant aux activités de protection d'un individu. Son acquisition et son port par un particulier sont subordonnés à une autorisation donnée par le ministre en charge de l'administration territoriale.

4 - **Autorisation d'achat ou d'acquisition d'arme**

Nul ne peut acquérir une arme de chasse ou de protection s'il n'a obtenu au préalable une autorisation dûment signée d'une autorité compétente.

- L'**autorisation d'achat d'arme** est un document délivré par une autorité compétente (préfet, gouverneur de région, ministre de l'Administration territoriale) donnant le pouvoir à son titulaire d'acheter une arme (de chasse ou de protection).

Le postulant doit constituer un dossier comprenant les pièces suivantes :

- une demande timbrée spécifiant les caractéristiques de l'arme sollicitée ;
- un extrait de casier judiciaire n°3 de moins de 3 mois ;
- une copie de l'acte de naissance ou tout autre document en tenant lieu ;
- une attestation des services fiscaux attestant que le postulant s'est acquitté des taxes auxquelles il est assujetti ou qu'il en est exempté ;
- deux fiches de renseignements de modèle réglementaire dont une timbrée revêtue de l'appréciation du chef hiérarchique le cas échéant, ou du sous-préfet territorialement compétent, c'est-à-dire du lieu de résidence ;
- 2 photos 4x4.

N.B. - Les préfets et gouverneurs autorisent l'achat d'armes de chasse par délégation de compétence du ministre de l'Administration territoriale et de la Décentralisation.

- L'**autorisation d'achat d'une arme de poing** est signée par le ministre de l'Administration territoriale.

Par extension, le matériel d'autodéfense (pistolets à gaz, pistolets d'alarme, matraques électriques, gaz lacrymogènes, etc.) est assimilé aux armes et exige à leurs acquéreurs des autorisations d'achat et de port d'arme en bonne et due forme.

- L'**acquisition d'arme par cession** ou **par héritage** est autorisée exclusivement par le ministre de l'Administration territoriale et de la Décentralisation. Le dossier est identique à celui de la demande de l'autorisation d'achat d'une arme neuve ; il faut cependant y joindre, en plus, l'autorisation d'achat et le permis de port de l'arme à céder.

En cas de cession par héritage, en plus des éléments ci-dessus énumérés, il est obligatoirement versé au dossier, le procès-verbal de la réunion de famille consacrée à ce sujet (authentifié par l'autorité administrative territorialement compétente), et le jugement d'hérédité.

Après avoir acquis son arme, il importe maintenant d'obtenir le **permis de port***.

N.B. Le port d'une arme dans des conditions susceptibles de troubler l'ordre public ou d'intimider autrui est interdit même à celui qui dispose régulièrement du permis de port d'arme (cf. art. 238 du code pénal).

5 - **Achat de cartouches**

L'**achat de cartouches** se fait auprès des établissements agréés gérés par des **armuriers*** sur présentation d'une autorisation (sur formulaire homologué) signée par un préfet, un gouverneur ou par le ministre de l'Administration territoriale. L'autorisation détermine la quantité de cartouches susceptible d'être achetée.

Le dossier de demande d'achat de cartouches comprend : - une demande timbrée adressée au préfet ou gouverneur . . . - une photocopie du permis de port d'arme - la preuve du paiement des taxes relatives à la possession du fusil ou à l'activité menée.

29. Armurier

Un **armurier** est un vendeur d'armes qui gère un magasin spécialisé.

Pour être gérant d'un magasin de vente d'armes, de munitions et de matériel d'autodéfense au Cameroun, il faut constituer un dossier comprenant les pièces suivantes à adresser au ministère de l'Administration territoriale sous/couvert du préfet du lieu d'implantation du magasin : - une demande timbrée - un extrait de casier judiciaire - une copie certifiée conforme de la carte nationale d'identité - deux fiches de renseignements au modèle réglementaire dont une timbrée et certifiée - un certificat d'imposition - un certificat de domicile - un certificat médical - le plan de localisation du site du magasin (cf. articles 6 et 7 du décret n°73/658 du 22 octobre 1973 réglementant l'importation, la vente, la cession, la détention et le port des armes à feu et des munitions).

30. Armée

C'est l'ensemble des militaires regroupés dans plusieurs corps (armée de terre, armée de l'air, armée marine) et autres forces spécialisées ayant des fonctions différentes, mais complémentaires pour assurer la défense du pays et accomplir les missions à eux confiées par la hiérarchie. Le Chef de l'État est le chef suprême des Forces armées (cf. art. 8 de la Constitution).

31. Arrêt

Un **arrêt** est le nom donné aux décisions rendues par les cours (cour d'appel, Cour suprême, etc.) tandis que les jugements sont rendus par les autres juridictions notamment les tribunaux.

32. Arrêté

Un **arrêté** est un acte réglementaire susceptible de créer des droits individuels ou de gérer des situations d'ordre général, signé par une autorité habilitée à le faire : le **président de la République***, les membres du gouvernement, les chefs de circonscriptions administratives (sauf si les textes organiques en décident autrement), les autorités municipales.

33. Arrondissement

L'**arrondissement** est l'unité administrative territoriale de base. Comme les autres divisions administratives, il est créé par décret présidentiel et a à sa tête un **sous-préfet*** nommé par décret du même Président de la République.

34. Ascendant

Un **ascendant** est une personne dont un individu est juridiquement issu.

Les ascendants d'une personne sont :

- au 1er degré : ses père et mère ;
- au 2e degré : ses grands-parents ;
- au 3e degré : ses arrière-grands-parents, etc.

35. Assemblée nationale

L'**Assemblée nationale** est la chambre basse qui, avec le **Sénat***, forme le Parlement. Elle comprend actuellement 180 députés élus au suffrage universel direct pour 5 ans et qui se réunissent ou tiennent 3 sessions ordinaires par an d'une durée maximum de 30 jours chacune. Elle peut aussi se réunir en session extraordinaire d'une durée maximum de 15 jours, avec un ordre du jour bien déterminé, à la demande du Président de la République ou d'un tiers des députés.

L'Assemblée nationale adopte les lois à la majorité simple des députés. Toutefois, avant leur promulgation par le Chef de l'État, les lois peuvent faire l'objet d'une seconde lecture à la demande de cette autorité. Dans ce cas, ces lois sont adoptées à la **majorité absolue***.

L'autre rôle majeur de l'Assemblée nationale est de contrôler l'activité du gouvernement.

36. Assiette de coupe

Une **assiette de coupe** est une étendue de terrain peuplée d'arbres à exploiter par toute personne disposant d'un permis approprié ou d'une **autorisation** (personnelle) **de coupe***.

37. Assistance judiciaire

L'**assistance judiciaire** est une forme d'aide sociale destinée à aider un justiciable indigent à faire face aux besoins en matière de sa défense en justice (voir loi n°2009/004 du 14 avril 2009).

Cette assistance est attribuée par des commissions spéciales fonctionnant auprès de chaque juridiction et permet au bénéficiaire d'être exonéré des frais de justice et de bénéficier gratuitement des services des auxiliaires de justice.

Chaque personne qui sollicite l'assistance judiciaire doit saisir verbalement ou par écrit le secrétaire de la commission qui est le greffier en chef de la juridiction concernée. Les décisions de la commission ne sont susceptibles d'aucun recours des parties.

38. Association

Une **association ordinaire** est le regroupement de plusieurs personnes qui mettent en commun leurs connaissances ou leurs activités, dans un but non lucratif.

Pour avoir une existence légale, une association doit être déclarée (cf. loi n°90/053 du 19 décembre 1990 portant sur la liberté d'association). La déclaration est faite par les fondateurs auprès du préfet du siège social de l'association contre un récépissé, sauf si l'association est frappée de nullité.

Les documents suivants sont nécessairement joints :

- une déclaration timbrée qui doit indiquer le titre, l'objet, le siège de l'association ainsi que les noms, profession et domicile de ses responsables à des degrés divers ;
- 2 exemplaires du statut de l'association ;

- 1 exemplaire de la liste des membres du bureau exécutif avec signature (légalisée par une autorité) de chacun des membres ;
- le procès-verbal de l'assemblée générale constitutive assortie de la feuille de présence.

N.B. Le silence du préfet gardé pendant 2 mois à partir de la date de dépôt du dossier vaut acceptation et l'association est réputée avoir une existence légale.

39. Association étrangère

Une **association étrangère** est une association qui a son siège social à l'étranger ou qui, ayant son siège social au Cameroun, est dirigée par des étrangers, ou dont la moitié des membres sont des étrangers. Contrairement aux associations qui sont déclarées, toute association étrangère doit être autorisée par le ministre de l'Administration territoriale après avis motivé du ministre des Relations extérieures.

L'autorisation peut être accordée à titre temporaire ou soumise à un renouvellement périodique. La demande d'autorisation introduite par les fondateurs ou leur mandataire auprès du ministre des Relations extérieures doit spécifier les activités projetées, les lieux d'implantation au Cameroun, les noms, profession et domicile de ceux qui sont chargés à un quelconque titre de la direction de ces activités.

Sont punis des peines suivantes ceux qui font fonctionner des associations étrangères non autorisées :

- un emprisonnement de 15 jours à 6 mois et d'une amende de 100 000 à 1 000 000 de francs ou l'une de ces deux peines, ceux qui assument l'administration des associations étrangères non autorisées ;
- un emprisonnement de 10 jours à 3 mois et d'une amende de 50 000 à 500 000 de francs ou l'une de ces deux peines, les autres personnes qui participent au fonctionnement d'une association étrangère non autorisée.

40. Association religieuse

Est considéré comme **association religieuse**, « tout groupement de personnes physiques ou morales ayant pour vocation de rendre hommage à une divinité », ou « tout groupement de personnes vivant en communauté conformément à une doctrine religieuse » (cf. art. 22 de la loi n°90/053 du 19 décembre 1990).

Toute association religieuse au Cameroun doit être autorisée par décret du Président de la République après avis motivé du ministre de l'Administration territoriale.

Le dossier de demande de reconnaissance juridique doit comporter les documents suivants :

- une demande timbrée au cours légal adressée au ministre de l'Administration territoriale s/c du gouverneur, s/c du préfet du lieu du siège désigné ;
- 4 exemplaires du statut ;
- 4 exemplaires du règlement intérieur ;
- 4 exemplaires de la liste des membres (avec leurs signatures légalisées) du bureau exécutif ;
- 4 exemplaires du procès-verbal de l'assemblée générale constitutive ;
- une lettre d'engagement sur l'honneur de respecter les dispositions de l'article 4 de la loi n°90/053 du 19 décembre 1990, avec signature légalisée du (ou des) promoteur(s). En effet, l'article 4 stipule que « les associations fondées sur une cause ou en vue d'un objet contraire à la Constitution, aux lois et aux bonnes mœurs, ainsi que celles qui auraient pour but de porter atteinte notamment à la sécurité, à l'intégrité territoriale, à l'unité nationale et à la forme républicaine de l'État sont nulles et de nul effet ».

Toute association religieuse peut être suspendue par le ministre de l'Administration territoriale pour troubles à l'ordre public.

Une association religieuse dûment autorisée, dont l'objet initial est dévié, peut être dissoute par le Président de la République après un préavis de 2 mois resté sans effet.

41. Assurance (… automobile, … décès, … maladie, etc.)

L'**assurance** est une opération par laquelle une personne appelée « assuré », paie une somme d'argent ou une prestation à l'«assureur », afin que ce dernier prenne en charge certains risques encourus par l'assuré ou ses victimes.

1- L'**assurance automobile** vise à couvrir les risques liés à la circulation des véhicules terrestres à moteur ainsi qu'à leurs remorques ou semi-remorques. L'assurance est obligatoire et ne peut être souscrite qu'auprès des organismes agréés au Cameroun (cf. loi n°65/LF/9 du 22 mai 1965 portant assurance automobile obligatoire).

Le défaut de présentation d'une police d'assurance en cours de validité entraîne la mise en fourrière du véhicule et les frais occasionnés sont à la charge du propriétaire du véhicule (cf.art.9 de la loi susvisée).

2- L'**assurance décès** garantit aux ayants droit de l'assuré le paiement d'une somme appelée **capital-décès***.

3- L'**assurance maladie** est le système qui consiste à prendre en charge, sous certaines conditions, le risque maladie dans de nombreux régimes de sécurité sociale dans le monde.

42. Assureur (**courtier d'assurance**)

1 - Un **assureur** est une personne physique ou morale dont l'activité consiste à garantir contre certains risques, des biens ou des personnes, par des contrats d'assurance. Les personnes physiques chargées de la gestion d'une société d'assurance doivent, préalablement à leur entrée en fonction, résider au Cameroun et obtenir l'agrément de l'autorité de tutelle, en l'occurrence le ministre des Finances.

Les compagnies d'assurance doivent être de statut juridique camerounais ; toutefois, certains souscripteurs étrangers peuvent être exceptionnellement autorisés à pratiquer des opérations d'assurance au Cameroun (cf. art. 41 (nouveau) de la loi n°90/025 du 10 août 1990 modifiant certaines dispositions de l'ordonnance n°85/003 du 31 août 1985 relative à l'activité d'assurance).

2 - Un **courtier d'assurance** est un intermédiaire en matière d'assurance. Il doit, préalablement à l'exercice de son activité, obtenir un agrément du ministre des Finances après avis de l'association des professionnels des assurances.

43. Attaché (... **d'ambassade, ... de justice, ... de recherche**)

1 - Un **attaché** est une catégorie d'agents publics occupant certains postes de responsabilité. Les **attachés** dans les services du premier ministre ou à la Présidence de la République travaillent dans des cabinets et ont rang de directeur de l'administration centrale.

2 - Un **attaché d'ambassade** est un fonctionnaire qui, ne faisant pas partie du ministère des Relations extérieures, est détaché d'autres

départements ministériels en vue de remplir certaines tâches techniques dans des missions diplomatiques. Ex : attaché militaire, attaché culturel.

3 – Un **attaché de justice** est un **auditeur de justice*** qui n'a pas satisfait à l'examen de sortie de l'École nationale d'administration et de magistrature ; il est affecté par le ministre de la Justice auprès d'une cour d'appel (procureur général) et prête serment. Au bout d'un an, il peut être intégré dans la magistrature si avis favorable de la commission compétente (cf. art. 13 du décret n° 95/048 du 8 mars 1995 portant statut de la magistrature, modifié et complété par les décrets n°2000/310 du 3 novembre 2000 et n°2004/080 du 13 avril 2004).

4 - **Attaché de recherche** est le premier grade dans le corps des chercheurs relevant du ministère camerounais de la Recherche scientifique et de l'Innovation.

44. Atteintes à la sûreté de l'État

Il s'agit des crimes et délits portant atteinte à la sûreté intérieure et extérieure de l'État tels que la trahison, l'espionnage, les attentats ou complots. La Cour de sûreté de l'État créée par la loi n°90/060 du 19 décembre 1990 est compétente pour connaître en premier et dernier ressort de ces crimes et délits, et des infractions connexes susvisés.

45. Audience

Une **audience** est en général une période d'écoute :

- un subalterne ou un visiteur qui rencontre un responsable est reçu en audience ;

- il peut s'agir dans une juridiction, d'une séance au cours de laquelle les juges prennent connaissance des prétentions des parties à un procès, instruisent l'affaire, entendent les plaidoiries, procèdent à l'audition des témoins, etc., et rendent la décision. À moins de décider du **huis clos***, l'audience est généralement publique.

46. Auditeur de justice

Un **auditeur de justice** est un élève-magistrat (division judiciaire) de l'École nationale d'administration et de magistrature. À la sortie, s'il satisfait à l'examen, il est nommé magistrat ; sinon il peut être nommé **attaché de justice***.

47. Authentification

L'**authentification** ou **certification** est la procédure par laquelle une autorité publique certifie conforme à l'original, la copie ou photocopie d'un document. Il peut s'agir d'un diplôme ou d'un acte d'état civil entre autres. L'original du document est présenté avec une copie (comportant les mêmes inscriptions que sur l'original) ou photocopie à faire authentifier. Certains documents à certifier exigent l'apposition de **timbres***. Il s'agit d'un timbre fiscal et d'un timbre communal aux taux légaux en vigueur pour tout document à certifier par un commissaire de police, une autorité administrative ou un magistrat municipal.

La loi exempte cette procédure de droit de timbre concernant : - les dossiers de pension auprès de la CNPS - les extraits d'acte de naissance relatifs aux élections (cf. article 295 de la loi n°2012 :001 du 19 avril 2012 portant code électoral). Ces pièces authentifiées ne peuvent servir que pour l'objet pour lequel elles ont été signées et mention de cet objet doit être portée à l'en-tête du document à authentifier.

N.B. La pratique dans certaines mairies de n'apposer que les timbres communaux sur les documents à authentifier par les magistrats municipaux est illégale et ne confère aucune valeur à ces actes. Pour avoir de la valeur, un document visé par un maire doit comporter un timbre fiscal et un timbre communal au cours légal.

48. Autochtone (population…)

Autochtone signifie « qui est né là ». Population autochtone désigne la population **indigène***, c'est-à-dire l'ensemble des gens originaires de la localité où on vit, contrairement aux allogènes qui viennent d'ailleurs et qui y ont laissé leur terroir.

Terme utilisé dans la Constitution (loi n°96-06 du 18 janvier 1996 portant révision de la Constitution du 02 juin 1972) en ce sens que « l'État assure la protection des minorités et préserve les droits des populations autochtones conformément à la loi ».

Les organisations internationales utilisent aussi ce terme de nos jours pour désigner dans certains pays, les populations marginales (comme les Bororos et les Pygmées au Cameroun) qu'il faut protéger au regard des droits humains.

49. Auto-école

Une **auto-école** est une structure où l'on enseigne la conduite automobile et le code de la route en vue de l'obtention du permis de conduire.

Pour ouvrir une auto-école, il faut remplir les conditions suivantes :

Pour une personne physique, il faut être de nationalité camerounaise (sous réserve des conventions de réciprocité pour les étrangers) et être civilement responsable ; avoir un véhicule à double commande par catégorie de permis, un local aménagé disposant d'un tableau noir et d'un matériel didactique approprié, constituer un dossier à déposer contre récépissé au service régional des transports territorialement compétent comprenant : - une demande timbrée sur imprimé réglementaire - un extrait de casier judiciaire datant de moins de trois mois du fondateur ou du principal dirigeant - une copie certifiée conforme de la carte nationale d'identité - les dossiers de deux moniteurs au moins et du directeur composés d'une copie certifiée conforme du permis de conduire de la catégorie à enseigner, du certificat d'aptitude à l'enseignement de la conduite des véhicules automobiles, d'une attestation du ministre des Transports justifiant que le moniteur n'a pas été frappé pendant 03 ans d'une mesure de suspension de permis.

Pour une personne morale, aux éléments ci-dessus visés, il faut ajouter les statuts de l'établissement.

Le dossier, au-delà de 60 jours à compter de sa date de dépôt, est réputé accepté face au silence de l'administration et le récépissé vaut acte d'agrément (cf. alinéa 3 de l'article 4 de l'arrêté n°00406/MINT/DTT du 28 avril 2000 portant réglementation du permis de conduire et des autos - écoles).

50. Autonomie financière

L'**autonomie financière** est la capacité pour une personne morale d'administrer, de gérer librement les biens meubles ou immeubles, corporels ou incorporels ou en numéraires constituant son patrimoine propre en vue de réaliser son objectif social.

Les collectivités territoriales décentralisées (communes et autres) bénéficient de l'autonomie financière conformément à l'article 4 de la loi n°2004/017 du 22 juillet 2004 d'orientation de la décentralisation. Également, les entreprises du secteur public bénéficient de l'autonomie financière (cf. ordonnance n°95/003 du 17/8/1995 portant statut général des entreprises du secteur public).

51. Autorisation personnelle de coupe (voir **Forêts***)

L'**autorisation personnelle de coupe** est un permis administratif obligatoire pour toute personne désireuse de procéder à des abattages ou coupes d'arbres pour un usage non lucratif. Elle est délivrée par le ministre des Forêts et de la Faune sur la base d'un dossier comprenant : - demande timbrée - photocopie de la carte nationale d'identité - certificat de domicile - engagement sur l'honneur à signer auprès de la délégation régionale compétente - expertise technique du chef de poste faisant ressortir les spécifications des essences à abattre et leurs localisations - quittance de paiement des frais de dossier - quittance de versement des taxes d'abattage.

N.B. Cette disposition ne s'applique pas aux riverains d'une forêt qui conservent leur droit d'usage.

52. Autorité administrative

Sur le plan strict du droit, une **autorité administrative** est une autorité étatique dotée du pouvoir réglementaire. Cette notion englobe aussi bien le Président de la République que le chef d'une circonscription administrative de base en passant par les membres du gouvernement.

Dans le langage courant, on désigne par **autorité administrative,** un agent public gérant une circonscription administrative. À ce sujet, voir **sous-préfet***, **préfet***, **gouverneur de région***.

54. Autopsie (de cadavre)

L'**autopsie d'un cadavre** est l'examen médical permettant de déterminer les causes du décès du défunt. L'autopsie d'un corps ne peut avoir lieu que sur autorisation du sous-préfet du lieu du décès ou sur réquisition d'un magistrat dans le cadre d'une enquête judiciaire.

La loi pénale punit quiconque profane tout ou partie d'un cadavre humain enseveli ou non (cf. article 274 du code pénal). Cette disposition ne s'applique pas aux activités scientifiques effectuées conformément aux textes en vigueur.

55. Avance (caisse d'..., ... d'hoirie)

Une **avance** est en matière financière un paiement par anticipation, avant terme.

1 - Une **caisse d'avance** est un compte spécial disposant d'un crédit liquide disponible dans un service pour résoudre les problèmes urgents, mais de moindre envergure en dehors de toute procédure comptable classique. Les cabinets ministériels disposent de caisses d'avance dont le montant du crédit est déterminé au moment de la mise en place du budget annuel.

2 - Une **avance d'hoirie** est une anticipation payée à un héritier sur sa part successorale.

Par exemple, si une famille se trouve démunie et ne peut organiser dignement les obsèques d'un parent dont les comptes sont bloqués, le président du tribunal saisi peut décider d'un déblocage en urgence d'une somme d'argent à cet effet en attendant la répartition aux héritiers.

56. Auxiliaire (... d'administration, ... de justice)

Un **auxiliaire** désigne celle ou celui qui seconde une personne plus qualifiée, ou qui, sans être fonctionnaire, est employé à titre provisoire par l'Administration.

1 - Les postes d'**auxiliaires d'administration**, qui représentaient des positions subalternes, ont disparu de l'échiquier des postes administratifs dans la fonction publique camerounaise.

Les chefs traditionnels qui secondent l'administration territoriale dans l'encadrement des populations sont qualifiés d'auxiliaires de l'administration.

2 - Les **auxiliaires de justice** sont des personnes qui, sans être magistrats, concourent à l'administration de la justice à des degrés divers. Ce sont les officiers ministériels titulaires d'une charge (huissiers de justice, commissaires-priseurs, notaires), les avocats et autres : greffiers, administrateurs judiciaires, liquidateurs, experts, etc.

57. Avancement

L'**avancement** pour un fonctionnaire est sa progression dans la carrière. Il est conditionné par : - une évaluation favorable des performances du fonctionnaire - l'obtention d'une récompense - le succès à un concours administratif - l'obtention d'un titre professionnel ou universitaire, etc. (cf. articles 44 à 49 du décret n°94/199 du 07 octobre 1994 portant statut général de la fonction publique).

58. Avenant

Un **avenant** est une modification concertée de certaines clauses d'un contrat, d'un marché de base pour l'adapter à des événements ou faits survenus après sa signature. Cette modification entraîne souvent des coûts supplémentaires.

59. Avocat

L'**avocat** est un auxiliaire de justice dont le rôle, moyennant frais appelés honoraires à payer par celui qui le sollicite, est de conseiller, assister et représenter la personne concernée dans tous les actes juridiques auxquels elle doit faire face.

L'accès à la profession est bien réglementé et exige de l'avocat qu'il soit inscrit au **barreau***. En plus, il faut être âgé d'au moins 23 ans, avoir une qualification intellectuelle assurée (niveau licence ou diplôme équivalent), être admis après un examen à un stage auprès d'un avocat inscrit au barreau et à la fin, satisfaire à un examen officiel avant de prêter serment.

Les honoraires exigés par un avocat sont librement débattus entre le client et lui. En cas de désaccord, le président du tribunal qui a connu de cette affaire peut être saisi par simple requête (cf. loi n°90/059 du 19 décembre 1990 portant organisation de la profession d'avocat).

B

61. Ban (ouverture ou fermeture de ..., publication de ...)

Le **ban** désigne, en règle générale, la proclamation officielle et publique d'un message : une décision, un projet ...

1- Dans le cérémonial militaire, l'**ouverture** ou la **fermeture de ban** est faite pour captiver l'attention de tous par rapport à la lecture d'un décret ou la remise d'une décoration à un récipiendaire.

L'ouverture ou la fermeture de ban est commandée d'un ton sec par le commandant des troupes avec la phrase rituelle suivante au début, avant la lecture : « Ouvrez le ban !», ou à la fin de la lecture : « Fermez le ban !». Ce commandement est suivi d'une espèce de musique jouée par le clairon.

2- La **publication de ban** est l'annonce solennelle ou publication d'un projet à l'intention de tous ceux qui auraient intérêt à s'y opposer (ex : ban de mariage dans certaines églises).

La loi exige un délai d'un mois de publication d'intention de se marier par les futurs époux avant toute célébration de mariage par l'officier d'état civil (cf. art. 53 de l'ordonnance n°81/002 du 29 juin 1981 portant organisation de l'état civil et diverses dispositions relatives à l'état des personnes physiques). Cette déclaration auprès du centre d'état civil indique les noms et prénoms, profession, domicile, date et lieu de naissance des futurs époux et leur intention commune de contracter mariage.

N.B. Aucun mariage ne peut être célébré à l'état civil s'il n'a été précédé de la publication d'intention des futurs époux de se marier.

Toutefois, le procureur de la République peut accorder sur demande formelle des futurs époux ou de leur parent ou tuteur en cas de minorité, une dispense de publication d'intention pour des motifs graves requérant célérité (cf. article 55 de l'ordonnance susvisée).

62. Barreau

Le **barreau** ou ordre des avocats est une organisation professionnelle avec un pouvoir de discipline et d'autorégulation, sous la coordination d'un **bâtonnier***. Le barreau est placé sous la tutelle du ministre de la Justice ; il comprend une assemblée générale et un conseil de l'ordre.

63. Barrière de pluies

Les **barrières de pluies** sont créées par décision conjointe des ministres chargés des routes et des transports, ou par le Préfet territorialement compétent (sur délégation), sur le réseau routier en terre classé dont l'entretien incombe à l'État. Elles visent à prévenir les dégradations et à faire respecter les limitations de circulation en temps de pluie (cf. loi n°96/07 du 08 avril 1996 portant protection du patrimoine routier national et arrêté conjoint n°2528/MINTP/MINT du 3 août 1999 des ministres des Travaux publics et des Transports).

D'après la loi, en temps de pluies, la circulation des véhicules sur les routes en terre est interdite aux véhicules, dont le poids est supérieur à 3,5 tonnes, et à ceux ayant une capacité autorisée de transport de 12 personnes.

Les véhicules non autorisés à circuler en temps de pluies doivent être stationnés de manière à laisser le passage aux véhicules autorisés.

Toute circulation en temps de pluies et le franchissement d'une barrière fixe ou ponctuelle de pluies entraîne le paiement d'une amende de 250 000 francs et le retrait du **permis de conduire*** du chauffeur.

N.B. Ne sont pas soumis aux règles régissant les barrières de pluies :

- les ambulances ;
- les véhicules des services chargés du maintien de l'ordre ;
- les véhicules de lutte contre les incendies.

64. Bâtonnier

Le **bâtonnier** est un avocat élu par ses pairs pour une période donnée (2 ans) pour : présider le conseil de l'ordre, représenter le barreau dans les diverses instances, prévenir ou régler les différends entre les membres du barreau, ou entre ces derniers et leurs clients.

65. Battue administrative (voir **Faune***)

Une **battue administrative** est le fait pour l'administration en charge de la gestion de la faune d'autoriser le refoulement ou l'élimination d'un ou de plusieurs sujets d'animaux féroces d'une aire protégée ou autre qui menacent les populations riveraines ou leurs biens.

La battue administrative est autorisée par le Ministre sur présentation d'une demande timbrée déposée auprès du délégué départemental ou régional territorialement compétent.

66. Bigamie

La **bigamie** est le fait, pour une personne engagée dans un mariage monogamique non dissous, de contracter un autre mariage. C'est un délit ; et le mariage contracté est nul d'ordre public même en cas d'inexistence d'une opposition (cf. art. 63 de l'ordonnance n°81/002 du 29 juin 1981 portant organisation de l'état civil et diverses dispositions relatives à l'état des personnes physiques).

67. Brevet d'invention (certificat d'addition)

1 - Un **brevet d'invention** est un titre de propriété délivré au déposant d'une invention (qui est une solution technique à un problème selon l'OAPI) et qui lui confère une exclusivité temporaire d'exploitation qui est de 20 ans maximum à compter de sa date de dépôt.

2 - Un **certificat d'addition** est un titre délivré pour protéger les changements, perfectionnements ou améliorations apportés à un brevet par l'inventeur ou ses ayants droit pendant la durée de vie du brevet ; il obéit aux mêmes critères de forme et de fond que le brevet lui-même.

Le dépôt d'un dossier de demande de brevet peut être effectué au bureau de l'OAPI à Yaoundé (Cameroun) ; le dossier peut être envoyé directement sous courrier au directeur général de cette instance, ou remis à un mandataire agréé.

Il comprend : - une requête sur formulaire retiré auprès de l'OAPI - un pli cacheté renfermant en double exemplaire, une description détaillée de l'invention pouvant permettre à un homme de métier de le reproduire, des revendications, des planches éventuelles de dessins, un abrégé descriptif de l'objet d'invention - le justificatif des taxes exigibles - un pouvoir de mandataire si le déposant est représenté.

Le code pénal camerounais prévoit une amende de 50 000 à 300 000 francs pour celui qui exploite indûment un brevet d'invention ou recèle, vend, exporte ou importe un objet contrefait. L'action publique ne peut être engagée que sur plainte de la partie lésée (voir **propriété intellectuelle***).

68. Braconnage

Le **braconnage** est un acte de chasse ou de pêche effectué en violation des lois et règlements. Cela peut consister à mener une activité de chasse ou de pêche sans permis correspondant, ou sans respecter les interdits de lieu, de date ou de moyens.

La loi n°94/01 du 20 janvier 1994 portant régime des forêts, de la faune et de la pêche en ses articles 154 à 165 réprime les infractions relatives au braconnage.

69. Bordereau de route

Le **bordereau de route** est, dans un véhicule de transport public de personnes, un manifeste matérialisant la liste des voyageurs transportés par voyage.

70. Bornage

Le **bornage** est la mise en place des bornes homologuées délimitant une parcelle de terrain. C'est l'une des étapes du processus d'immatriculation des terrains, effectuée par les géomètres assermentés du service public du cadastre.

La mise en place des bornes s'effectue en présence des membres de la commission compétente, du requérant et des riverains.

56. Budget de l'État

Le **budget de l'État** est généralement annuel. Il est préparé par le gouvernement et voté par le Parlement. C'est l'ensemble des recettes et des dépenses prévues pour un an et nécessaires à l'État en termes d'entrées formelles de fonds et de crédits de fonctionnement et d'investissement ; bref, le budget décrit en deux tableaux les ressources et les charges de l'État dans le cadre de la loi de finances, sous forme des recettes et des dépenses (cf. article 5 de la loi 87/006 du 26 déc. 2007 portant régime financier de l'État).

Les recettes de l'État proviennent des impôts directs et indirects et des revenus non fiscaux tels que les revenus pétroliers et autres emprunts.

Les dépenses principales de l'État sont celles liées à l'éducation, à l'armée, à la santé, au remboursement de la dette, au paiement des salaires des fonctionnaires, à la construction des infrastructures, etc.

57. Bulletin (BRQ, … de notes, … de paie, … de vote, … nul)

Un **bulletin** est en général un rapport périodique contenant certaines informations.

1- Un **BRQ** ou **bulletin de renseignements quotidien** est une note d'informations adressée chaque jour à la hiérarchie, dans certaines administrations très sensibles, pour lui rendre compte de la situation y prévalant. Cette action s'accomplit par les voies les plus rapides.

2- Un **bulletin de notes** retrace les notes d'un élève après un contrôle de connaissances au cours d'une période donnée (séquence, trimestre, année scolaire).

3- Un **bulletin de paie** est une fiche périodique établie par l'employeur et faisant ressortir la qualification professionnelle, la catégorie et précisant les sommes versées au salarié à titre de salaire ou d'indemnités diverses, les retenues éventuelles, les impôts et taxes payés, etc.

4- Un **bulletin de vote** est un document imprimé représentant un candidat ou un parti politique lors des échéances électorales. Le choix d'un bulletin mis dans l'urne représente 1 voix en faveur dudit candidat ou de ladite liste.

5- Lors d'une élection, sont considérés comme **bulletins nuls**, c'est-à-dire non comptés : - toute enveloppe trouvée dans l'urne qui est vide, qui est différente de celles remises officiellement, qui contient plusieurs bulletins de vote différents, ou encore qui comporte des signes - tout bulletin sans enveloppe, ou portant des signes, mentions ou signature, ou qui serait dans une autre enveloppe que celle remise au bureau de vote - tous les bulletins autres que ceux imprimés officiellement (cf. article 112 du code électoral).

58. Bureau (… de l'Assemblée nationale ou du Sénat)

Le **bureau de l'Assemblée nationale** ou **du Sénat** est l'ensemble des postes de responsabilité prévus dans les règlements et qu'occupent certains députés ou sénateurs choisis par leurs pairs. Ces postes sont les suivants : président et vice-présidents, secrétaires, questeurs, etc.

C

59. Cahier des charges

Le **cahier des charges** est un document annexé à un contrat ou à une convention définissant certaines obligations imposées au cocontractant.

C'est une pratique courante dans le cadre des marchés publics, des concessions d'exploitation forestière ou des attributions domaniales.

60. Campagne électorale

La **campagne électorale** est la période précédant l'élection au cours de laquelle les candidats ou les partis peuvent vanter par toutes voies (affiches, professions de foi, réunions, rassemblements ...) leurs mérites afin de séduire les électeurs pour bénéficier de leurs suffrages le jour du scrutin.

La campagne électorale est ouverte à partir du 15e jour précédant le scrutin et prend fin la veille à minuit (cf. art. 87 du code électoral).

Les dispositions des articles 87 à 95 du code électoral encadrent la campagne électorale qui s'effectue sous le contrôle d'Elections Cameroon et des autorités administratives locales.

61. Canne blanche

La **canne blanche** est utilisée par les déficients visuels ; elle leur permet de se déplacer, de se protéger, de communiquer avec les autres afin d'être aidés. Son utilisation comporte un certain nombre de codes qui sont généralement des messages émis par un non-voyant à son environnement immédiat : besoin d'aide, rendez-vous, traversée de la route, demande de renseignements, etc.

La canne blanche peut être acquise par la personne intéressée ou fournie par les pouvoirs publics sur demande.

62. Capacité (... civile, ... électorale, ... pénale)

La **capacité** est l'aptitude reconnue par les textes à tout individu à acquérir un droit et à l'exercer selon les conditions fixées.

1 - La **capacité civile** est l'aptitude accordée par la loi à des citoyens remplissant des conditions précises pour jouir de leurs droits civils. C'est par exemple le droit du citoyen camerounais âgé de 21 ans de se marier sans requérir une autorisation préalable de ses parents.

2 - La **capacité électorale** est l'aptitude accordée par la loi à des citoyens remplissant des conditions précises pour pouvoir voter lors des scrutins.

Au Cameroun, pour être électeur, il faut être âgé de 20 ans au moins, être inscrit sur une liste électorale, ne pas être aliéné mental ou être frappé de toutes les autres incapacités établies par la loi (cf. article 47 du code électoral).

3 - La **capacité pénale** est l'âge à partir duquel une personne est présumée responsable de ses actes et peut en répondre devant les tribunaux en cas de commission d'un délit ou d'un crime.

La capacité pénale est de 18 ans en l'état actuel de notre législation. (Toutefois, les personnes responsables d'un délinquant incapable sont tenues de réparer au civil les dommages que celui-ci aura causés).

63. Capacité en droit

La **capacité en droit** est un diplôme délivré aux personnes qui, titulaires du Brevet d'études du premier cycle (BEPC), ont satisfait à un examen organisé par certaines universités d'État après deux années d'études. Ce diplôme est l'équivalent du baccalauréat.

64. Capitale

La **capitale** est le chef-lieu d'un pays où siègent les institutions et le gouvernement.

Le Cameroun a connu plusieurs capitales dans son histoire politique : Douala de 1805 à 1901, Buea de 1901 à 1909, Yaoundé après la fin de la Première Guerre mondiale jusqu'à nos jours.

La capitale peut désigner également le **chef-lieu*** d'une région ; on parle alors de « capitale régionale ».

65. Capital-décès (allocation de survivants, pension de survivants)

1 - Le **capital-décès** est une allocation pécuniaire accordée en un seul versement aux ayants droit (personnes à charge : conjoint non séparé,

descendants ou ascendants) d'un travailleur décédé en activité. Il peut s'agir d'un agent public ou de tout travailleur affilié à la CNPS.

Pour les agents publics, le texte applicable est le décret n° 2000/684/PM du 13 septembre 2000 fixant les conditions et modalités d'attribution du capital-décès. Le capital-décès est liquidé par l'autorité chargée de la gestion de l'agent public décédé (cf. art.4 du décret susvisé). En cas de décès imputable au service ou survenu en raison ou à l'occasion du service, le capital-décès est quintuplé (cf. art.127, al. 4 du décret 94/199 du 07 octobre 1994 modifié par le décret n°2000/287 du 12 octobre 2000).

S'il n'y a ni conjoint ni enfant légitime ou reconnu, le capital-décès est versé aux ascendants et à défaut, aux autres ayants droit du défunt (cf. art. 5).

En matière de capital-décès, le délai de prescription est de quatre ans.

Pour les travailleurs relevant du code du travail, notamment les assurés sociaux de la CNPS, on parle d'allocation ou de pension de survivants.

2 - L'**allocation de survivants** est une prestation due aux ayants droit d'un assuré qui, au moment de son décès, ne pouvait prétendre qu'à une allocation de vieillesse (voir **pension de vieillesse***).

N.B. Le dossier est le même que celui de la pension de survivants ci-dessous.

3 - La **pension de survivants** est payée en remplacement de la pension de vieillesse ou d'invalidité qui avait été attribuée à l'assuré ou à laquelle ce dernier aurait pu prétendre à la date de son décès. Pour bénéficier de cette pension, les survivants doivent fournir à la CNPS un dossier composé de : une demande sur imprimé de la CNPS, un relevé des salaires cotisables du travailleur décédé quand il était en activité, une copie de l'acte de décès, une copie de l'acte de mariage avec le ou les conjoints survivants, une copie d'acte de naissance de chacun des ascendants, une copie d'acte de naissance de chacun des enfants restés orphelins.

N.B. À ce dossier, il faut joindre chaque année un certificat de vie pour chaque enfant âgé de moins de 06 ans, un certificat de scolarité ou d'apprentissage pour chaque enfant âgé de 06 à 21 ans, une attestation de non remariage de la veuve précisant qu'elle assure la garde effective des enfants.

66. Carte bleue

La **carte** dite **bleue** est une carte de transport public des personnes ou des marchandises délivrée par les responsables du ministère des Transports à toute personne titulaire d'une licence de transport routier. Sa non-présentation donne lieu à une contravention de quatrième classe (cf. art. 362 du code pénal) correspondant aux sanctions suivantes : une amende de 4000 à 25 000 francs inclusivement et d'une peine d'emprisonnement de cinq à dix jours ou de l'une de ces deux peines seulement.

La carte bleue qui s'établit par véhicule s'obtient sur la base d'un dossier comprenant : une demande timbrée, une copie certifiée conforme de la carte grise du véhicule, une copie de la licence de transport routier, une attestation d'inscription au registre des transports routiers, une attestation d'assurance du véhicule délivrée (cf. art. 11 du décret n°90/1466 du 09 novembre 1990 fixant les conditions et les modalités d'obtention de la licence de transport routier et de la carte bleue).

67. Carte grise

Une **carte grise** est un document d'immatriculation délivré par les services compétents du ministère des Transports visant à identifier tout engin mécanique mobile. Elle comporte toutes les caractéristiques de l'engin : le nom du propriétaire déclaré, le genre, la marque et le type d'engin, le numéro de châssis, la puissance, le nombre de places assises, etc. En un mot, la carte grise est aux engins roulants ou aux véhicules ce que la carte nationale d'identité est à l'homme.

68. Carte (...**nationale d'identité, ... de séjour, ... de résident, ... de réfugié**)

Les documents d'identification officielle en territoire camerounais sont : pour les nationaux, la **carte nationale d'identité**, et pour les étrangers la **carte de séjour**, la **carte de résident**, la **carte de réfugié**.

1 - Une **carte nationale d'identité** est un document d'identification officielle exigé à tout citoyen camerounais âgé de 18 ans au moins. Il est délivré pour une période de 10 ans par les autorités de police et doit être présenté à toute réquisition. La carte nationale d'identité est strictement

personnelle et ne peut être cédée ou prêtée (cf. art. 2 de la loi n°90/042 du 19 décembre 1990 instituant la carte nationale d'identité).

La carte nationale d'identité comporte les éléments ci-après au recto et au verso :

- noms et prénoms ;
- date et lieu de naissance ;
- filiation ;
- sexe et taille ;
- profession et adresse ;
- photographie, empreintes digitales et signature du titulaire ;
- numéro, date de délivrance et date d'expiration, lieu d'établissement et autorité signataire en l'occurrence le délégué général à la sûreté nationale.

Toute personne ne possédant pas de carte nationale d'identité est passible d'un emprisonnement de 3 mois à 1 an et d'une amende de 50 000 à 100 000 francs ou de l'une de ces deux peines seulement.

Est également punissable des mêmes peines dans les mêmes conditions, toute personne qui se fait établir une carte nationale d'identité sous une fausse identité ou qui utilise la carte d'identité d'autrui.

Tout personnel d'un hôtel qui héberge sciemment, même à titre gratuit, une personne dépourvue d'une carte nationale d'identité ou d'un passeport est passible des mêmes peines.

Les éléments exigés pour l'établissement d'une carte nationale d'identité varient selon qu'il s'agit de la première demande ou d'une péremption de carte, d'un cas de perte, de vol ou de détérioration de carte, d'un cas de rectification ou de changement de noms, du cas d'un étranger naturalisé, etc. :

- une copie certifiée conforme de l'acte de naissance ;
- l'ancienne carte nationale d'identité, le cas échéant ;
- une copie d'acte de mariage pour les femmes mariées ;
- une pièce justifiant la profession si possible ;

- un certificat de nationalité signé du président du tribunal de première instance ;
- 4 photos prises au poste d'identification de la police ;
- un droit de timbre au taux en vigueur.

Pour les étrangers naturalisés, ils doivent produire :

- une copie de l'acte de naissance ;
- une copie du décret de naturalisation ;
- un bulletin n°3 du casier judiciaire spécial ;
- un extrait de l'acte de mariage pour les femmes mariées ;
- un document justifiant la profession, s'il y a lieu.

Tout postulant ayant produit tous les éléments exigés reçoit au poste d'identification, un titre d'identité provisoire valant pendant 3 mois, pièce d'identité provisoire et éventuellement renouvelable une fois qui sera rendu au moment du retrait de la carte nationale d'identité (cf. article 10 du décret n°2016/375 du 04 août 2016 fixant les caractéristiques et les modalités d'établissement et de délivrance de la carte nationale d'identité). Ce processus est également valable pour les autres documents d'identification.

2 - Une **carte de séjour** est un document officiel d'identification délivré à tout étranger régulièrement admis en séjour au Cameroun et âgé d'au moins 18 ans. Il peut s'agir de : travailleur contractuel ou indépendant, stagiaire de longue durée, étudiant, membre de famille d'un étranger en séjour.

La délivrance d'une carte de séjour est subordonnée à la présentation d'un dossier comprenant : - une photocopie certifiée conforme du passeport datant de moins de 03 mois et revêtu d'un **visa long séjour*** - un certificat de domicile délivré par l'autorité administrative ou le commissaire de police territorialement compétent, revêtu du visa préalable du chef du quartier ou du village - un extrait de casier judiciaire - un certificat d'imposition, du reçu d'acquittement de l'impôt libératoire ou d'un titre de patente de l'année en cours - une quittance de paiement du droit de séjour - des justificatifs du séjour.

La carte de séjour est valable pour un an renouvelable ; le dossier de renouvellement qui comprend l'ancienne carte doit être déposé au moins

01 mois avant l'échéance de son expiration et donne lieu à la délivrance d'un récépissé signé du responsable de l'émi-immigration. Celui-ci est valable jusqu'à l'aboutissement du dossier.

3 - Une **carte de résident** peut être délivrée à toute personne étrangère au Cameroun notamment les travailleurs contractuels y ayant séjourné pendant au moins 06 mois (du secteur privé, public ou parapublic et le personnel de l'assistance technique), le conjoint d'une personne de nationalité camerounaise n'ayant pas adopté celle de son partenaire, les membres des congrégations religieuses dûment reconnues.

4 - Une **carte de réfugié** est délivrée selon le même canevas que ci-dessus à toute personne étrangère réfugiée au Cameroun.

69. Casier judiciaire

Le **casier judiciaire** est une forme de fichier contenant les condamnations des individus.

Il est institué un casier judiciaire au greffe de chaque tribunal de première instance qui concerne les personnes nées dans le ressort de ce tribunal.

Cependant, il y a un fichier spécial au ministère de la Justice pour : - les personnes de nationalité camerounaise ou étrangère nées à l'étranger - les étrangers nés au Cameroun et dont la naissance n'a pas été déclarée à l'état civil camerounais et qui résident au Cameroun - les personnes de nationalité camerounaise ou étrangère dont le lieu de naissance est inconnu ou dont l'identité est douteuse (cf. art. 873 al. 3 du code de procédure pénale).

Le casier judiciaire comprend trois sortes de bulletins numérotés, selon le cas, de 1 à 3 :

1- Le bulletin n°1 relève les condamnations, mesures de sûreté et arrêtés d'expulsion y compris ceux assortis de sursis prononcés contre la personne concernée. Il est délivré généralement aux autorités judiciaires et administratives à leur demande (cf. art. 581 du code de procédure pénale).

2- Le bulletin n°2 comporte les mêmes mentions que le bulletin n°1 à l'exclusion des décisions effacées par l'amnistie et la réhabilitation. Il est fourni aux administrations demanderesses. Par exemple, c'est lui qui est utilisé par les chefs de circonscriptions administratives dans le cadre des propositions aux ordres nationaux. Si l'individu concerné n'a pas connu de condamnation, le bulletin n°2 porte la mention « néant ».

3- Le bulletin n°3 est délivré à la personne qu'il concerne, à sa demande. Ce bulletin est barré transversalement en cas d'absence de condamnation ou quand celle-ci n'a plus cours.

D'une manière générale, le casier judiciaire est dit vierge lorsque la personne qu'il concerne n'a pas fait l'objet de condamnation.

L'extrait ou bulletin de casier judiciaire se délivre aux greffes du tribunal de première instance du ressort du lieu de naissance du demandeur, sur présentation d'une copie ou photocopie de l'acte de naissance, après paiement des frais de recherche et de timbrage.

70. Ceinture de sécurité

La **ceinture de sécurité** est un dispositif d'attache destiné à diminuer les risques auxquels sont exposés les occupants d'un engin roulant ou volant en cas de choc, de freinage brusque, etc.

Le port d'une ceinture de sécurité est obligatoire, en tout temps et en tout lieu, pour le conducteur et les passagers de la place latérale avant pour tous les véhicules automobiles en circulation sur l'ensemble du territoire camerounais (cf. article 82 du décret n°79/341 du 3 septembre 1979 portant réglementation de la circulation routière, modifié et complété par le décret n° 86/818 du 30 juin 1986).

En cas de dispense de port d'une ceinture de sécurité pour raison médicale, la date d'expiration de la dispense doit être mentionnée sur l'attestation.

Le défaut de port d'une ceinture de sécurité peut donner lieu à une contravention de troisième classe avec une amende de 2600 à 3600 francs inclusivement (cf. article 362 du code pénal).

71. Centre de santé (... privé)

Un **centre de santé privé** est une formation sanitaire créée par une personne physique ou morale.

La création et l'ouverture d'un centre de santé privé sont autorisées par le ministre de la Santé publique sur la base d'un dossier comprenant : - une demande timbrée indiquant les noms du promoteur ou la dénomination s'il s'agit d'une personne morale - un extrait de l'acte de naissance ou un certificat de nationalité du promoteur - un extrait de casier judiciaire de moins de 03 mois - une copie certifiée du bail ou une attestation de propriété de l'immeuble devant abriter la formation sanitaire - un jeu complet des plans de la construction à édifier signé d'un expert agréé - les statuts de la société s'il s'agit d'une personne morale - une liste des principaux équipements à acquérir. Ledit dossier est déposé contre récépissé auprès du responsable départemental de la santé publique.

Après la décision de création vient la demande d'ouverture du centre de formation privé qui suit le même schéma avec comme dossier présenté en double, une demande timbrée, une copie de l'autorisation de création, une liste des personnels techniques avec leurs qualifications.

72. Certificat d'individualité

Un **certificat d'individualité** est une attestation signée par une autorité administrative attestant que les noms écrits différemment sur un ou plusieurs documents concernent une seule et même personne.

73. Certificat d'urbanisme

Un **certificat d'urbanisme** est un document officiel délivré par un magistrat municipal attestant que le projet d'occupation ou de construction sur une parcelle de terrain de sa commune est acceptable sur le plan de la planification urbaine de la zone concernée. Il est obligatoire pour toute transaction immobilière sauf pour les concessionnaires des services publics.

Le magistrat municipal peut requérir l'avis des services techniques en charge des questions d'urbanisme ou d'un urbaniste inscrit au tableau de l'ordre.

La demande d'un certificat d'urbanisme se fait, contre récépissé dûment signé, sur un formulaire spécial établi par l'administration accompagnée d'un plan de situation du terrain.

74. Certificat de célibat

Le **certificat de célibat** est une attestation signée d'une autorité municipale ou autre qui vise à indiquer que la personne visée n'est pas légalement mariée.

75. Certificat de domicile

Un **certificat de domicile** est un document signé des autorités administratives ou municipales attestant que telle personne a élu domicile à tel endroit et qu'elle y réside de manière permanente.

76. Certificat de nationalité camerounaise

Un **certificat de nationalité** est une attestation signée par une autorité judiciaire en l'occurrence le président du tribunal de première instance attestant que la personne concernée est de nationalité camerounaise.

Ce certificat indique le document de référence et la disposition légale de base de la nationalité camerounaise ainsi établie.

Le dossier y afférent comporte une copie de l'acte de naissance, de la carte nationale d'identité ou de l'acte de naturalisation, le cas échéant.

En cas de refus par le président du tribunal compétent de délivrer ce document, le requérant peut saisir le ministre de la Justice (cf. al.3 de l'article 42 de la loi n°68-LF-3 du 11 juin 1963 portant code de nationalité).

77. Certificat d'origine

Un **certificat d'origine** est un document officiel indiquant les caractéristiques des plantes, des animaux et les spécifications des trophées permettant d'identifier les produits en circulation en vue d'assurer une certaine traçabilité. Il est délivré par les autorités du ministère des Forêts et de la Faune.

78. Certificat de propriété

Un **certificat de propriété** est un document établi par le conservateur foncier par lequel celui-ci confirme qu'une personne est détentrice d'un **titre foncier** * ; ce certificat détaille toutes les transactions relatives à cet immeuble, le cas échéant.

L'établissement de ce document donne lieu au paiement, contre quittance, de certains frais fixés.

79. Certificat du travail

Un **certificat du travail** est une attestation par laquelle un employeur indique que tel individu a servi dans sa structure à tel compte et qu'il est libre de tout engagement.

Ce document est une pièce maîtresse dans la recherche d'un nouvel emploi pour faire valoir l'expérience de la personne et indiquer sa disponibilité.

80. Certificat médical

Un **certificat médical** est une attestation délivrée par un médecin sur l'état de santé d'une personne.

Il peut servir à un usage administratif lorsqu'il est exigé par un service quelconque ou avoir un but judiciaire ; dans ce dernier cas, on parle d'un **certificat médico-légal**, établi sur un formulaire homologué avec une taxe dont le montant est déterminé par la loi de finances.

81. Chef traditionnel

Un **chef traditionnel,** autrement appelé **chef coutumier,** est un auxiliaire de l'administration. C'est le premier niveau de représentation de l'État sur le terrain.

Le chef traditionnel réside en principe à la chefferie qui est un espace inaliénable parce que faisant partie du domaine public artificiel.

Les chefferies traditionnelles sont hiérarchisées par l'État. On parle de chefferies de premier degré, de deuxième degré et de troisième degré (cf. décret n°77/245 du 15 juillet 1977 portant organisation des chefferies traditionnelles au Cameroun) :

- les chefferies de 1er degré sont créées par décret du Premier ministre et recouvrent au moins deux chefferies de 2e degré. Le choix des chefs de 1er degré est homologué par le Premier ministre après la consultation des notabilités coutumières menée par le préfet territorialement compétent.

La classification de la plupart des chefferies traditionnelles de 1er degré remonte à l'arrêté n° 019/CAB/PM du 07 février 1981 du Premier ministre camerounais. Actuellement, elles sont au nombre de 78, la dernière en date étant la chefferie supérieure Yezoum dans la région du Centre (cf. arrêté n°113/CAB/PM du 08 avril 1987 du Premier ministre, chef du gouvernement).

- Les chefferies de 2e degré englobent au moins deux chefferies de 3e degré et sont créées par le ministre de l'Administration territoriale. La désignation d'un chef de 2e degré est entérinée par acte du ministre de l'Administration territoriale après consultation des notables par le Préfet.

Depuis 1982, ces chefferies ont été classifiées par arrêté du ministre de l'Administration territoriale par département. Elles sont actuellement au nombre de 867 à travers les 58 départements que compte notre pays.

▪ les chefferies de 3e degré sont les plus petites unités qui correspondent aux villages ou aux quartiers dans les centres urbains. Elles sont créées par arrêté du préfet territorialement compétent. Les consultations précédant la désignation des chefs de ce niveau sont menées par le sous-préfet territorialement compétent et entérinées par arrêté du préfet.

Les contestations à l'occasion des consultations en vue de la désignation des chefs traditionnels ne relèvent ni des juridictions de droit commun ni des tribunaux administratifs (cf. loi n°80/31 du 27 novembre 1980 dessaisissant les juridictions des affaires relatives aux contestations soulevées à l'occasion de la désignation des chefs traditionnels). Celles-ci sont portées devant l'autorité investie du pouvoir de désignation qui se prononce en premier et dernier ressort (cf. loi n°79/17 du 30 juin 1979 relative aux contestations soulevées à l'occasion de la désignation des chefs traditionnels).

L'histoire retient que, du temps de la République fédérale du Cameroun (jusqu'en 1982 à l'unification des deux systèmes francophone et anglophone), les chefs traditionnels du côté du Cameroun occidental (anglophone) étaient regroupés dans une chambre appelée « West Cameroon House of chiefs », qui avait voix consultative au Parlement, avec possibilité de retarder le vote des lois sans en avoir l'initiative.

Quelques appellations des chefs traditionnels au Cameroun :

✓ un Fon est un chef traditionnel de la région du Nord-ouest du Cameroun ; il ne dépend pas généralement d'un autre chef traditionnel. La classification officielle les met à des degrés divers selon leur importance : un Fon peut être de nos jours de 3e, 2e ou de 1er degré.

La liste des Fons a été constatée le 2 juin 1963 à Buea par J. Trupp, Secrétaire général du ministère des Affaires locales (Permanent Secretary of the Ministry of Local Government) et publiée par la *West Cameroon Gazette* n°26 vol.3 du 08 juin 1963, notice n°139.

Le côté folklorique des rapports du Fon avec la société, entre autres, est qu'il ne serre pas la main à un citoyen autre qu'un chef traditionnel, mais il peut donner une accolade. Non plus, il ne devrait s'asseoir sur un siège que s'il est recouvert d'un morceau de tissu particulier que traîne généralement un serviteur lors de ses déplacements.

✓ un lamido (« lamibé » au pluriel) est le chef traditionnel de premier plan dans certaines zones de la partie septentrionale du Cameroun. Son pouvoir se caractérise par le fait qu'il exerce une autorité temporelle et en même temps est chef spirituel ; à ce dernier titre, c'est lui qui désigne les imams pour conduire la prière dans les mosquées.

✓ les sultans, qui jouent le même rôle que les lamibé, se retrouvent dans les départements du Noun, du Mayo-Sava et du Logone et Chari.

✓ Djaouro est l'appellation en fulfuldé d'un chef de village. Sa chefferie est généralement de 3e degré.

En termes de rétribution, le décret présidentiel n°2013/332 du 13 septembre 2013 modifiant certaines dispositions du décret n°77/245 du 15 juillet 1977 portant organisation des chefferies traditionnelles a accordé des allocations mensuelles, non cumulables avec tout autre traitement public, aux chefs traditionnels : chef de 1er degré, 200 000 francs ; chef de 2e degré, 100 000 francs et chef de 3e degré, 50 000 francs.

82. Chef-lieu

Un **chef-lieu** est une localité ou ville où sont régulièrement établis les services d'une circonscription administrative et leurs chefs, et la plupart des sièges locaux des structures publiques, parapubliques ou privées. Par exemple, Maroua est le chef-lieu de la région de l'Extrême-Nord ; Monatélé est le chef-lieu du département de la Lékié.

La résidence d'astreinte se trouve au chef-lieu. Par exemple, il est fait obligation aux chefs d'unités administratives que sont les gouverneurs, les préfets et les sous-préfets et à leurs collaborateurs de résider au chef-lieu de l'unité de compétence.

83. Chèque (… sans provision, … de voyage)

Un **chèque** est un titre par lequel une personne, titulaire d'un compte dans une banque (ou établissement assimilé), donne l'ordre de payer, à vue, à elle-même ou à une tierce personne, une certaine somme d'argent à retirer de ce compte.

1 - Un **chèque sans provision** est celui qui n'a pas de disponibilité en termes de crédit suffisant correspondant au montant du chèque émis dans une banque ou un compte postal, au Cameroun ou à l'étranger.

Quiconque fait défense au tiré de payer peut aussi être poursuivi pour chèque sans provision.

L'émission d'un chèque sans provision est une infraction réprimée par le code pénal (art. 253).

En matière de chèque, l'auteur du chèque sans provision peut être frappé d'interdiction bancaire.

2 - Un **chèque de voyage** est un titre libellé par une banque moyennant commissions et correspondant à une somme d'argent déposée par le tireur et susceptible d'être touchée dans une autre ville auprès d'une succursale ou d'un correspondant.

84. Chômé (jour...)

Un **jour** est dit **chômé** lorsqu'il coïncide avec une **fête légale civile*** ; ce chômage entraîne de manière obligatoire une suspension des activités professionnelles sauf pour les agents de maison, les établissements ou services dont le fonctionnement ne peut être arrêté et pour les entreprises à feu continu (cf. art. 6 de la loi n°73/5 du 07 décembre 1979 fixant le régime des fêtes légales au Cameroun). L'obligation de chômage pour une fête légale n'entraîne pas de réduction de salaire pour les travailleurs rétribués au mois. Ceux qui sont rétribués à la journée ou à l'heure, nonobstant le chômage, sont considérés comme ayant effectué une journée de travail et payés en conséquence.

Un jour chômé s'oppose à un jour **ouvrable***.

85. Circonscription administrative

Une **circonscription administrative** ou **unité administrative** est une division du territoire national créée et délimitée par décret présidentiel, ayant à sa tête un haut fonctionnaire nommé par le Président de la République, appelé chef d'unité administrative chargé de représenter le pouvoir central à la périphérie.

Au Cameroun, les circonscriptions administratives sont par ordre de grandeur croissant les arrondissements, les départements, les régions (à ne pas confondre avec les régions, collectivités territoriales décentralisées ayant cependant le même nom, le même territoire, la même population). L'arrondissement est la plus petite unité ; le département comprend plusieurs arrondissements, et la région comporte des départements.

La dernière organisation administrative de la République du Cameroun remonte au décret présidentiel n°2008/376 du 12 novembre 2008 qui a vu les provinces devenir des régions et où les districts ont disparu. À ce jour, en termes de circonscriptions administratives, il y a 10 régions, 58 départements, 360 arrondissements dont les territoires correspondent à ceux des communes de même nom.

86. Circonscription électorale (... spéciale)

Une **circonscription électorale** est la détermination de la partie du territoire où les citoyens peuvent exercer leur droit de vote.

Si d'ordinaire pour l'élection présidentielle la circonscription électorale est le pays entier, pour l'élection municipale il s'agit de chaque commune prise séparément ; pour les législatives, le département est considéré comme circonscription électorale (cf. art.149 du code électoral). À ce niveau toutefois, le Président de la République peut décider de la création de **circonscriptions électorales spéciales** en raison de la spécificité de certaines zones. Ce découpage spécial se fait par décret.

87. Circulaire

Une **circulaire** fait partie des documents administratifs ; sa présentation matérielle obéit à des caractéristiques communes aux documents administratifs en ce qui concerne le pays, le timbre du service, l'objet de la circulaire, le texte, l'autorité émettrice, le ou les destinataires, la signature et la date.

C'est une instruction qu'un supérieur hiérarchique adresse aux personnels placés sous son autorité, et qui est destinée à guider leur action dans l'application des lois et règlements ou dans l'étude des dossiers de service.

C'est un document interne au service qui n'est pas censé être connu des personnes extérieures à celui-ci. Toutefois, une circulaire peut revêtir la forme d'un acte réglementaire pouvant créer des droits ou des obligations à l'endroit des administrés. Dans ce cas, elle est susceptible de contrôle juridictionnel devant le juge administratif.

88. Citation directe

La **citation directe** est la procédure par laquelle un plaignant, à travers un huissier de justice, saisit directement le tribunal pour statuer sur une revendication quelconque en matière pénale.

La principale caractéristique est que le président du tribunal est obligé d'enrôler l'affaire et de ce fait, le procureur de la République ne peut pas exercer son pouvoir habituel d'opportunité de poursuites.

La citation directe est donc la plainte que prépare l'huissier de justice pour le compte du plaignant. Cette plainte comporte : le tribunal saisi, l'énonciation des faits reprochés au prévenu avec leur qualification juridique, les noms des parties avec si possible la filiation du mis en cause, la date de l'audience.

Une copie de la citation directe doit être notifiée avant l'audience au prévenu par les soins de l'huissier instrumentaire, c'est-à-dire celui qui a préparé l'acte pour le compte du plaignant.

89. Code (... électoral, ... des investissements, ... de la route)

Un **code** est un ensemble des lois et règlements relatifs à un domaine particulier : le code électoral, le code gazier, le code minier, le code routier, le code des investissements, etc.

1 - Code électoral

Il s'agit de la loi n°2012/001 du 19 avril 2012 portant code électoral. Cette loi a remplacé au Cameroun une panoplie éparse de textes en matière électorale.

L'article 1er de ladite loi spécifie les dispositions communes et spécifiques relatives aux élections, notamment :

- le fonctionnement d'Élections Cameroon (Elecam), organe chargé de l'organisation, de la gestion et de la supervision du processus électoral et référendaire ;
- l'élection et la vacance au poste de Président de la République ;
- l'élection des députés, des sénateurs, des conseillers régionaux et des conseillers municipaux ;
- l'organisation des référendums ;
- le vote des citoyens camerounais résidant ou établis à l'étranger ;
- le financement des partis politiques et des campagnes électorales et référendaires ;
- le contentieux électoral ...

2 - Code de la route

Le **code de la route** est l'ensemble des règles régissant l'utilisation des voies publiques routières.

Il s'agit au Cameroun du décret présidentiel n°79/341 du 3 septembre 1979 portant réglementation de la circulation routière et le décret n°86/818 du 30 juin 1986 modifiant et complétant certains articles dudit décret.

3 - Code des investissements

Le **code des investissements** est l'ensemble des règles incitatives visant à promouvoir les investissements privés au Cameroun. La plus récente législation en la matière est la loi n°2013/004 du 18 avril 2013 qui accorde de nombreuses exonérations en matière douanière et fiscale, notamment pendant les périodes d'installation et d'exploitation, aux personnes physiques ou morales désireuses de créer une affaire au Cameroun.

91. Collectivité territoriale décentralisée

Une **collectivité territoriale décentralisée** est une personne morale de droit public (commune ou région) ayant à sa tête un exécutif chargé de gérer ses intérêts dans les limites fixées par l'État. L'organe délibérant qui représente la population est le conseil municipal ou le conseil régional selon le cas.

Cette collectivité qui peut être la commune ou la région ou toute CTD créée par la loi, dispose d'une autonomie administrative et financière avec une tutelle de l'État assurée par ses représentants locaux que sont les préfets et les gouverneurs de région sous la coordination du ministre de l'Administration territoriale et de la Décentralisation (cf. art. 55 de la loi n°96-06 du 18 janvier 1996 portant révision de la Constitution du 02 juin 1972 et l'art. 3 de la loi n°2004/017 du 22 juillet 2004 d'orientation de la décentralisation).

92. Commandement territorial

Le **commandement territorial** est l'ensemble des services de la préfectorale représentés par les chefs d'unités administratives (sous-préfets, préfets, gouverneurs de région) et leurs collaborateurs chargés de les assister dans l'exercice de leurs fonctions.

93. Commissaire (...aux comptes, ... du gouvernement, ... De police, ... Priseur, haut ...)

Un **commissaire** est en général un représentant ou un chargé de commission dans une structure donnée.

1 - Un **commissaire aux comptes** est une personne physique ou morale chargée de contrôler la régularité de la gestion d'une société et de tenir informés les organes dirigeants et les actionnaires. Il est généralement chargé des audits. D'après l'art. 695 Acte uniforme OHADA sur les sociétés, « lorsqu'il existe un ordre des experts-comptables dans les États parties du siège de la société, objet du contrôle, seuls les experts-comptables agréés par l'ordre peuvent exercer les fonctions de commissaire aux comptes ».

Les honoraires des commissaires aux comptes sont à la charge de la société. Le montant des honoraires est fixé globalement, quel que soit le nombre de commissaires aux comptes ; ils se répartissent entre eux ces honoraires.

Le commissaire aux comptes est civilement responsable, tant à l'égard de la société que des tiers, des conséquences dommageables, des fautes et négligences qu'il commet dans l'exercice de ses fonctions (art. 725 al. 1 Acte ci-dessus visé).

2 - Un **commissaire du gouvernement** est un magistrat dont le rôle est de représenter les intérêts de l'État dans un tribunal militaire au Cameroun. Il agit sous le contrôle du ministre de la Défense qui anime l'action publique dans cet ordre de juridiction.

Selon la tradition française, le commissaire du gouvernement représente l'État français devant les tribunaux administratifs.

3 - Un **commissaire de police** est un haut fonctionnaire des services de la sûreté nationale.

4 - Un **commissaire priseur** est un officier ministériel chargé de procéder à l'estimation et à la vente publique aux enchères des meubles et effets personnels. Il peut être question des ventes amiables ou par décision de justice. Cependant, échappent à son ministère les ventes effectuées à la diligence des services des domaines (cf. art.1 du décret n°61-84 du 6 juin 1961 sur les fonctions de commissaire-priseur).

Au Cameroun, les charges de commissaire-priseur sont assurées par les huissiers de justice, ou à défaut par les greffiers en chef des tribunaux de première instance.

5 - Un **haut-commissaire** est un chef de mission diplomatique d'un pays membre du « Commonwealth des nations » qui est l'association volontaire des pays ayant eu un lien particulier au cours de leur histoire avec le Royaume-Uni de Grande-Bretagne et d'Irlande du Nord.

On parle ainsi du haut-commissaire de la République du Cameroun à la République fédérale du Nigeria ou du haut-commissaire de Grande-Bretagne au Cameroun.

Cette appellation se traduisant en anglais par « High commissioner » est plus adaptée à la langue anglaise que le mot **ambassadeur***.

94. Communauté urbaine

C'est une collectivité territoriale décentralisée créée par décret présidentiel dans certains centres urbains, en raison de leur particularité. Elle comprend au moins 2 communes dites d'arrondissement et est dirigée par un **délégué du gouvernement*** nommé par décret du Président de la République et un conseil de la communauté. Ses adjoints sont nommés par arrêté du Président de la République.

Le conseil de la communauté urbaine est l'organe délibérant de la communauté urbaine. Il comprend outre les maires, 5 autres conseillers municipaux désignés par commune et chargés de représenter celle-ci au sein du conseil de la communauté urbaine (cf. article 121 de la loi n°2004/018 du 22 juillet 2004 fixant les règles applicables aux communes).

95. Commune

La **commune** est la plus petite collectivité territoriale décentralisée. Elle est créée par acte du Chef de l'État et est dirigée par deux organes : un exécutif avec à sa tête un maire assisté d'adjoints, élu parmi les conseillers municipaux ; et un organe délibérant, le conseil municipal comprenant un nombre variable de conseillers au prorata du chiffre de la population de la commune.

96. Communication sociale (voir **presse***)

97. Communiqué

Un **communiqué** est une information émanant d'une autorité compétente et destinée au public par voie de médias, affichage ou lecture directe. C'est un document qui doit être signé de l'autorité émettrice.

98. Commutation de peine

Une **commutation de peine** est une prérogative du Président de la République par laquelle il remet tout ou partie des peines de prison à certains détenus (voir aussi **grâce présidentielle***).

99. Compétence liée

La **compétence liée** est un pouvoir qui donne à son détenteur des moyens de manœuvre limités au moment de la prise de décision. Pour une autorité publique, il est question, devant la réunion de certaines conditions, de décider dans un sens précis, par opposition au **pouvoir discrétionnaire***.

Il s'agit, par exemple, de l'obligation pour une autorité de donner satisfaction à un usager qui remplit les conditions fixées.

100. Concession (... provisoire, ... définitive)

La **concession** est l'acte par lequel, le concédant (généralement l'État) cède de manière bilatérale ou unilatérale la gestion d'un espace ou d'une structure à une tierce personne, le concessionnaire.

1 - La **concession provisoire** est la première étape de l'attribution d'une concession. Il peut s'agir par exemple d'une concession portant sur une parcelle du domaine national ou d'une concession forestière.

2 - La **concession définitive** intervient si le concessionnaire a rempli les conditions fixées par le cahier des charges, notamment certains travaux ou obligations financières ou techniques expressément énumérés dans le contrat.

101. Conflit (... conjugal, ... foncier, ... territorial)

Un **conflit** est une opposition de vues ou d'intérêts entre deux ou plusieurs parties.

1 - Un **conflit conjugal** résulte d'un différend de plusieurs ordres entre époux. Il peut déboucher sur une crise plus grave conduisant à la séparation de corps, puis au divorce devant le tribunal.

Il peut aussi donner lieu à la saisine du travailleur social (cadre territorialement compétent du ministère des Affaires sociales) qui peut aider à trouver une solution au conflit.

Dans le cas où l'un des conjoints se soustrait à l'une de ses obligations, par exemple en abandonnant le foyer conjugal, il est question d'un délit réprimé par le code pénal (art. 358), si le conjoint abandonné engage les poursuites devant le juge pénal.

2 - Un **conflit foncier** est une dispute sur la propriété d'une parcelle de terrain. Lorsque le différend intervient sur un terrain ayant fait l'objet

d'un titre foncier, la partie qui s'estime lésée doit saisir le tribunal compétent.

Les disputes foncières sur des espaces du domaine national peuvent être réglées par la commission consultative présidée par le sous-préfet territorialement compétent ; ce règlement se fait dans le cadre de l'évaluation des mises en valeur de certaines parcelles du domaine national conformément à l'ordonnance n°74/165 du 27 avril 1974 fixant le régime foncier et le décret n° 76/165 du 27 avril 1976 fixant les conditions d'obtention du titre foncier, ensemble des textes modificatifs subséquents.

3 - Un **conflit territorial** ou **litige frontalier*** est un différend relatif aux limites entre deux entités données.

À l'intérieur du territoire national, lorsqu'un différend oppose deux régions administratives sur leurs limites, la commission nationale de règlement du litige présidée par le ministre de l'Administration territoriale se saisit du dossier. Entre deux départements d'une même région, le gouverneur préside la commission comprenant outre les deux préfets, ses collaborateurs des domaines, du cadastre, etc. Un conflit territorial entre deux arrondissements d'un même département est réglé par une commission présidée par le Préfet. De même, un conflit de limites entre deux villages dans un même arrondissement est réglé par la commission que préside le sous-préfet territorialement compétent (cf. décret n°74/490 du 17 mai 1974 portant institution des commissions pour le règlement des litiges des limites des circonscriptions administratives et des unités de commandement traditionnel).

102. Congé (… annuel, ... de maladie, … de maternité)

Un **congé** est une période de repos d'une activité professionnelle après un certain temps ou en certaines circonstances.

1 - Un **congé annuel,** pour un agent, est une période de repos octroyée par la hiérarchie.

Dans la fonction publique, le congé annuel est généralement d'un mois au cours duquel l'agent est autorisé à s'absenter de son lieu de service tout en conservant son traitement salarial et les indemnités et primes dont il est bénéficiaire. Dans les services centraux, le congé est octroyé par décision du ministre utilisateur de l'agent et dans les services extérieurs, par décision du gouverneur ou du préfet territorialement compétent.

N.B. Le cumul et le report du congé annuel des agents publics sont interdits (cf. art. 3 du décret n°2000/689/PM du 13 septembre 2000 fixant le régime du congé administratif annuel des fonctionnaires).

Pour les salariés relevant du code du travail, sauf spécification particulière plus favorable d'une convention collective ou d'un contrat individuel, le droit de jouissance au congé est acquis après une durée de service effectif égale à un (1) an. Pour la détermination du droit au congé, sont considérés comme périodes de service effectif : les périodes d'indisponibilité pour accident de travail ou maladie professionnelle, les absences pour maladies médicalement constatées, le congé de maternité, le chômage technique (cf. art. 89 du code du travail).

2 - Un **congé de maladie** est celui accordé à un fonctionnaire atteint d'une maladie persistante dûment constatée par un médecin agréé et le mettant dans l'impossibilité d'exercer ses fonctions. Il conserve néanmoins à cette occasion l'intégralité de son traitement salarial.

Le dossier donnant droit à un congé de maladie est constitué de : - une demande timbrée - un certificat médical délivré par le médecin traitant.

Le congé de maladie est accordé pour 90 jours par décision du ministre utilisateur ; au-delà de ce délai, le ministre de la Fonction publique est compétent après avis du conseil de santé territorialement compétent (cf. art. 58 du décret n°94/199 du 07 octobre 1994 portant statut général de la fonction publique).

Pour le congé de maladie des agents relevant du code du travail, voir l'article 32(c) de la loi n°92/007 du 14 août 1992 portant code du travail.

3 - Le **congé de maternité** est un repos de 14 semaines accordé au personnel de sexe féminin sur présentation d'un certificat de grossesse du sixième mois pour couches et allaitement. Il se répartit de la manière suivante : 4 semaines avant la date présumée de l'accouchement et 10 semaines à compter de la même date.

Le personnel conserve aussi l'intégralité de son traitement salarial (cf. art. 66 du décret susvisé).

Le code du travail prévoit que le congé de maternité d'une employée peut être prorogé de six semaines en cas de maladie dûment constatée résultant de la grossesse ou des couches (cf. art. 84 al. 2 du code du travail).

103. Conseil municipal

Le **conseil municipal** est l'organe délibérant d'une commune. Le nombre de conseillers municipaux par commune est fixé par décret au prorata du chiffre de la population établi selon le recensement officiel :

- 25 conseillers pour une commune de moins de 50 000 habitants ;
- 31 conseillers pour une commune de 50 000 à 100 000 habitants ;
- 35 conseillers pour une commune de 101 000 à 200 000 habitants ;
- 41 conseillers pour une commune de 201 000 à 300 000 habitants ;
- 61 conseillers pour une commune de plus de 300 000 habitants.

Les conseillers municipaux sont élus par commune au suffrage universel, direct et secret pour un mandat de 5 ans.

Le conseil municipal élit en son sein le maire de la commune lors de la première session du conseil municipal qui est présidée par le doyen d'âge en présence du représentant de l'État.

Les conseils municipaux ordinaires, qui se tiennent une fois par trimestre pendant une session n'excédant pas 07 jours, sont présidés par le maire sur un ordre du jour qu'il a fixé. Le conseil municipal ne peut valablement siéger que lorsque les 2/3 de ses membres sont présents (cf. article 33 de la loi n°2004/018 du 22 juillet 2004 fixant les règles relatives aux communes).

Le conseil municipal peut être réuni en session extraordinaire chaque fois que le maire le juge nécessaire ou à la demande expresse des 2/3 des membres en exercice du conseil municipal.

104. Conservateur foncier

Un **conservateur foncier** est un responsable relevant du ministère en charge des problèmes fonciers au niveau du département. Il est chargé de constater les droits réels des personnes sur un immeuble, de les inscrire dans un livre foncier et d'en délivrer un document appelé **titre foncier***.

Le conservateur foncier est par ailleurs chargé de délivrer des certificats de propriété aux usagers. D'une manière générale, ce responsable gère le fichier des titres fonciers du département.

105 . Conservateur minier

Un **conservateur minier** est un cadre du ministère en charge des mines et de la géologie responsable de l'établissement et de la tenue du registre des **titres miniers***.

106 . Constat (voir **accident de circulation***)

107 . Constitution

La **Constitution** est la loi fondamentale qui définit la forme de l'État, fonde l'organisation et le fonctionnement des pouvoirs, avec prérogatives et limites pour garantir les libertés des citoyens, dans tout État moderne. Toutefois, la Grande-Bretagne est l'un des rares États à s'appuyer non sur une Constitution écrite, mais sur des pratiques coutumières pour faire fonctionner le Royaume.

La Constitution du Cameroun (francophone) a été votée pour la première fois en 1959 et promulguée le 4 mars 1960 par le Premier ministre Ahmadou AHIDJO. La Constitution du Cameroun réunifié (fédérale) date du 1er septembre 1961.

À ce jour, les dernières modifications sont celle du 18 janvier 1996 par la loi n°96-06 portant révision de la Constitution du 02 juin 1972, et celle de la loi n° 2008/001 du 14 avril 2008.

108 . Consul (... honoraire)

1 - En diplomatie, un **consul** est l'agent officiel d'un État dans un autre pays, chargé d'assurer la protection des intérêts de l'État d'envoi et de l'accomplissement de certaines tâches administratives telles que l'état civil, la délivrance des passeports, des visas, etc. Il peut aussi exercer toutes autres fonctions à lui confiées par l'État d'envoi que n'interdisent pas les lois et règlements de l'État de résidence ou auxquelles l'État de résidence ne s'oppose pas ou qui sont mentionnées dans les accords internationaux en vigueur entre l'État d'envoi et l'État de résidence.

Le chef de poste consulaire est admis à l'exercice de ses fonctions par une autorisation de l'État de résidence dénommée «**exequatur***», quelle que soit la forme de cette autorisation.

Les fonctionnaires consulaires et les employés consulaires ne sont pas justiciables des autorités judiciaires et administratives de l'État de résidence pour les actes accomplis dans l'exercice des fonctions consulaires.

Toutefois, les dispositions susvisées ne s'appliquent pas en cas d'action civile.

Les fonctionnaires consulaires ne peuvent être mis en état d'arrestation ou de détention préventive qu'en cas de crime grave et à la suite d'une décision de l'autorité judiciaire compétente.

Lorsqu'une procédure pénale est engagée contre un fonctionnaire consulaire, celui-ci est tenu de se présenter devant les autorités compétentes. Toutefois, la procédure doit être conduite avec les égards qui sont dus au fonctionnaire consulaire en raison de sa position officielle et de manière à gêner le moins possible l'exercice des fonctions consulaires.

2 - Un **consul honoraire** est généralement un citoyen du pays d'accueil, mandaté par un autre pays pour représenter ses intérêts notamment commerciaux et autres.

109 . Consulat

Le **consulat** désigne la fonction de consul, les services consulaires sur une place donnée ou les bâtiments qui abritent ces services. On parle du consulat du Cameroun à Marseille en France ou le consulat de France à Douala au Cameroun.

Le consulat bénéficie de la même immunité diplomatique qu'une ambassade selon la convention de Vienne du 24 avril 1963 sur les relations consulaires ; celle-ci détermine le régime des privilèges et immunités consulaires.

Les services d'ambassade, en l'absence de consulat, exercent les missions consulaires.

Le siège du poste consulaire, sa classe et sa circonscription consulaire sont fixés par l'État d'envoi et soumis à l'approbation de l'État de résidence.

Les locaux consulaires, leur ameublement et les biens du poste consulaire, ainsi que ses moyens de transport, ne peuvent faire l'objet d'aucune forme de réquisition à des fins de défense nationale ou d'utilité publique. Au cas où une expropriation serait nécessaire à ces mêmes fins, toutes dispositions appropriées seront prises afin d'éviter qu'il soit mis obstacle à l'exercice des fonctions consulaires et une indemnité prompte, adéquate et effective sera versée à l'État d'envoi (cf. article 31 al. 4 de la convention du 24 avril 1963 sur les activités consulaires).

110 . Contractuel (… d'administration)

Un **contractuel d'administration** est une catégorie d'agents publics liés à l'Administration par un contrat dont le 1er niveau est la 7e catégorie. Leur gestion qui relève du code du travail est assurée par chaque département ministériel utilisateur.

111 . Contrainte par corps

La **contrainte par corps** est une mesure qui vise à « obliger le condamné à exécuter les condamnations pécuniaires ou à effectuer les restitutions ordonnées par une juridiction répressive ».

Elle consiste en une incarcération au cours de laquelle le débiteur est astreint au travail (cf. art. 557 du code de procédure pénale). Elle est applicable sans mise en demeure préalable, à la diligence du ministère public, en cas de non-exécution des condamnations pécuniaires ou de non restitution des biens.

Lorsqu'une contrainte par corps concerne une personne déjà incarcérée ou détenue, elle est exécutée à l'expiration de la peine d'emprisonnement, à moins que cette personne ne fournisse une caution garantissant le paiement des condamnations pécuniaires dans les 2 mois de l'engagement (cf. art. 558 du code susvisé).

La durée de la détention provisoire subie par le prévenu ou l'accusé condamné uniquement à une peine d'amende est déduite de la durée de la contrainte par corps par le président du tribunal lors de la signature du mandat d'incarcération.

L'article 564 du code susvisé détermine la durée de la contrainte par corps selon les montants dus. Le délai de prescription est de 30 ans à compter du lendemain du jour où la contrainte par corps a pris fin.

112 . Contrat de travail

Le **contrat de travail** est un accord ou contrat par lequel le travailleur s'engage, contre rémunération, à mettre son activité professionnelle sous l'autorité et la direction de l'employeur. Si le contrat est écrit, il est exempt du droit de timbre.

Un contrat de travail peut être conclu à durée déterminée ou indéterminée.

Il est interdit à l'employeur d'infliger des amendes : seule la mise à pied peut entraîner des sanctions pécuniaires consécutives à l'absence de prestation de travail. Pour être valable, une mise à pied doit avoir une durée maximale de 08 jours ouvrables, être notifiée par écrit avec indication des motifs pour lesquels elle est prononcée, être communiquée dans les 48 heures à l'inspecteur du travail du ressort.

L'employé quant à lui doit consacrer toute son activité professionnelle à l'entreprise sauf dérogation spéciale stipulée au contrat (cf. loi n°92/007 du 14 août 1992 portant code du travail).

113 . Contravention

Une **contravention** est une infraction punissable d'une peine d'emprisonnement qui ne peut excéder 10 jours ou d'une amende ne dépassant pas 25 000 francs (cf. art. 21 du code pénal).

Les contraventions sont créées par voie réglementaire et subdivisées en quatre classes selon leur gravité. Les pénalités y relatives varient de façon croissante de la première classe à la quatrième classe (cf. article 362 du code pénal).

114 . Contrefaçon

Une **contrefaçon** est une reproduction ou une imitation frauduleuse d'un objet ou d'une œuvre sans autorisation requise. Elle peut se présenter sous diverses formes : imitation non autorisée d'une marque déposée, faux produits, falsification de document officiel, etc. D'une manière générale, les auteurs de contrefaçon sont susceptibles de poursuites judiciaires tant au pénal qu'au civil.

En cas de contrefaçon, c'est la partie lésée qui déclenche l'opération en saisissant le tribunal territorialement compétent pour solliciter une ordonnance de saisie-contrefaçon.

115 . Contumace

La **contumace** est la procédure visant à juger un accusé en fuite ou n'ayant pas pu être appréhendé par la justice en vue de son jugement. De ce fait, le mis en cause ne bénéficie pas d'un procès contradictoire. Toutefois, s'il se présente avant la prescription de la peine, il a la possibilité de faire **opposition***.

116 . Convention collective

Une **convention collective** est un accord négocié et conclu entre le patronat et les employés, en vue d'établir les conditions d'emploi, de travail et de rémunération.

Elle tient généralement compte des spécificités liées au secteur d'activité qu'elle régit et ne peut s'opposer aux dispositions du code du travail dont elle est le supplément.

117 . Convocation

La **convocation**, comme son nom l'indique, est un document par lequel une autorité publique convoque une personne en l'invitant à se présenter à son service à un moment donné.

Une convocation peut être servie par une autorité judiciaire après dépôt d'une plainte ou assignation.

Le refus de déférer à une convocation d'une autorité publique est un acte répréhensible. Il peut conduire à une condamnation réputée contradictoire en cas d'assignation devant un tribunal ; dans ce cas, le droit de demander un nouvel examen du même tribunal est nul sauf à se pourvoir en appel.

118 . Convoi

Un **convoi** est un groupe de véhicules roulant ensemble dans une même direction.

Les conditions suivantes doivent être respectées pour prévenir toute dangerosité d'un convoi de véhicules : - le premier véhicule d'un convoi doit porter sur une plaque fixée à l'avant en lettres rouges sur fond clair « ATTENTION CONVOI » - La fin du convoi doit aussi être signalée par une plaque portant l'inscription « FIN DE CONVOI ».

119 . Coopérative

Une **coopérative** est un regroupement de personnes (les membres) qui se mettent ensemble pour exercer certaines fonctions économiques répondant à leurs besoins communs. Elle peut bénéficier d'avantages fiscaux selon les conditions établies par le code général des impôts.

La déclaration d'intention de création d'une société coopérative doit être signée par au moins 10 personnes et adressée au ministre de tutelle contre récépissé.

L'assemblée générale constitutive de la société coopérative a pour mission d'approuver les statuts, d'élire les membres du conseil d'administration, d'arrêter la liste des souscriptions en vue de la constitution du capital social. Un représentant du ministre doit être présent à l'assemblée constitutive avec voix consultative et à titre de conseiller (cf. loi n°73/15 du 7 décembre 1973 portant statut des sociétés coopératives au Cameroun).

Une société coopérative requiert un agrément délivré par le ministre de tutelle avant sa mise en fonctionnement. Cet agrément confère à la société la personnalité morale de droit civil.

Toute société coopérative agréée est tenue de conserver à son siège social les documents suivants susceptibles d'être consultés par tout adhérent (cf. article 8 du décret n°74/874 du 29 octobre 1974 fixant les modalités d'application de la loi n°73/15 du 7 décembre 1973 portant statut des sociétés coopératives au Cameroun) : - les différents textes portant sur le fonctionnement des sociétés coopératives - son certificat d'agrément - ses statuts approuvés - le registre des adhérents - le règlement intérieur.

120 . Coopérative d'épargne et de crédit (Coopec). Voir **microfinance***

121 . Copie (voir **certification***)

122 . Corps (transport de..., exhumation de ...) (voir **transfert de corps***)

123 . Corps abandonné

Un **corps abandonné** est un cadavre identifié ou non, ayant séjourné pendant 6 mois dans une morgue, ou qui n'est réclamé par aucune relation.

L'inhumation d'un corps abandonné en état de décomposition avancée est faite immédiatement par la municipalité territorialement compétente, après déclaration du décès et établissement du certificat de genre de mort, sur autorisation préalable du préfet. En cas de risque pour les populations, le corps peut être incinéré selon les techniques homologuées.

Dans chaque département, le Préfet préside une commission *ad hoc* chargée de l'inhumation des corps abandonnés. Cette commission comprend outre le sous-préfet territorialement compétent, les autorités municipales du lieu de situation de la morgue, le responsable de la morgue, les autorités sanitaires compétentes, les responsables de sécurité, le responsable local du ministère de l'Environnement (cf. articles 11, 12 et 13 de l'arrêté n°0875/A/MINSANTE du 01 avril 2013 fixant les modalités de gestion des corps abandonnés dans les morgues des formations sanitaires publiques).

124 . Corps constitués

Les **corps constitués** sont les personnels permanents de haut rang qui peuvent se réunir en assemblée et qui exercent une portion de l'autorité de l'État et de l'Administration publique (ex : Sénat, Assemblée nationale, Conseil économique et social, etc.).

125 . Cotation (**demande de ...**)

La **demande de cotation** est une procédure simplifiée permettant à un maître d'ouvrage de consulter des entreprises pour la passation de lettres-commandes sans présenter des offres techniques.

Cette demande est faite à l'autorité chargée de gérer les marchés publics et concerne la fourniture des biens et services ou toutes autres prestations de moindre envergure.

126 . Cour (... d'appel, ... suprême) (voir **organisation judiciaire***)

127 . Crime

Un **crime** est une infraction punissable d'une peine de mort ou d'un emprisonnement dont le minimum est de 10 ans (cf. art. 21 du code pénal). Il est de la compétence du tribunal de grande instance.

❖ N.B. Le délai de prescription de l'action publique en cas de crime est de 10 ans tandis que le délai de prescription de la peine est de 20 ans.

En matière criminelle, l'inculpé est désigné par le mot **accusé***.

128 . Culte (voir **religion*** ou **association religieuse***)

D

129 . Débet

Le **débet** est la situation au cours de laquelle une personne est déclarée redevable vis-à-vis du Trésor public. Être mis en débet signifie qu'on est amené par décision administrative (ex. du Conseil de discipline budgétaire et financière des services du Contrôle supérieur de l'État) ou judiciaire, à rembourser les sommes dues.

130 . Débit de boissons

Un **débit de boissons** est « tout lieu ou local aménagé pour la vente aux fins de consommation ou d'enlèvement, de boissons hygiéniques, de vins ou de boissons alcooliques ».

Il y a deux catégories de débits de boissons, les ventes à consommer sur place (première catégorie) qui sont ouvertes de 6 heures du matin à minuit, et les ventes à emporter (deuxième catégorie), fonctionnant de 6 heures du matin à 21 heures.

Aucun débit de boissons ne peut être ouvert si le gérant n'a formulé une demande de licence auprès de l'autorité compétente : le sous-préfet pour la vente des vins et boissons hygiéniques, et le Préfet pour la vente des boissons alcooliques et autres (cf. décret n°90/1483 du 09 novembre 1990 fixant les conditions et modalités d'exploitation des débits de boissons).

La licence de vente de boissons accordée par une autorité est personnelle et ne peut être cédée ou louée, ne peut être transférée à un lieu autre que celui pour lequel elle a été accordée.

N.B.

1) La vente des jus des fruits est libre.

2) Aucun débit de boissons ne doit être ouvert à côté d'un établissement protégé : établissement scolaire, centre de soins médicaux, église.

131 . Décentralisation (... technique, ... territoriale)

La **décentralisation** est un mode d'administration qui consiste à confier des pouvoirs assez étendus avec autonomie de gestion à certaines structures étatiques sur lesquelles l'État ou ses représentants exercent la tutelle (il s'agit par exemple du principe de gestion des communes appelées d'ailleurs **collectivités territoriales décentralisées***). Il est question dans ce cadre de **décentralisation territoriale**.

La **décentralisation technique** quant à elle permet de confier à une structure publique la gestion d'un secteur d'activité donné au regard de ses spécificités. Le cas des universités d'État est cité.

La décentralisation va de pair avec le principe de subsidiarité qui veut que l'État, par souci d'efficacité, se réserve le droit d'intervenir dans un secteur confié par les textes aux structures décentralisées.

132 . Déchéance

La **déchéance** est la perte d'un droit. Elle se présente sous la forme d'une sanction d'ordre judiciaire ou d'ordre administratif.

Les **déchéances** au sens de l'article 30 du code pénal consistent dans : - la destitution et l'exclusion des fonctions, emplois ou offices publics - l'incapacité d'être juré, assesseur, expert, etc. - l'interdiction d'être tuteur ou curateur - l'interdiction de porter toute décoration - l'interdiction de servir dans les forces armées - l'interdiction d'occuper un emploi se rapportant à l'éducation des enfants.

S'agissant des **déchéances électorales,** elles figurent dans les articles 47 et 48 du code électoral et concernent les personnes suivantes qui ne peuvent être inscrites sur une liste électorale :

- les personnes condamnées pour crime, même par défaut ;
- les personnes condamnées à une peine privative de liberté sans sursis supérieure à 03 mois ;
- les personnes condamnées à une peine privative de liberté assortie de sursis simple ou avec probation supérieure à 06 mois ;
- les personnes qui font l'objet d'un mandat d'arrêt ;
- les faillis non réhabilités dont la faillite a été déclarée, soit par les tribunaux camerounais, soit par un jugement rendu à l'étranger et exécutoire au Cameroun ;

- les aliénés mentaux ;
- pendant une période de 10 ans, les personnes condamnées pour atteinte à la sûreté de l'État, sauf réhabilitation ou amnistie.

133 . Décision

Une **décision** est par ordre de grandeur le plus petit des actes administratifs, à côté des arrêtés et des décrets dans la hiérarchie des normes juridiques. Il s'agit d'un règlement qui peut créer des droits individuels ou gérer des situations de portée générale.

134 . Déconcentration

La **déconcentration** est un mode de gestion des services publics à la périphérie consistant pour le gouvernement, à confier par délégation une partie de ses attributions aux services extérieurs des ministères, pour des besoins d'efficacité d'une part, et de rapprochement de l'Administration des administrés d'autre part. Les services extérieurs des départements ministériels sont généralement appelés « services déconcentrés de l'État ». Par exemple, les délégations régionales ou départementales des ministères.

135 . Décoration (voir **ordres nationaux***)

Une **décoration** est une distinction honorifique qui vise à gratifier toute personne qui s'est démarquée positivement pendant plusieurs années dans un domaine précis. Il peut s'agir d'une distinction dans les ordres nationaux ou d'une médaille.

Il y a deux modes d'attribution des distinctions : par étude des dossiers proposés chaque année sous forme de mémoires, avant le 20 mai, par les autorités étatiques compétentes à la grande chancellerie des ordres nationaux, ou par décision discrétionnaire du Chef de l'État qui est le Grand maître des ordres nationaux.

136 . Décret

Un **décret** est l'acte réglementaire le plus important (à côté des **arrêtés*** et des **décisions***) émanant du pouvoir exécutif. C'est un acte administratif unilatéral signé par le Président de la République ou le Premier ministre selon les cas.

Il est à noter qu'un décret signé du Premier ministre pour les matières relevant de sa compétence comporte à son titre les initiales PM, pour ainsi le distinguer des décrets signés par le Président de la République.

Sur le plan de la théorie du droit, un décret est considéré comme réglementaire lorsqu'il traite des matières impersonnelles, c'est-à-dire d'ordre général (par ex., la création et l'organisation d'un service), et non réglementaire lorsqu'il concerne des situations juridiques individuelles (ex., nomination d'un fonctionnaire).

137 . Délégation (**… de pouvoir, … de signature**)

La **délégation** est l'opération par laquelle le titulaire d'une fonction transfère, par un acte formel, une partie de ses attributions à une autre personne.

1- Pour la **délégation de pouvoir** ou **de compétence**, l'autorité déléguée assume en droit les conséquences des décisions prises. Bien plus, l'autorité délégante ne peut plus exercer les responsabilités déléguées tant que la délégation n'a pas été rapportée.

La délégation de pouvoir est généralement impersonnelle et liée au poste occupé.

2 - La **délégation de signature**, plus courante, permet au délégant de continuer à assumer les mêmes matières déléguées. La responsabilité de l'autorité bénéficiaire d'une délégation de signature est donc limitée ; et généralement, elle doit rendre compte à l'autorité délégante de l'usage fait de la délégation de signature en cas de traitement de dossier digne d'intérêt.

Les chefs de départements ministériels et de circonscriptions administratives accordent généralement des délégations de signature à leurs collaborateurs ou adjoints par arrêté ou décision. L'acte de délégation de signature désigne nommément la personne bénéficiaire et les conditions, ainsi que les matières faisant l'objet de la délégation. La délégation peut être limitée dans le temps ; en tout cas, elle s'arrête avec la cessation d'activités du délégateur ou avec la mutation du délégataire du poste où la délégation a été accordée. On dit que la délégation de signature est *intuitu personae*, c'est-à-dire liée à la personne choisie.

138 . Délégué (… du gouvernement, … du personnel)

1- Un **délégué du gouvernement** est un responsable politique nommé par décret présidentiel à la tête d'une **communauté urbaine*** pour en présider l'exécutif. Il convoque et préside de droit les sessions du conseil de la communauté urbaine. Doté du pouvoir réglementaire, il signe arrêtés et décisions dans les matières relevant de sa compétence (cf.

art.116 de la loi n°2004/018 du 22 juillet 2004 fixant les règles applicables aux communes).

2- Un **délégué du personnel** est un employé choisi par ses pairs, pour un mandat de 2 ans renouvelable, pour les représenter auprès du patronat dans toute structure privée ou publique d'au moins 20 travailleurs (cf. art.122 de la loi n°092/007 du 14 août 1992 portant code du travail). En principe, il bénéficie de certaines prérogatives notamment de ne pouvoir être licencié que si le poste est supprimé et après avis de l'inspecteur du travail territorialement compétent.

139 . Délibéré

Le **délibéré** est le délai de réflexion que se donnent les juges en instance avant de rendre leur verdict. Ainsi, mettre en délibéré c'est remettre la lecture du texte de la décision à une audience ultérieure.

140 . Délit

Un **délit** est une infraction intermédiaire entre la contravention et le crime. Selon l'article 21 du code pénal, il s'agit d'une infraction passible d'un emprisonnement dont le minimum est de 10 jours et le maximum de 10 ans ou d'une amende supérieure à 25000 francs.

Les délits sont généralement de la compétence du tribunal de première instance statuant en matière correctionnelle ; cependant, en cas de délits connexes à un crime, le tribunal de grande instance est compétent en la matière.

L'action publique en matière de délit se prescrit 3 ans après la commission de l'infraction.

En cas de condamnation par **contumace***, les peines en matière de délit se prescrivent 5 ans après le prononcé du jugement.

N.B. En cas de délit, l'inculpé est appelé prévenu.

141 . Délit de fuite (voir **accident de circulation***).

142 . Demande timbrée

Une **demande timbrée** est une requête sur papier libre ou sur un formulaire spécial portant une vignette en vigueur imposée par l'État. Il s'agit du début de toute procédure dans l'Administration, sauf spécification particulière.

143 . Démission

La **démission** est l'acte par lequel une personne décide de renoncer à ses fonctions. C'est un mode de cessation d'activités parmi d'autres.

Pour le fonctionnaire, la démission est parfois subordonnée à l'acceptation de celle-ci par l'autorité de nomination avant la production des effets.

Pour un salarié du secteur privé ou parapublic, la démission est l'acte par lequel le salarié rompt le contrat à durée indéterminée qui le lie à son employeur. La démission n'est soumise à aucune formalité particulière, elle peut être écrite ou verbale, à condition que le délai de préavis soit respecté, sous peine d'une condamnation du travailleur à des dommages-intérêts pour le préjudice subi par l'employeur.

144 . Deniers (... du culte, ... publics)

Il s'agit d'un terme utilisé pour représenter l'argent.

1 - Les **deniers du culte** sont les fonds collectés par les membres de certaines associations cultuelles pour l'entretien de leur clergé et le fonctionnement de leur église.

2 - Les **deniers publics** sont des fonds publics visant à résoudre les besoins d'intérêt général dont la gestion obéit à des règles particulières. S'en approprier indûment constitue un crime passible de lourdes peines. À titre d'exemple, les fonds communaux sont des fonds publics ; les frais collectés par les associations des parents d'élèves dans les établissements scolaires sont assimilés aux fonds publics (cf. art. 23 de la loi n°2004/022 du 22 juillet 2004 fixant les règles relatives à l'organisation et au fonctionnement de l'enseignement privé au Cameroun).

145 . Département

1- Un **département** est une circonscription administrative comprenant des arrondissements, dirigé par un préfet, haut fonctionnaire nommé par décret présidentiel.

2- Un **département ministériel**, créé par décret présidentiel, est un ensemble de services administratifs placés sous l'autorité d'un ministre (ex., département ministériel des Sports et de l'Éducation physique).

146 . Dépense publique (engagement, liquidation, ordonnancement, paiement)

Une **dépense publique** est une opération par laquelle l'État paie ses dettes. Eu égard au principe de la séparation des ordonnateurs et des comptables, une dépense publique s'opère en 2 phases distinctes : la phase administrative (engagement, liquidation, ordonnancement) et la phase comptable (paiement).

1 - L'**engagement** est l'acte par lequel une structure publique crée ou constate une charge financière.

2 - La **liquidation** suppose la détermination du montant de la dette.

3 - L'**ordonnancement** ou le **mandatement** est l'ordre donné au comptable de payer la dette en imputant la dépense au bon chapitre et en étant sûr de la disponibilité des crédits nécessaires au paiement.

4 - Le **paiement** se fait par les services du Trésor après un contrôle des opérations de la phase administrative.

147 . Dépôt légal

Le **dépôt légal** est une obligation faite par la loi n°2000/05 du 17 avril 2000 relative au dépôt légal, à un éditeur ou producteur d'une œuvre intellectuelle, de remettre gratuitement six (06) exemplaires de cette œuvre au dépositaire désigné par l'État. Certains droits sont attachés à cette formalité notamment la protection de l'œuvre déposée qui peut être : un livre, un journal périodique, un titre de propriété industrielle, une brochure, une gravure, un atlas géographique, une partition musicale, etc. (cf. art. 6 du décret n°2001/957/PM du 1er novembre 2001 fixant les modalités d'application de la loi n°2000/05 du 17 avril 2000 relative au dépôt légal).

Les auteurs de nationalité camerounaise dont les ouvrages sont produits à l'étranger sont tenus de déposer, soit personnellement, soit par les soins de l'éditeur ou de l'importateur, copies desdits ouvrages sous peine de sanctions prévues aux articles 9 et 10 de la loi susvisée.

148 . Dépouillement

Le **dépouillement** est, en matière électorale, l'opération de dénombrement par les scrutateurs des voix émises au profit des divers candidats. Il s'agit du comptage des bulletins déposés dans l'urne au cours du vote.

149 . Député (... junior)

2 - Un **député**, membre de l'**Assemblée nationale***, est élu au suffrage universel direct pour un mandat de 5 ans et représente la nation

entière. Il bénéficie d'une immunité dite parlementaire et peut avoir droit à une pension de retraite après 3 législatures consécutives.

2 - Un **député junior** fait partie du parlement des enfants qui est une plateforme d'échanges entre les enfants et les décideurs tel que recommandé par la convention des Nations unies relative aux droits des enfants et la Charte africaine des droits et du bien-être de l'enfant. Les députés juniors, qui doivent être âgés entre 09 et 17 ans, sont élus par leurs pairs dans les établissements scolaires et dans les centres sociaux parmi les meilleurs élèves. Ils sont issus de toutes les régions du pays et se réunissent le 16 juin de chaque année dans le cadre de la commémoration de la journée de l'enfant africain ; à cette occasion, ils font part au gouvernement de la République de leurs préoccupations.

150 . Descendant

Le **descendant** d'une personne est son héritier direct. Les descendants sont classés dans l'ordre suivant :

- au premier degré : les enfants ;
- au deuxième degré : les petits-enfants ;
- au troisième degré : les arrière-petits-enfants ;
- etc.

151 . Désertion

La **désertion** est le fait pour un militaire d'abandonner volontairement, sans autorisation préalable, son corps de métier. Cela constitue une faute grave punie par les règlements militaires.

La désertion court six jours après le constat de l'absence irrégulière et est punie par une peine d'emprisonnement prononcée par le tribunal militaire. Les peines infligées à l'officier coupable de désertion sont plus lourdes.

On distingue la désertion en temps de paix ou en temps de guerre, à l'intérieur ou à l'étranger, avec matériels ou non. Une désertion de concert à deux est considérée comme un complot (cf. code de justice militaire).

152 . Désistement

Le **désistement** est une possibilité offerte à un plaignant d'interrompre le procès qu'il a intenté en saisissant le tribunal par une lettre de désistement, soit parce qu'il a obtenu satisfaction avant l'intervention du jugement ou pour toute autre raison. Dans ce cas, le tribunal constate par un jugement le désistement et condamne le désistant aux dépens ; une façon de prendre acte de la décision du plaignant.

N.B. En cas de désistement, la partie adverse doit l'accepter sinon la procédure va se poursuivre jusqu'à la décision du tribunal.

153 . Détachement

Le **détachement** est la position du fonctionnaire placé provisoirement hors de son poste de travail pour :

- servir dans un gouvernement pour y avoir été nommé ;
- assumer un mandat électif ou syndical ;
- servir dans une entreprise privée nationale, dans un organisme privé d'intérêt général, dans une collectivité territoriale ou un organisme public ou parapublic.

Tout détachement de fonctionnaire est prononcé par arrêté du ministre en charge de l'administration d'origine du fonctionnaire concerné, après accord de l'organisme d'accueil. Pour les fonctionnaires du corps de l'administration générale, leur détachement est prononcé par le ministre de la Fonction publique.

Le fonctionnaire en détachement continue de bénéficier des droits à l'avancement et à la pension pendant la période de détachement. Il est rémunéré par l'organisme de détachement et son salaire doit être au moins équivalent à celui de son indice à la fonction publique (cf. Art. 79 du statut général de la fonction publique).

Le détachement peut prendre fin par arrêté du ministre l'ayant prononcé, à la demande de l'administration d'origine ou du fonctionnaire concerné, ou à l'âge de départ à la retraite dudit agent public.

154 . Détention provisoire

La **détention provisoire** est une mesure judiciaire préventive de privation de liberté à l'égard d'une personne suspectée d'avoir commis un crime ou un flagrant délit, en attendant son jugement au fond. La décision de détention provisoire incombe au procureur de la République, au juge d'instruction, à la juridiction de jugement.

La détention provisoire s'effectue dans une maison d'arrêt (cf. art. 218 à 221 du code de procédure pénale).

155 . Détenu

Un **détenu** est tout individu incarcéré et/ou privé de liberté dans le cadre d'une mesure judiciaire préventive ou répressive.

156 . Devise de la République

La **devise** fait partie des emblèmes d'un État. C'est une formule laconique inscrite dans la Constitution qui affirme le but ou le sens assigné à l'action de l'État ou des citoyens. Il s'agit, comme le **drapeau** ou l'**hymne***, d'un élément identificateur et fédérateur qui se trouve dans tous les documents officiels. « Paix-Travail-Patrie » est la devise de la République du Cameroun, adoptée par l'ALCAM (Assemblée législative du Cameroun) dans la même session qui adopta les 24 et 25 octobre 1957 les autres emblèmes de l'État du Cameroun.

157 . Devoir (…conjugal, … de réserve)

Un **devoir** est une obligation prescrite par la loi qui doit être observée par une personne.

1 - Le **devoir conjugal** est l'ensemble des obligations à être respectées par les conjoints dans le cadre de leur union. Il est question par exemple du devoir de fidélité, d'assistance, etc., entre époux prévu par l'article 212 du code civil en vigueur au Cameroun.

2 - Le **devoir de réserve** est l'obligation pour un fonctionnaire de ne pas divulguer des informations confidentielles ou secrètes pouvant compromettre le fonctionnement du service.

Les sanctions relatives à la divulgation des secrets professionnels sont prévues par les articles 310 du code pénal et 34 du décret n°66/DF/53 du 23 février 1966 portant statut général de la fonction publique.

158 . Diplôme (équivalence de ...)

Un **diplôme** est généralement un certificat d'aptitude délivré par l'État ou toute autre structure compétente à l'issue d'un examen de connaissances.

L'**équivalence d'un diplôme** au système camerounais, lorsqu'il a été obtenu à l'étranger, est établie par le ministère de l'Enseignement supérieur.

159 . Disparition

La **disparition** est en droit le fait d'être sans nouvelles d'une personne qui s'est retrouvée dans une situation de péril grave susceptible de donner la mort et dont on n'a pas retrouvé le corps, c'est-à-dire sans qu'on puisse établir formellement son décès.

Le jugement déclaratif de décès établi à cette occasion vaut acte de décès.

160 . Dispense

Une **dispense** est le relâchement de la rigueur du droit accordé de façon spéciale à un individu déterminé.

Plusieurs exemples sont à citer :

- **dispense d'âge** accordée à un mineur ou à un très jeune candidat ne remplissant pas les conditions de se marier ou de présenter un concours ;

- **dispense de publication du mariage** accordée aux futurs époux par le procureur de la République (cf. article 55 de l'ordonnance n°81/002 du 29 juin 1981 portant organisation de l'état civil et diverses dispositions relatives à l'état des personnes physiques) ;

- **dispense de présence** accordée par le Président de la République pour la célébration du mariage en cas de décès de l'un des membres du couple (cf. article 67 de l'ordonnance sus-citée).

161 . Disponibilité

La **disponibilité** est en droit, un bien dont on peut librement user ou disposer.

La **disponibilité** est aussi la position d'un fonctionnaire qui, à sa demande et sur autorisation des autorités compétentes, se met hors de son service pendant un temps donné. De ce fait, il ne bénéficie ni de traitement ni de ses droits aux avancements (cf. article 81 du décret n° 94/199 du 07 nov. 1994 portant statut général de la fonction publique de l'État, modifié et complété par le décret n°2000/287 du 12 oct. 2000).

La situation de disponibilité du fonctionnaire prend fin :

- du fait de l'Administration ;

- à la demande du fonctionnaire concerné après préavis de 06 mois dûment notifié au ministre compétent ;

- ou lorsque le fonctionnaire atteint la limite d'âge pour la retraite.

162 . Distance de sécurité

La **distance de sécurité** est l'espace suffisant laissé entre deux véhicules en circulation, l'un suivant l'autre. L'appréciation de la distance de sécurité est laissée au conducteur du véhicule circulant derrière, pour qu'en cas de freinage brusque ou de ralentissement du véhicule qui précède, il n'y ait pas de collision ; l'intervalle sera d'autant plus grand que la vitesse sera plus élevée.

Le non-respect de la distance de sécurité est une infraction réprimée par les articles 89 et 91 du code communautaire de la route CEMAC, 11 et 90 du décret n°79/341 du 03 septembre 1979 portant réglementation de la circulation routière, modifié et complété par le décret n°86/818 du 30 juin 1986, et également les articles 362 du code pénal et 612 du code de procédure pénale.

La violation de la distance de sécurité est une contravention de 4e catégorie avec une pénalité de 25 000 francs.

163 . Divagation (d'animaux)

La **divagation d'animaux** est le fait de laisser errer, sans contrôle, les animaux domestiques. La divagation des animaux à l'intérieur des périmètres urbains, dans les lieux et voies publics, est interdite (cf. art. 2 du décret n°76/420 du 14 septembre 1976 portant réglementation de l'élevage, de la circulation et de l'exportation du bétail).

En plus du fait que laisser libres les animaux est répréhensible, les dommages causés par ceux-ci aux tiers sont imputables au propriétaire (articles.370 du code pénal et 1384 du code civil). De même, nul ne doit sciemment et sans nécessité causer la mort d'un animal appartenant à un tiers ni appliquer de mauvais traitement aux animaux domestiques, notamment coups, blessures, entraves, attaches dangereuses.

Les animaux domestiques se déplaçant à pied dans un but d'élevage ou de commercialisation doivent emprunter les pistes à bétail et être accompagnés des bergers munis des certificats et laissez-passer sanitaires correspondants.

164 . Dommages-intérêts

Les **dommages-intérêts** sont les sommes d'argent que l'auteur d'un préjudice est supposé verser à sa victime en réparation du tort causé.

L'évaluation du préjudice subi est établie par les juridictions compétentes.

165 . Domaine (... national, ... privé, ... public)

Un **domaine** est dans un sens concret, un ensemble de parcelles de terrain ou, par extension, l'ensemble des biens et droits, immobiliers ou mobiliers, appartenant à certaines personnes.

1 - Le **domaine national** est l'ensemble des terrains du territoire national qui restent après la soustraction des terrains du domaine privé des particuliers, du domaine privé de l'État et du domaine public. Il est classé en 2 catégories :

- **domaine national de 1re catégorie** qui est constitué des terrains d'habitation, de cultures, de pâturages dont l'occupation se manifeste par une emprise visible de l'homme et une mise en valeur probante. En principe, l'occupation avant 1974 (année de la réforme foncière et domaniale au Cameroun par l'ordonnance n°74-1 du 06 juillet 1974) d'une parcelle de terrain de cette catégorie peut donner lieu à une immatriculation directe par voie de commission consultative présidée par le sous-préfet territorialement compétent.

- **Domaine national de 2e catégorie**. Il s'agit des terres vierges, libres de toute occupation depuis l'année 1974. Elles peuvent être attribuées par l'État aux individus par voie de **concession***.

2 - Domaine privé de l'État

Il s'agit des parcelles de terrain appartenant à l'État ou supportant des édifices publics, acquis à titre onéreux ou gracieux, ou à l'occasion des expropriations pour cause d'utilité publique ou prélevées du domaine national.

3 - Domaine public (… artificiel, … naturel)

Le **domaine public** est l'ensemble inaliénable des biens meubles et immeubles affectés à l'usage direct du public ou des services publics, par nature ou par destination. Les terrains concernés sont certes réputés inaliénables, imprescriptibles, insaisissables et insusceptibles d'appropriation privée, mais ils peuvent faire l'objet d'un déclassement qui entraîne leur intégration dans le domaine privé de l'État ou à celui des autres personnes morales de droit public lorsque leur utilité n'est pas reconnue au regard de leur affectation initiale.

- Le **domaine public artificiel** est celui aménagé par l'homme ou l'État : autoroutes et emprises routières, chefferies traditionnelles, monuments, etc. Il est inaliénable, c'est-à-dire qu'il ne peut faire l'objet d'aucune appropriation individuelle.

- Le **domaine public naturel** est l'ensemble des terrains et espaces non aménagés par l'homme (cours d'eau, marécages, espace aérien, lacs, etc.).

166 . Domestique

Un **domestique** ou **agent de maison*** est un travailleur embauché et occupé de façon continue aux travaux de la maison. Il peut s'agir d'un gardien d'enfant, d'un boy, d'un manœuvre de jardin, d'un blanchisseur, d'un cuisinier, d'un chauffeur ou d'un maître d'hôtel.

Pendant le recrutement, tout domestique peut être soumis à une période d'essai d'un mois renouvelable une seule fois (cf. décret n°68-DF-253 du 10 juillet 1968 fixant les conditions générales d'emploi des domestiques et employés de maison).

Un domestique a droit, à l'occasion d'événements familiaux le concernant personnellement, à des permissions exceptionnelles d'absence payées : mariage ou accouchement de l'épouse (2 jours), décès du père, mère, conjoint ou enfant (3 jours) (cf. article 15 du décret susvisé).

168 . Domicile conjugal

Le **domicile conjugal** est le principal lieu d'établissement d'un couple marié. Celui-ci est censé y demeurer en permanence. Il est choisi par le chef de famille dans l'intérêt des membres de celle-ci (cf. art. 213 du code civil).

Le domicile conjugal est le lieu où se concentrent les manifestations juridiques des membres d'un couple et ne doit pas être confondu à une **résidence***.

169 . Dot

La **dot** est l'ensemble des biens versés en vue d'un mariage. Elle est traditionnellement apportée par le futur époux. Le versement ou le non-versement de la dot n'a aucune influence sur la validité du mariage.

L'exigence abusive de la dot est réprimée par l'article 357 du code pénal avec une peine de prison de 03 mois à 5 ans et d'une amende de 5000 à 500 000 francs ou de l'une de ces 2 peines.

170 . Douzième provisoire

Le **douzième provisoire** est une prérogative que le Chef de l'État tient de la Constitution et qui l'autorise, au cas où le budget de l'État n'a pas été voté dans les délais, c'est-à-dire avant le début de l'exercice budgétaire fixé au 1er janvier de chaque année, de reconduire le douzième du budget de l'année précédente.

Cette mesure exceptionnelle du Président de la République qui permet aux institutions de fonctionner en attendant l'adoption du budget normal dans le cadre de la loi de finances, se prend par ordonnance (cf. article 42 de la loi n°2007/006 du 26 décembre 2007 portant régime financier de l'État).

171 . Doyen (... d'âge, ... de faculté)

Le **doyen** est en principe le plus ancien d'un groupe donné.

1 - Le **doyen d'âge** d'une assemblée est la personne la plus âgée. À l'Assemblée nationale ou au Sénat, celui-ci siège à côté du plus jeune à l'occasion des séances inaugurales jusqu'à l'élection des responsables attitrés.

2 - Le **doyen d'une faculté universitaire** est le principal responsable de ladite structure travaillant sous le contrôle du recteur d'université. Nommé par décret présidentiel, le doyen gère la faculté sur le plan administratif et académique et a sous son autorité plusieurs chefs de département au sein de l'université.

172 . Drapeau (… camerounais, … en berne, … blanc)

Un **drapeau** est un emblème distinctif fait d'étoffe, de couleur et dispositions choisies, susceptible de flotter au vent, ayant une signification ou symbolisant un pays, une institution, une communauté, etc.

1- Le **drapeau camerounais** comporte 3 bandes verticales d'égales dimensions aux couleurs vert, rouge, jaune. Adopté par l'Assemblée législative du Cameroun en sa session du 24 octobre 1959, il a été promulgué le 29 octobre de la même année. Avant cette adoption, il a été présenté pour la première fois à la communauté nationale et internationale le 10 novembre 1957 à Yaoundé par le Premier ministre du Cameroun André-Marie MBIDA. Sans étoile au début jusqu'en 1961, il a eu 2 étoiles sur la bande verte symbolisant la réunification des deux Cameroun avec la Constitution du 1er septembre 1961. Depuis 1972, notamment avec la Constitution du 2 juin 1972, il est frappé au milieu de la bande rouge d'une seule étoile d'or.

N.B. Le drapeau camerounais dont les dimensions sont de trois mètres sur deux recouvre tous les usages ; il est à la fois civil, militaire et d'État. Le décret n°76/424 du 16 septembre 1976 (art. 90) fixant les règles observables en matière de cérémonies publiques, préséances, honneurs civils et militaires précise qu'il doit flotter sur tous les édifices publics de la République du Cameroun.

- « Les particuliers au Cameroun n'ont pas le droit d'arborer leur drapeau national sur leur maison » (cf. art. 106 du décret susvisé).

- Seuls les véhicules administratifs de l'État du Cameroun sont autorisés, sur leurs pare-chocs avant et arrière, à être peints aux couleurs nationales (cf. art. 92 du décret susvisé).

- Le cérémonial relatif au drapeau comporte son lever en haut du mât le matin (au lever du soleil) et sa descente à la fin de la journée au coucher du soleil. L'autorité locale peut en déterminer les horaires.

- L'assistance à ces occasions de lever et de descente des couleurs doit s'immobiliser avec le regard en direction de l'opération.

2- On parle de **drapeau en berne** quand le Chef de l'État décide que tous les drapeaux officiels du pays soient placés à mi- mât (c'est-à-dire à un niveau intermédiaire avant le sommet du mât) pendant un certain nombre de jours pour commémorer un triste événement. L'opération consiste à hisser le drapeau jusqu'au sommet du mât avant de l'abaisser au niveau minimum de la hauteur du drapeau.

Si le drapeau est porté par une hampe, c'est-à-dire un manche en bois ou s'il est dans une salle, on peut accrocher au-dessus un morceau de tissu noir.

3- En cas de conflit, selon les conventions internationales, agiter un **drapeau blanc** pour une personne impliquée au conflit signifie que cette personne est sur le point de capituler ou qu'elle veut parlementer ou négocier.

173 . Droits (... civils, ... de mutation, ... politiques, ... de préemption)

Le **droit** est un ensemble de règles codifiées ou non, régissant la vie en société et contrôlées par la puissance publique. Ex : le droit pénal, le droit civil, le droit des affaires, etc.

Un **droit** est une prérogative attribuée à un individu dans son intérêt lui permettant de bénéficier d'un avantage, de jouir d'une chose ou d'exiger d'autrui une prestation.

1 - Droits civils

Les **droits civils** sont des droits que l'on confère à tous les membres d'une société, quels que soient leur âge, leur religion, leur nationalité, etc. Toutefois, certains de ces droits peuvent être refusés aux étrangers, sauf en cas de convention diplomatique.

2 - Droits de mutation

Les **droits de mutation** sont des taxes qui sont prélevées d'office lors des transactions immobilières (vente, succession, dons et legs, etc.).

Lorsqu'une transaction n'a pas été formellement enregistrée et qu'un litige lié à cette transaction surgit, le requérant doit payer ce droit avant que le juge ne se saisisse du dossier.

3 - Droits politiques

Les **droits politiques** sont les droits que confère un État à ses citoyens en vue de leur participation à la gestion des affaires publiques du pays.

L'exercice des droits politiques est subordonné à la capacité politique fixée par la loi et reposant sur l'âge par exemple. La capacité électorale est fixée au Cameroun à 20 ans (cf. article 45 du code électoral).

Un citoyen peut être déchu de ses droits politiques de ne pas participer au scrutin ou d'être candidat à une élection suite à une condamnation pénale ou autres déchéances prévues par la loi (voir **incapacité électorale***).

4 . Droit de préemption

Le **droit de préemption** est un droit qui permet à la puissance publique de se porter acquéreur prioritaire d'un bien immobilier (bâti ou non bâti) qu'un propriétaire désire vendre, en dehors de toute procédure d'**expropriation***.

Ce procédé vise à donner la possibilité à l'État d'être propriétaire d'un espace en vue de la restructuration urbaine, la construction des équipements collectifs ... ou pour stabiliser l'évolution des prix immobiliers (cf. articles 86 à 90 de la loi n°2004/003 du 21 avril 2004 régissant l'urbanisme au Cameroun).

Tout propriétaire d'un immeuble situé dans une zone faisant l'objet d'un droit de préemption et qui désire aliéner son bien informe le bénéficiaire de ce droit (État ou collectivités territoriales décentralisées) par voie de déclaration et de publicité, indiquant le prix et les conditions de vente. Le bénéficiaire du droit de préemption doit se prononcer dans un délai de 02 mois en indiquant le prix qu'il se propose de payer. Son silence vaut renonciation à l'exercice du droit de préemption. Dans ce cas, le propriétaire de l'immeuble est fondé de l'aliéner à une tierce personne au prix indiqué dans sa proposition.

L'acte conclu dans le cadre de l'exercice du droit de préemption doit être approuvé par décret en ce qui concerne l'État et visé par le ministre en charge des domaines en ce qui concerne les collectivités territoriales décentralisées, avant d'être remis au conservateur foncier pour accomplissement de la publicité foncière.

174 . Duplicata

Le **duplicata** est le double ou le deuxième exemplaire d'un document établi en double. C'est un processus très courant pour les titres fonciers.

Il peut aussi s'agir, dans la pratique administrative, d'un document établi en remplacement d'une pièce perdue.

En matière d'état civil, la pratique des duplicata est interdite. En cas de perte d'un acte, il faut saisir le tribunal compétent qui doit ordonner l'établissement d'un nouvel acte (cf. article 22 de l'ordonnance n°81-02 du 29 juin 1981 portant organisation de l'état civil et diverses dispositions relatives à l'état des personnes physiques).

E

175 . Économe

Un **économe** est un responsable chargé de la gestion financière et matérielle dans un hôpital ou dans un établissement d'enseignement secondaire, notamment les collèges d'enseignement secondaire général et technique. Il est nommé par le ministre chargé des enseignements secondaires.

Pour les lycées, voir **intendant***.

176 . Écrou (levée d'…, registre d'…)

1 - L'**écrou** est l'acte par lequel un établissement pénitentiaire enregistre l'identité et la cause de l'incarcération d'un individu.

2 - La **levée d'écrou** constate l'acte de remise en liberté de l'individu ayant séjourné dans une maison d'arrêt.

3 - Le **registre d'écrou** est l'ensemble des actes relatifs aux individus incarcérés tenus aux greffes de l'établissement pénitentiaire.

177 . Élection (... présidentielle, ... législative, ... municipale)

Une **élection** est le mode le plus courant de choix des dirigeants politiques dans une démocratie. Ce choix s'effectue à travers le vote exprimé dans un **bureau de vote*** par les électeurs inscrits sur une liste électorale, et qui introduisent dans l'urne des bulletins de vote après le choix effectué dans des conditions de secret dans un isoloir.

Au Cameroun, la loi n°2012/001 du 19 avril 2012 portant code électoral détermine les modalités pratiques du choix des conseillers municipaux et régionaux, des membres du Parlement (**élections législatives** et **sénatoriales**), du Président de la République.

178 . Élevage

Les activités d'élevage sont multiples et variées. Que ce soit l'élevage des animaux domestiques, la transformation ou la commercialisation des produits d'origine animale, l'importation : des œufs à couver, des semences et hormones animales à des fins de synchronisation, des poussins d'un jour ou des animaux d'élevage et de compagnie, l'achat et/ou le transfert d'animaux, des produits d'origine animale, l'exportation du bétail, toutes ces activités sont soumises à autorisation préalable délivrée par le ministre en charge de l'élevage, des pêches et des industries animales (voir *Guide de l'usager* édité par ledit ministère qui fait ressortir les différents textes applicables en ces matières : loi n° 2000/017 du 19 décembre 2000 portant réglementation de l'inspection sanitaire vétérinaire, loi n°2001/006 du 16 avril 2001 portant nomenclature et règlement zoo sanitaire des maladies du bétail réputées légalement contagieuses à déclaration obligatoire, décret n°86/711 du 14 juin 1986 fixant les modalités d'inspection sanitaire vétérinaire, décret n°75/527 du 16 juillet 1975 portant réglementation des établissements en matière d'élevage et des industries animales.

N.B. Les exploitations de grande échelle nécessitent la production par le promoteur d'une étude d'impact environnemental.

179 . Émancipation

L'**émancipation** est, sur le plan du droit, l'acte par lequel un mineur acquiert la pleine capacité d'exercice de ses droits et se trouve assimilé à un majeur dès cet instant.

Elle peut être directement accordée par la loi (exemple : le mariage civil d'un mineur l'émancipe de plein droit).

Elle peut aussi découler de la volonté d'un tiers. C'est le cas du consentement des parents au mariage de leur enfant mineur qui devient ainsi majeur une fois le mariage contracté.

180 . Enfant (... légitime, ... naturel)

Un **enfant** est un descendant au premier degré, sans considération d'âge.

1- Un **enfant légitime** est celui qui est né dans un lien de mariage à l'état civil ou qui est reconnu tel par décision du tribunal. Dans ce dernier cas, la décision de légitimation est transcrite en marge de l'acte de naissance de l'enfant.

2- Un **enfant naturel** est, *a contrario*, celui qui est né hors mariage. Au Cameroun, un enfant naturel peut être reconnu par son père au moment de l'établissement de l'acte de naissance. La déclaration du père doit être reçue par l'officier d'état civil et cosignée par le père, la mère, les 02 témoins et l'officier d'état civil avant l'établissement de l'acte (cf. article 44 de l'ordonnance n°81/002 du 29 juin 1981 portant organisation de l'état civil et diverses dispositions relatives à l'état des personnes physiques).

181 . Enseignement privé

L'**enseignement privé** est l'ensemble des structures de formation et d'instruction créées et gérées par des promoteurs privés.

1- Comment créer un **établissement d'enseignement privé** ?

L'initiative de création d'un **établissement privé de l'enseignement maternel**, **primaire**, **secondaire général**, **secondaire technique** et **normal**, appartient au fondateur qui en fait une déclaration au ministre de l'Éducation de base ou des Enseignements secondaires, selon le cas, sous couvert du délégué départemental compétent. Cette déclaration d'intention donne lieu à un récépissé (cf. décret n°2008/3043/PM du 15 décembre 2009 fixant les modalités d'organisation et de fonctionnement de l'enseignement privé au Cameroun).

Cette déclaration s'accompagne d'un dossier comprenant :

- une attestation de présentation de l'original du diplôme du promoteur (baccalauréat au moins pour le cycle maternel et primaire, licence au moins pour l'enseignement secondaire et normal) ;
- un bulletin du casier judiciaire n°3 datant de moins de 3 mois du promoteur ;
- un certificat de propriété du terrain sur lequel doit être bâti l'établissement ;
- une lettre recommandée avec une fiche de modèle réglementaire signée de l'autorité administrative ou d'une autorité traditionnelle compétente attestant de la bonne moralité du promoteur ;
- une liste des spécialités le cas échéant ;
- un dossier d'études avec devis descriptif et estimatif comprenant des études des fondations des bâtiments à construire ou, lorsque les bâtiments existent déjà, un dossier d'expertise technique ;
- une étude géotechnique si les bâtiments ont plus d'un niveau.

La déclaration d'ouverture d'un établissement ne donne pas droit à son ouverture. Pour se prononcer, le ministre dispose d'un délai de 60 jours à compter de la date de transmission du dossier par le délégué régional ; s'il s'y oppose, il doit motiver sa décision.

2- Quelles sont les sanctions possibles à l'encontre d'un établissement d'enseignement privé ?

Les sanctions pouvant frapper un établissement d'enseignement privé sont graduées :

- la suspension des fonctions. Elle est prononcée par décision du ministre compétent ;
- la déchéance des droits d'un fondateur ;
- l'administration provisoire de l'État peut durer maximum 3 ans ;
- la prise de possession par l'État se fait par décision judiciaire conformément aux lois et règlements de la République ;
- la fermeture est prise par décision du ministre compétent.

3- Comment créer un **cours du soir** ?

Un **cours du soir** est une structure scolaire fonctionnant en nocturne dans les locaux d'un établissement d'enseignement régulièrement ouvert. Son ouverture est autorisée par acte du ministre selon le niveau d'enseignement. Sauf en ce qui concerne les éléments relatifs aux bâtiments, son dossier est semblable à celui de demande d'ouverture d'un établissement ordinaire et suit la même trajectoire. L'acte de création est le même que celui de l'ouverture.

N.B. Dans la pratique, le secrétaire à l'éducation compétent émet un avis sur toute déclaration d'ouverture d'un établissement scolaire.

182 . Enseignement supérieur (... privé)

L'**enseignement supérieur** est le système d'études dont les apprenants dépassent le niveau du secondaire.

1 - Les **universités d'État** sont des institutions publiques de l'enseignement supérieur créées par acte du Président de la République et dirigées par des recteurs nommés par cette même autorité. L'acte de création détermine le lieu d'implantation et le cas échéant les spécialités y enseignées.

2 - Les **institutions privées de l'enseignement supérieur** sont créées à l'initiative des personnes physiques ou morales privées ou par des

organisations internationales et autorisées par l'État selon les conditions fixées ; elles fonctionnent selon le régime de l'autorisation préalable, de l'agrément ou de l'homologation et délivrent des diplômes à l'issue des examens organisés par l'État et reconnus par celui-ci (cf. art. 22 de la loi n°2001/05 du 16 avril 2001 portant orientation de l'enseignement supérieur).

Toute institution privée d'enseignement supérieur peut être placée sous administration séquestre, ou faire l'objet d'une mesure de suspension d'un ou de ses dirigeants, ou de fermeture provisoire ou définitive. Les dirigeants de ces structures peuvent également être passibles des peines prévues à l'article 321 du code pénal, en cas d'ouverture sans autorisation préalable, ou en cas de maintien en fonctionnement d'un établissement privé d'enseignement supérieur fermé par l'autorité compétente.

L'accord de création, l'autorisation d'ouverture et d'extension, l'agrément et l'homologation d'une institution privée de l'enseignement supérieur sont octroyés par arrêté du ministre de l'Enseignement supérieur après avis de la commission nationale de l'enseignement supérieur privé (cf. article 2 de l'arrêté n°14/0420 MINESUP du 09 juillet 2014 fixant les conditions de création et de fonctionnement des institutions privées d'enseignement supérieur).

La création d'une institution privée de l'enseignement supérieur est subordonnée à l'accord préalable du ministre de l'Enseignement supérieur qui précise la dénomination, la localisation et le nom du promoteur. La validité de cet accord est de 03 ans renouvelable une fois à compter de sa date de signature.

Le dossier de demande d'accord de création d'une institution privée de l'enseignement supérieur comprend en plus des frais à payer : - une demande timbrée selon le formulaire fourni par l'Administration - un extrait de casier judiciaire n°3 datant de moins de 03 mois du promoteur - une copie certifiée conforme de la carte nationale d'identité pour un national et de la carte de séjour en cours de validité pour un promoteur étranger - un curriculum vitae détaillé du promoteur - un certificat de propriété ou de concession définitive d'un terrain d'une superficie d'au moins 3000 m^2 - un dossier technique des bâtiments approuvé par les services compétents de l'Administration - une fiche détaillée des cycles de formation, des programmes d'enseignement et des diplômes envisagés - les effectifs envisagés par cycle et les enseignants à recruter.

S'agissant des personnes morales, en plus des pièces ci-dessus citées, il faut y joindre les statuts de l'association ou de la société avec l'acte désignant le représentant du promoteur le cas échéant, une copie du registre du commerce ou du récépissé de la déclaration de l'association.

Ledit dossier est déposé au ministère de l'Enseignement supérieur contre récépissé.

183 . Entreprise commerciale

Une **entreprise** est une personne morale constituée sous forme de société privée ou d'établissement public.

La création d'entreprise privée qui nous intéresse ici obéit à 02 procédures : la procédure simplifiée et la constitution devant notaire (voir **société***).

184 . Entreprises du secteur public (établissement public administratif, société à capital public, société d'économie mixte)

Les **entreprises du secteur public** sont régies par les dispositions de l'ordonnance n°95/003 du 17 août 1995 qui les définissent ainsi qu'il suit :

1 - Un **établissement public administratif** est une personne morale de droit public, dotée de l'autonomie financière et de la personnalité juridique, ayant reçu de l'État ou d'une collectivité publique décentralisée, un patrimoine d'affectation en vue de la réalisation d'une mission d'intérêt général ou en vue d'assurer une obligation de service public. Il reste évident que cette mission ou cette obligation ne doivent pas présenter un caractère d'activité industrielle, commerciale ou financière (cf. ordonnance n°95/003 du 17/8/1995 portant statut général des entreprises du secteur public). Exemples, l'ENAM (École nationale d'administration et de magistrature), l'INC (Institut national de la cartographie) sont des établissements publics administratifs.

2 - Une **société à capital public** est une personne morale de droit privé dotée de l'autonomie financière et d'un capital intégralement détenu par l'État, une ou plusieurs collectivités publiques décentralisées ou plusieurs sociétés à capital public, en vue de l'exécution dans l'intérêt général d'activités présentant un caractère industriel et commercial. Exemple : le Crédit foncier du Cameroun, Cameroon telecommunications (CAMTEL).

3 - Une **société d'économie mixte** est une personne morale de droit privé, dotée de l'autonomie financière et d'un capital partiellement détenu par l'État, des collectivités publiques décentralisées ou des sociétés à capital public d'une part, et par des personnes morales ou physiques de droit privé d'autre part. Exemple : Energy of Cameroon (ENEO), Camerounaise des Eaux (CDE).

185 . Enquête (… administrative, … judiciaire, … de moralité)

Une **enquête** est un ensemble de recherches ou investigations ordonnées par une autorité pour établir la vérité sur un sujet donné.

1- Une **enquête administrative** est ordonnée par une autorité administrative à toutes fins utiles.

2- Une **enquête judiciaire** vise à établir si une loi ou un règlement a été violé pour que les auteurs puissent en répondre devant les tribunaux compétents. Cette recherche de vérité est conduite par les officiers ou agents de police judiciaire, sous le contrôle du procureur de la République.

3- Une **enquête de moralité** est une enquête administrative visant à établir quelques éléments sur la moralité présumée d'une personne. Dans le cadre d'une compétence discrétionnaire, la personne dont l'enquête de moralité n'est pas positive ne peut pas bénéficier du service concerné (ex : une autorisation d'achat d'arme ne peut être accordée qu'à un postulant dont le comportement est jugé positif).

186 . Enregistrement

L'**enregistrement** est généralement l'inscription sur un registre d'un acte ou d'un fait dont on veut garder une trace écrite.

C'est aussi le fait d'accuser réception d'un objet ou d'une déclaration pour établir par exemple l'existence d'un droit y attaché.

En matière de finances publiques, le **droit d'enregistrement** est l'impôt payé au moment de la formalité d'inscription d'un acte ou d'un contrat dans le service des impôts. Au Cameroun, l'enregistrement d'un marché public se fait contre paiement d'une somme d'argent variant selon le montant de la transaction.

187 . Essieu

L'**essieu** est une pièce disposée transversalement sous un véhicule et qui permet de mesurer la capacité de transport des marchandises par ce véhicule. Par exemple, un véhicule à un essieu ne peut dépasser une charge de 13 tonnes ; un camion de deux essieux ne doit pas transporter plus de 21 tonnes de charge, etc.

188 . Établissement classé

Un **établissement classé** est celui où se déroulent des activités dont la spécificité est qu'elles sont sensibles et susceptibles d'être dangereuses.

Les établissements classés relèvent du ministère des Mines et des Industries qui a des équipes d'inspecteurs assermentés vérifiant régulièrement le fonctionnement de ceux-ci.

189 . Établissement protégé

Un **établissement protégé** est un lieu où ne peuvent se dérouler certaines activités au risque de perturber le fonctionnement harmonieux de celui-ci.

Comme établissements protégés par rapport aux **débits de boissons***, il y a les lieux de culte, les hospices, les centres hospitaliers ou de santé, les établissements d'enseignement (cf. art. 14 du décret n°90/483 du 09 novembre 1990 fixant les conditions et modalités d'exploitation des débits de boissons).

La protection de ces établissements consiste en ce qu'aucune licence d'ouverture d'un débit de boissons n'est accordée à moins de 200 mètres à vol d'oiseau de l'un des établissements sus-cités.

190 . État civil (officier d'..., secrétaire d'...)

L'**état civil** est l'ensemble des situations d'un individu que le droit prend en considération et y attache certains effets. Les principaux actes d'état civil sont : l'acte de naissance, l'acte de mariage et l'acte de décès.

L'**état civil** est aussi le service public chargé de constater officiellement dans des registres appropriés et selon les conditions définies par la loi, les faits et actes ci-dessus évoqués (cf. ordonnance n°81/002 du 29 juin 1981 portant organisation de l'état civil et diverses dispositions relatives à l'état des personnes physiques, modifiée et complétée par la loi n°2011/011 du 06 mai 2011).

Chaque centre d'état civil est dirigé par un **officier** avec un **secrétaire** qui tient les registres. L'officier et le secrétaire prêtent serment tous les deux avant d'entrer en fonction.

Il est ouvert dans chaque commune un centre principal d'état civil, et le maire en est l'officier. Il désigne un personnel pour être secrétaire d'état civil. Les adjoints au maire reçoivent aussi délégation de pouvoir pour assumer les mêmes fonctions d'officier d'état civil. De même à l'extérieur du Cameroun, chaque mission diplomatique ou consulaire abrite un centre d'état civil ; le chef de mission diplomatique ou consulaire en est l'officier.

En dehors des communes, à l'intérieur du pays, il peut aussi être créé des centres secondaires d'état civil par arrêté du ministre de l'Administration territoriale. Cette même autorité nomme les officiers de ces centres secondaires ; le préfet territorialement compétent en nomme les secrétaires après enquête de moralité. Les officiers et secrétaires des centres secondaires d'état civil reçoivent une indemnité par acte dressé payée par le ministère de l'Administration territoriale sur la base des états visés par les autorités administratives locales.

L'établissement des actes d'état civil est gratuit : aucun droit de timbre n'est exigé sauf lorsqu'il s'agit d'en produire les extraits ou copies auprès des autorités compétentes.

191 . État (… d'exception, … d'urgence)

1 - L'**état d'exception** est une situation particulière, en cas de péril grave menaçant l'intégrité du territoire, la vie, l'indépendance ou les institutions de la République, constatée par décret du Président de la République. Il en informe le peuple par voie de message et prend toutes les mesures qu'il juge nécessaires (cf. al. 2 de l'article 9 de la Constitution du 18 janvier 1996).

2 - L'**état d'urgence** est une situation spéciale que le Président de la République peut constater par décret lorsque les circonstances l'exigent (cf. art. 9 de la loi ci-dessous visée). Il peut être déclaré sur tout ou partie du territoire national et ne peut excéder 03 mois (cf. article 2 de la loi n°90/047 du 19 décembre 1990 relative à l'état d'urgence).

192 . Évacuation sanitaire

L'**évacuation sanitaire** consiste à transférer le fonctionnaire, son conjoint ou ses enfants légitimes, reconnus ou adoptifs d'un établissement hospitalier de première intervention vers un établissement hospitalier public ou privé, national ou étranger de classe supérieure.

Les frais de transport, d'hospitalisation et de soins du fonctionnaire, de son conjoint ou d'un de ses enfants en évacuation sanitaire sont, selon le cas, totalement ou partiellement pris en charge par le budget de l'État (cf. art. 19 du décret n° 2000/692/PM du 13 septembre 2000 fixant les modalités d'exercice du droit à la santé du fonctionnaire).

Le fonctionnaire admis à faire valoir ses droits à la retraite, qui n'exerce aucune activité salariale, bénéficie également des mêmes dispositions.

L'évacuation sanitaire à l'intérieur du territoire national des fonctionnaires est ordonnée :

- par décision du gouverneur de région, après avis obligatoire du conseil régional de santé, pour les fonctionnaires en poste dans les services extérieurs ainsi que pour leurs conjoints ou leurs enfants ;

- par décision du ministre utilisateur, après avis obligatoire du conseil national de santé, pour les fonctionnaires relevant des services centraux, ainsi que pour leurs conjoints et leurs enfants.

Les évacuations sanitaires hors du territoire national sont ordonnées par décision conjointe des ministres chargés des finances et de la santé, après avis obligatoire du conseil national de santé (cf. art. 20 du décret susvisé).

193 . Excellence

C'est une formule d'appel ou de courtoisie utilisée dans les correspondances administratives et les discours. Son usage abusif vise à faire croire aux personnalités concernées qu'elles font l'objet d'une attention ou d'une considération toute particulière.

Les puristes estiment que ce terme devrait être utilisé exclusivement pour le Chef de l'État, le Premier ministre, le ministre des Relations extérieures, les diplomates, les cardinaux et évêques.

D'autres pensent qu'une distinction s'impose entre la formule utilisée en appel et en conclusion dans une lettre et son usage dans le corps de la lettre. Pour eux, « excellence » devrait se trouver non au début de la lettre comme formule d'appel, mais dans le corps de la lettre. Exemple : Monsieur le Président de la République ..., vous m'avez instruit, Excellence, de vous fournir...

194 . Exécutif (pouvoir …)

Le **pouvoir exécutif** est l'un des trois pouvoirs, à côté du législatif et du judiciaire, dans tout État moderne. Il a à sa tête le **Président de la République*** qui est le Chef de l'État. Celui-ci représente l'État dans tous les actes de la vie publique et coordonne toutes les activités y relatives à travers le gouvernement et l'ensemble des services publics ; il promulgue les lois votées par le Parlement ; il assure l'application des lois et règlements et le fonctionnement des services administratifs.

195 . Exequatur

1 - Un **exequatur** est, en diplomatie, l'acte par lequel un gouvernement notifie à ses autorités qu'un consul d'un pays tiers a qualité pour assumer ses fonctions. L'État qui refuse de délivrer un exequatur n'est pas tenu de communiquer à l'État d'envoi les raisons de son refus.

Les gouverneurs et leurs collaborateurs directs, où sont installés les consulats, se voient présenter par les consuls ce document qui les enjoint de les laisser exercer librement leur fonction.

2 - En droit international, un **exequatur** est une décision par laquelle un tribunal, à la demande de l'une des parties, donne force exécutoire à une sentence arbitrale.

C'est aussi une procédure permettant de donner force exécutoire à un jugement rendu par une juridiction étrangère. Elle se déroule devant le tribunal de grande instance du domicile du défendeur ; si ce dernier n'a ni domicile ni résidence dans l'un des États parties au traité OHADA, le demandeur peut saisir le tribunal du lieu où l'exécution doit s'effectuer.

196 . Exhumation (... de corps)

L'**exhumation de corps** consiste à sortir la dépouille mortelle du lieu où elle a été inhumée, pour la réinhumer à un autre endroit, ou pour besoin d'enquêtes judiciaires (voir **Transfert de corps***).

Sauf pour motif d'ordre public, la demande d'exhumation doit être faite par la justice dans le cadre d'une enquête judiciaire ou par un proche parent du défunt sur présentation d'un dossier comprenant : une demande timbrée indiquant la destination prévue pour la dépouille ainsi que le lieu et la date de la ré-inhumation, un extrait d'acte de décès, un certificat de genre de mort du personnel qualifié ayant constaté le décès.

L'exhumation de corps est autorisée par le préfet du lieu de l'inhumation provisoire après avis des services de santé compétents. Elle est faite en présence du représentant de l'autorité préfectorale, du maire ou de son représentant, de la police ou de la gendarmerie chargée d'établir le procès-verbal, des représentants des services de santé, des représentants de la famille du défunt.

L'exhumation d'un corps de personne morte de maladie hautement contagieuse ne peut se faire qu'après un délai de 03 ans à compter de la date du décès (cf. art. 15 du décret n° 74/199 du 14 mars 1974 portant réglementation des opérations d'inhumation, d'exhumation et de transfert de corps).

197 . Exploitant forestier (... des produits spéciaux)

1 - Un **exploitant forestier** est une personne physique ou morale qui intervient dans l'exploitation des zones forestières après agrément obtenu auprès du Premier ministre via les services du ministère des Forêts et de la Faune (cf. loi n° 94/01 du 20 janvier 1994 portant régime des forêts, de la faune et de la pêche et le décret d'application n°95/531/PM du 23 août 1995 fixant les modalités d'application du régime des forêts).

✓ Les conditions à remplir pour une personne physique sont : jouir de tous ses droits civiques, disposer d'un numéro du registre du commerce, jouir d'une expérience professionnelle ou avoir des connaissances techniques relatives à la profession forestière.

✓ Le dossier à constituer est le suivant pour les personnes physiques :

- demande timbrée au tarif en vigueur adressée au ministre des Forêts et de la Faune ;
- extrait de casier judiciaire n°3 datant de moins de 03 mois ;
- curriculum vitae indiquant l'expérience et les qualifications professionnelles ;
- numéros statistiques et du registre du commerce.

✓ Le dossier à constituer pour les personnes morales :

- demande timbrée au tarif en vigueur adressée au ministre des Forêts et de la Faune ;
- expédition des statuts de la société ;
- numéros statistiques et du registre du commerce ;

• extrait de casier judiciaire n°3 datant de moins de 03 mois du gérant ;

• curriculum vitae du gérant ou du responsable des opérations décrivant ses connaissances techniques et son expérience professionnelle.

✓ Pour l'un ou l'autre cas, il faut préciser le domaine d'intervention postulé, joindre les pièces justificatives des connaissances techniques du postulant s'il s'agit d'une personne physique, ou du responsable des opérations s'il s'agit d'une personne morale, joindre également un certificat d'imposition, un bordereau de situation fiscale, et une quittance de versement des frais de dossier conformément à la législation financière de l'État.

2 - Pour être autorisé par le ministre des Forêts et de la Faune à être **exploitant des produits forestiers spéciaux,** il faut remplir les conditions suivantes :

• être agréé à la profession forestière ;

• fournir un dossier en 10 exemplaires dont un original et 9 copies certifiées conformes comprenant les pièces ci-après : - demande timbrée au tarif en vigueur adressée au ministre en charge des forêts - copie certifiée conforme de l'acte d'agrément - preuve des moyens financiers engagés ou disponibles - plan des investissements prévus - certificat d'imposition - fiche technique établie par le responsable local des forêts précisant les espèces à exploiter, les quantités de produits susceptibles d'être récoltées, les lieux et les modalités de récolte - le cas échéant le ou les certificats de recollement et l'attestation de paiement des taxes forestières sur tout titre d'exploitation précédemment acquis - quittance justifiant du paiement des frais de dossier - attestation de paiement des cotisations à la Caisse nationale de prévoyance sociale.

198 Explosifs :

On appelle **explosif,** tout corps chimique qui, sous l'effet de la chaleur ou du choc, produit soit une déflagration, soit une détonation.

Les **explosifs à usage industriel** relèvent de la compétence du ministère des Mines, de l'Industrie et du Développement technologique. Leur acquisition et leur manipulation sont régies par les textes suivants :

- loi n°77/15 du 6 décembre 1977 portant réglementation des substances explosives et des détonateurs au Cameroun

- décret n° 81/279 du 15 juillet 1981 fixant les modalités d'application de ladite loi.

N.B. La délivrance des permissions d'achat des explosifs pour emploi immédiat relève de la compétence du ministre des Mines ou des préfets territorialement compétents. Les quantités maximales des produits autorisées à cet effet sont de : 30 kilos d'explosifs ; 0,5 kg de détonateurs.

Les substances explosives et les détonateurs à l'usage des établissements et des services militaires et assimilés sont régis par les textes spéciaux (cf. art. 9 de la loi n°77/15 du 6 décembre 1977 susvisée).

F

199 . Faune (Battue administrative, Certificat d'origine, Exportation des animaux vivants, Guide de chasse*, Zone de chasse*)

1 - Une **battue administrative** est le fait pour l'administration en charge de la gestion de la faune d'autoriser le refoulement ou l'élimination d'un ou de plusieurs sujets d'animaux féroces d'une aire protégée ou autre qui menacent les populations riveraines ou leurs biens.

La battue administrative est autorisée par le ministre sur présentation d'une demande timbrée déposée auprès du délégué départemental ou régional territorialement compétent.

2 - Le **certificat d'origine** est un document authentique exigé lors de la procédure d'exportation des animaux vivants.

Les pièces à fournir pour l'obtention de ce certificat sont les suivantes : - demande timbrée à adresser au ministre en charge de la faune - copie certifiée conforme du permis de chasse - attestation d'abattage délivrée par le délégué régional des forêts et de la faune territorialement compétent.

3 - L'**exportation des animaux vivants** exige une obtention préalable d'un permis délivré par le ministre en charge de la faune.

Les pièces à fournir sont les suivantes : demande timbrée au tarif en vigueur - copie légalisée de la carte nationale d'identité ou du passeport - certificat de l'origine de l'animal - certificat sanitaire de l'animal délivré par un vétérinaire - timbre spécial fourni par l'Administration - quittance de paiement des taxes fixées par la loi de finances.

200 . Fausse monnaie

La **fausse monnaie** s'oppose étymologiquement à la monnaie normale qui est l'instrument légal des paiements et dont la fabrication est un droit exclusif des États ; aussi toute tentative de reproduction d'une monnaie par un tiers est-elle interdite et sévèrement réprimée (cf. articles 211, 212 et 215 du code pénal).

201 . Férié (jour...)

Un **jour** est déclaré **férié** lorsqu'il correspond à une **fête légale***. Toutefois, lorsqu'une fête légale tombe un vendredi ou un mardi, la veille ou le lendemain de cette fête peut être, selon les cas, déclaré férié par arrêté du Président de la République : on parle alors vulgairement de « pont ».

Lors d'un jour férié, les activités professionnelles peuvent être suspendues. Dans ce cas, cette suspension comporte des effets de droit importants : arrêt de certaines activités professionnelles, interdiction d'exécution ou prorogation des actes de procédure.

Cependant, un jour férié peut ne pas être chômé pour certaines catégories d'employés, notamment « les agents de maison, les établissements dont le fonctionnement ne peut être interrompu, les entreprises à feu continu... » (cf. article 6 de la loi n°73/5 du 7 décembre 1973 fixant le régime des fêtes légales au Cameroun).

202 . Fêtes légales

Les **fêtes légales** sont divisées en deux groupes : les fêtes légales civiles et les fêtes légales religieuses (cf. loi n°73/5 du 7 décembre 1973 fixant le régime des fêtes légales au Cameroun).

1- Les **fêtes légales civiles** sont les journées de célébration d'un événement à caractère civil et déclarées fêtes par la loi. On dénombre 4 (quatre) fêtes légales civiles au Cameroun : le jour de l'an (1er janvier), la fête de la jeunesse (11 février), la fête du travail (1er mai), la fête nationale (20 mai).

N.B. Les jours des fêtes légales civiles sont **fériés et chômés** : le chômage est obligatoire pour tous les travailleurs. De ce fait, la conséquence est que les travailleurs qui sont payés au mois ont droit à leur rémunération normale ; ceux qui sont payés à l'heure ou à la journée ont droit à la rémunération correspondante que le chômage aurait pu leur faire perdre.

2- Les **fêtes légales religieuses** sont d'inspiration religieuse comme leur nom indique. Elles sont au nombre de 6 (six) : pour les chrétiens, l'Ascension, le Vendredi saint, l'Assomption, la Noël ; et pour les musulmans, la Fête de fin de Ramadan, la Fête du Mouton.

N.B. Les jours des fêtes légales religieuses sont **fériés non chômés** ; ce qui veut dire que les travailleurs payés au mois reçoivent normalement leur salaire, qu'ils aient travaillé ou non.

Les travailleurs payés à l'heure ou à la journée perçoivent le salaire normal s'ils ont effectivement travaillé ; dans le cas contraire, ils ne reçoivent rien.

203 . Feu de brousse

Un **feu de brousse** est le fait pour un individu, d'allumer de façon consciente ou non, le feu sur une parcelle de terrain. L'auteur d'un feu pour des raisons agricoles doit le maîtriser pour éviter sa propagation incontrôlée susceptible d'engendrer des accidents parfois mortels.

L'auteur d'un feu incontrôlé s'expose à des peines ou amendes conformément aux articles 154 et 156 de la loi n° 94/01 du 20 janvier 1994 portant régime des forêts, de la faune et de la pêche :

Art. 154 : « est puni d'une amende de 5000 à 50 000 francs et d'un emprisonnement de 10 jours ou de l'une de ces peines seulement, l'auteur de l'allumage d'un incendie dans une forêt du domaine national » ;

Art. 156 : « est puni d'une amende de 200 000 francs à 1 000 000 de francs et d'un emprisonnement de 1 mois à 6 mois ou l'une de ces peines seulement, l'auteur de l'allumage d'un incendie dans une forêt domaniale, une zone à écologie fragile »

204 . Fiançailles

Les **fiançailles** sont une période au cours de laquelle deux personnes prennent l'engagement de s'unir en vue de leur mariage.

La rupture abusive des fiançailles peut donner lieu à une demande en justice de la réparation des dommages et intérêts.

205 . Filiation (… adoptive, … adultérine, … incestueuse, … légitime, … naturelle)

La **filiation** est le lien de parenté qui unit une personne à celle dont elle est issue.

Cependant, il existe une extension juridique de cette notion : on parle ainsi en plus de la filiation légitime, de filiation naturelle, de filiation adultérine, de filiation incestueuse, de filiation adoptive.

• La **filiation légitime** concerne un enfant conçu ou né dans un mariage, contrairement à une **filiation naturelle**.

• La **filiation adoptive** concerne un enfant dont le lien de parenté est issu d'une mesure d'adoption.

• La **filiation adultérine** est relative à une liaison adultérine, tandis que la **filiation incestueuse** est due à un acte incestueux, comme son nom l'indique.

206 . Flagrant (... crime, ... délit)

Est **flagrant** ce qui est constaté sur le coup, sur le fait, d'après *Le vocabulaire juridique* de Gérard Cornu. Par extension, est **flagrant** ce qui est manifeste, donc grave en parlant d'une irrégularité ; par exemple, une mauvaise foi peut être qualifiée de **flagrante**.

Un **crime** et un **délit flagrants** sont des violations de la loi constatées sur le coup, pendant leur commission ou immédiatement après. Cette situation confère des pouvoirs accrus à l'officier de police judiciaire et au procureur de la République (cf. art. 104-115 du code de procédure pénale).

207 . Fonctionnaire

Est considéré comme **fonctionnaire** un employé de l'État relevant de la fonction publique dont la situation est caractérisée par la permanence de l'emploi et la titularisation à un grade de la hiérarchie. Chaque fonctionnaire appartient à : un corps (ex. : le corps des fonctionnaires de l'administration générale), un cadre (ex. : le cadre des administrateurs civils), un grade (ex. : le grade des administrateurs civils principaux), une catégorie (ex. : la catégorie A).

Tous les employés de l'État n'étant pas des fonctionnaires au sens strict du terme, il y en a qui relèvent des statuts particuliers ou spéciaux, à l'exemple des personnels du Parlement ou des employés communaux, des militaires, etc. Et en cas de silence ou de vide juridique d'un statut particulier ou spécial, le statut général de la fonction publique s'applique.

Il peut aussi être question de **fonctionnaire de fait** ou **de circonstance** pour une personne qui, n'appartenant pas à l'Administration, exécute (même de façon ponctuelle) une mission de service public reconnue. Les actes posés par cette personne sont réputés avoir été posés par l'Administration avec toutes les conséquences de droit y relatives.

208 . Fonction publique

La **fonction publique de l'État** est constituée de l'ensemble des postes de travail organisés en corps, cadres, grades, catégories. Elle est placée sous l'autorité du Président de la République qui, de par la Constitution, crée et organise les services publics de l'État (cf. al. 9 de l'article 8 de la Constitution de la République du Cameroun).

Les fonctionnaires de l'État sont régis par le statut général de la fonction publique et les statuts particuliers ou spéciaux, le cas échéant. Ils sont répartis en quatre (04) catégories qui sont par ordre croissant : catégorie D (tâches d'exécution courante), catégorie C (tâches d'exécution spécialisées), catégorie B (fonctions de préparation, d'élaboration et d'application), catégorie A (fonctions de conception, de direction, d'évaluation ou de contrôle). Les textes organisant la fonction publique de l'État sont d'ordre réglementaire.

209 .Forces (... de sécurité, ... de défense)

1- Les **forces de l'ordre et de sécurité** sont des unités territoriales de police et de gendarmerie mises à la disposition des autorités administratives pour emploi. Ces forces sont chargées entre autres de : veiller à l'application des lois et règlements, assurer le maintien de l'ordre public et assumer toute responsabilité à elles confiée par la hiérarchie et par les autorités publiques compétentes conformément aux lois et règlements en vigueur.

Dans la catégorisation spécialisée, on parle des forces de 1re catégorie (postes et commissariats de police, et brigades de gendarmerie) et des forces de 2e catégorie (groupement mobile d'intervention de la police, pelotons et escadrons de gendarmerie, garde présidentielle) qui agissent sur réquisition des autorités compétentes).

2 - Les **forces de défense** sont les unités des différents corps de l'armée et des unités spécialisées chargées de la défense du territoire national. Ce sont les forces de 3e catégorie qui n'interviennent que sur ordre du chef des armées. Toutefois, d'une manière générale, la garde des **points sensibles*** leur incombe.

210 . Forêt (voir **exploitant forestier*, autorisation personnelle de coupe***)

211 . Forêt communautaire

Une **forêt communautaire** est une partie de la forêt dont la gestion est assurée par une communauté (village ou groupe de villages). La forêt, objet d'une convention entre les communautés et l'État, continue d'appartenir à ce dernier. Les populations locales en assurent tout simplement la gestion selon les clauses, l'État se réservant le droit de rompre le contrat si ses termes ne sont pas respectés.

La principale condition est que les communautés villageoises résident à côté de la forêt convoitée et qu'elles y mènent déjà certaines activités économiques ou de survie.

L'obtention d'une forêt communautaire passe par 3 étapes essentielles :

- réunion de concertation au cours de laquelle un porte-parole des populations est choisi, en présence de toute la communauté, du sous-préfet, du responsable du ministère en charge des forêts. Les limites, la nature des activités à mener sont définies et le procès-verbal signé de tous les participants ;

- constitution du dossier comportant les éléments suivants : demande timbrée, plan de situation de la forêt, acte de création du **GIC***, curriculum vitae du responsable choisi, copie du procès-verbal de la réunion de concertation ;

- acheminement du dossier auprès du chef de poste forestier qui le transmet à ses supérieurs avec avis. Si la demande est acceptée, le responsable des forêts aide la communauté à établir un plan simple de gestion, avant de faire signer une convention entre la communauté et le Préfet au cas où la forêt se trouve dans un même département. Le gouverneur de région intervient si la forêt est à cheval entre 2 départements, et le ministre en charge des forêts si la forêt est située entre 2 régions (cf. loi n°94/01 du 20 janvier 1994 portant régime des forêts, de la faune et de la pêche).

212 . Fulfuldé

Le **Fulfuldé** est la langue parlée par les Fulbé, une des principales tribus des régions septentrionales du Cameroun. Ces mêmes peuplades se retrouvent en Afrique de l'Ouest et du Nord.

C'est l'une des principales langues véhiculaires dans cet espace géographique.

213 . Fourrière

Une **fourrière** est un espace prévu pour y garder les objets, animaux, véhicules et engins saisis sur la voie publique par la police. Elle est généralement gérée par la municipalité.

En plus des motifs consignés dans l'arrêté conjoint du ministre des Travaux publics et du ministre des Transports n°3962 du 23 juillet 1991 portant réglementation de l'**immobilisation*** et la mise en fourrière de véhicules, chaque municipalité peut établir conformément à la réglementation en vigueur, les conditions d'immobilisation et de mise en fourrière.

Les motifs de mise en fourrière des véhicules sont les suivants :

- stationnement irrégulier (cf. art. 30 du code de la route) ;

- stationnement en un même point de la voie publique pendant une durée excédant 07 jours consécutifs ;

- défaut des réparations prescrites sur le certificat de visite technique ;

- défaut de présentation de l'attestation de l'assurance du véhicule ;

- défaut du dispositif des feux d'éclairage et de signalisation ;

- défaut du dispositif de freinage en bon état de fonctionnement ;

- défaut d'immatriculation ;

- défaut de vignette ;

- défaut de carte bleue ou de carte de stationnement (pour les véhicules de transport public).

214 . Franc CFA

Le **franc CFA** est la monnaie ayant cours dans 15 pays africains et les Comores.

En Afrique de l'Ouest, il est question du Franc de la communauté financière africaine sous le contrôle de la BCDEAO (Banque des États de l'Afrique de l'Ouest) dont le siège est à Abidjan avec comme membres : Côte d'Ivoire, Bénin, Burkina Faso, Mali, Niger, Sénégal, Togo, Guinée-Bissau.

En Afrique centrale, on parle du Franc de la coopération financière africaine avec la BEAC (Banque des États d'Afrique centrale) dont le siège se trouve à Yaoundé au Cameroun ; les membres sont les suivants : Cameroun, Congo Brazzaville, Gabon, République centrafricaine, Tchad, Guinée équatoriale (y admise en 1985).

Aux Comores, on parle de la Communauté financière du pacifique.

Originellement, c'était le franc des colonies françaises d'Afrique et des colonies françaises du pacifique.

N.B. Depuis septembre 1993, il n'y a pas d'inter convertibilité du franc CFA entre ces 03 zones.

215 . Franchises universitaires

Les **franchises universitaires** signifient que l'université est un milieu clos : la police générale au sein de l'institution et dans les établissements qui la composent est assurée par le responsable de l'université. À cet effet, aucun membre des forces de l'ordre, aucun huissier de justice, ne peut y constater une infraction à la loi ou exécuter un mandat de justice contre un membre de l'université sans l'autorisation du chef de l'institution.

Les convocations, assignations, significations et toutes notifications adressées par les autorités de police, de gendarmerie ou de justice destinées à un membre étudiant, enseignant ou personnel non enseignant, doivent être remises au chef de l'établissement concerné qui les fait parvenir au destinataire contre accusé de réception de ce dernier (cf. article 42 du décret n°93/027 du 19 janvier 1993 portant dispositions communes aux universités).

G

216 . Garde des Sceaux

Il s'agit de l'autre appellation consacrée du ministre de la Justice qui est le gardien des sceaux, c'est-à-dire des cachets officiels de l'État.

217 . Garde à vue (... administrative, ... judiciaire)

La **garde à vue** est une mesure en vertu de laquelle un individu est retenu dans des locaux appropriés relevant de la police, de la gendarmerie ou de l'administration pénitentiaire selon le cas par les autorités compétentes pour une durée limitée, pour besoin d'enquête.

1- On parle de **garde à vue administrative** quand elle est ordonnée par arrêté des autorités préfectorales (préfet ou gouverneur de région) dans le cadre du grand banditisme, cf. article 2 de la loi n°90/054 du 19 décembre 1990 relative au maintien de l'ordre. La garde à vue administrative est de 15 jours renouvelable une seule fois. Toute prorogation au-delà de 30 jours doit être autorisée par la hiérarchie.

2- La **garde à vue** est **judiciaire** lorsque, au cours d'une enquête préliminaire, elle est organisée par les officiers de police judiciaire sous le contrôle du procureur de la République.

Elle est de 48 heures renouvelable une fois lorsqu'elle est **ordinaire**. Elle intervient principalement lorsqu'il s'agit de crime ou de délit flagrant ou lorsqu'il existe contre la personne des indices graves et concordants (cf. articles 118 à 124 du code de procédure pénale).

Elle est **spéciale** lorsqu'elle est de 24 heures maximum et peut concerner l'auteur d'une contravention qui refuse par exemple de décliner son identité ou qui se présente sous une fausse identité (cf. art. 84 du code susvisé).

Les mesures de garde à vue sont proscrites les fins de semaine et les jours fériés.

Toute arrestation ou garde à vue abusive peut donner lieu à des dommages et intérêts (cf. article 236 t 237 du code de procédure pénale).

218 . Gardiennage (société de ...)

Le **gardiennage** est l'activité professionnelle de garde et de surveillance.

Au Cameroun, l'ouverture d'une **société privée de gardiennage** est subordonnée à l'obtention d'un agrément accordé par décret du Président de la République et d'une autorisation d'exercer par le ministre en charge de l'administration territoriale après avis motivés des autorités et commissions compétentes.

Les activités privées de gardiennage sont réglementées par la loi n°97/021 du 10 septembre 1997 relative aux activités privées de gardiennage, modifiée et complétée par la loi n°2014/027 du 23 déc. 2014 et le décret présidentiel n°2015/407 du 16 janvier 2015 portant application de ladite loi.

Toute personne physique ou morale désireuse d'exercer des activités privées de gardiennage doit constituer à cet effet un établissement ou société de droit camerounais dont le capital est détenu en majorité par les nationaux et obtenir un agrément (cf. art. 12 du décret susvisé).

Le dossier d'agrément comprend : - une demande timbrée - une copie de l'acte de naissance, un certificat de nationalité ainsi qu'un certificat de domicile du propriétaire de l'établissement ou de la société - son extrait de casier judiciaire n°3 - une copie du procès-verbal de l'assemblée constitutive de l'établissement ou de la société - une expédition des statuts de l'établissement ou de la société - une copie certifiée conforme du récépissé d'inscription au registre de commerce - une attestation de non redevance fiscale - une attestation de versement d'une caution bancaire de 5000 000 de francs - une quittance de versement au Trésor public d'une somme de 5 000 000 francs remboursable en cas de rejet du dossier - une liste indicative du matériel susceptible d'être utilisé - une déclaration sur l'honneur signée du propriétaire de l'établissement ou de la société par laquelle il s'engage à se conformer aux dispositions législatives et réglementaires relatives aux activités privées de gardiennage. Ce dossier est déposé contre récépissé à la préfecture du siège de la structure, puis transmis après enquêtes administratives par le Préfet dans un délai de 45 jours à la commission nationale présidée par le ministre de l'Administration territoriale qui le soumet à son tour au Président de la République.

Le démarrage effectif des activités est subordonné à une décision du ministre de l'Administration territoriale sur la base d'un dossier comprenant : une demande de démarrage, une copie du décret présidentiel portant agrément, des copies des cartes nationales d'identité des dirigeants de la structure, une police d'assurance, une patente de l'exercice budgétaire en cours, un plan de localisation du siège de l'établissement ou de la société délivré par le centre des impôts, un état descriptif des lieux, moyens et méthodes de formation des personnels (cf. article 15 du décret susvisé).

219 . Générosité publique (appel à ...)

La **générosité publique** est la manifestation de solidarité envers un individu ou groupe de personnes.

Un **appel à la générosité publique** est une sollicitation active du grand public à soutenir un projet par des dons et legs de toutes sortes.

La loi n°83/002 du 21 juillet 1983 régissant les appels à la générosité publique les définit comme étant « tout appel de fonds ou de matériels par souscriptions, quêtes, collectes, ventes dites de charité, tombolas ou kermesses auprès des personnes physiques ou morales, effectué sur la voie publique ou par sollicitation à domicile ou accompagné de moyens de publicité tels que la presse, les affiches ou tous autres écrits ».

Sont exclues du champ d'application de la présente loi (cf. art. 2 de la loi susvisée) :

- les quêtes organisées à l'occasion des événements familiaux dans les conditions édictées par la tradition ;
- les quêtes au profit des associations cultuelles ayant une existence légale et pratiquées dans les lieux destinés à leur culte ;
- les collectes de fonds dans un groupe restreint pour offrir un présent à un des membres, à l'occasion d'événements particuliers.

Tout appel à la générosité publique est autorisé par le ministre de l'Administration territoriale et n'est valable que pour l'objet pour lequel il a été autorisé ; toutefois, le ministre peut habiliter par arrêté gouverneurs et préfets à accorder des autorisations d'appel à la générosité publique dans des cas limitativement énumérés.

Le dossier de demande d'autorisation à déposer contre décharge auprès du préfet territorialement compétent comprend : - une demande timbrée avec l'adresse et l'identité du demandeur, l'œuvre et l'activité justifiant la demande, la période pour laquelle la demande est sollicitée, le ressort territorial de l'exercice de l'appel - le cas échéant, un devis des réalisations envisagées établi par un technicien compétent - la liste des membres chargés de la collecte et celle des responsables chargés de la gestion des fonds et des matériels à collecter (cf. décret n°85/1131 du 14 août 1985 fixant les conditions d'octroi de l'autorisation d'appel à la générosité publique).

N.B.

1) Tout appel à la générosité publique auprès des missions diplomatiques est interdit.

2) Une autorisation d'appel à la générosité publique peut être retirée par le ministre de l'Administration territoriale en cas d'irrégularité dûment constatée ou si l'objet de l'appel se révèle illicite, contraire à l'ordre public.

220 . Gendarmerie nationale

La **gendarmerie nationale** est un corps de militaires caractérisé par la couleur rouge du béret que portent ses éléments. Elle ouvre tous les défilés militaires au Cameroun.

La gendarmerie nationale assure trois missions publiques essentielles : la police administrative au niveau de ses unités territoriales (brigade, compagnie, légion), la police judiciaire sous la coordination des procureurs de la République, la fonction militaire dans les escadrons et pelotons.

Elle est dirigée, sous la supervision du ministre délégué à la présidence chargé de la Défense, par un secrétaire d'État nommé par décret présidentiel.

Les principaux grades de la gendarmerie sont, du plus petit au plus grand : élève-gendarme, gendarme, gendarme-major, maréchal des logis, maréchal des logis-chef, adjudant, adjudant-chef, adjudant-chef major, sous-lieutenant, lieutenant, capitaine, chef d'escadron, lieutenant-colonel, colonel, général.

221 . Gouvernement (... des enfants)

1 - Le **gouvernement** est un organe qui, avec le Chef de l'État, exerce le pouvoir exécutif. Il est dirigé par le Premier ministre et peut

comprendre, selon l'organisation, des vice-premiers ministres, des ministres d'État, des ministres, des ministres délégués, des vice-ministres ou secrétaires d'État. Tous sont nommés par décret du Président de la République.

2 - Le **gouvernement des enfants** est une parodie de gouvernement où les élèves dans chaque école s'initient au débat démocratique, à la gestion des affaires publiques sous la responsabilité des « ministres » élus par les élèves eux-mêmes. Leurs domaines de compétence sont : l'éducation, l'hygiène et la santé, les droits de l'enfant et la démocratie, les luttes contre les discriminations, la culture, la solidarité, le sport. Ces activités, inspirées par la convention des Nations unies du 20 novembre 1989 relative aux droits de l'enfant, s'exercent (à côté du **parlement des enfants***) dans le cadre de la coopérative scolaire ainsi baptisée « gouvernement des enfants ».

222 . Gouverneur de région

Un **gouverneur de région** est un haut fonctionnaire nommé par décret présidentiel à la tête d'une circonscription administrative appelée région. Sur le plan du traitement salarial, il a rang de secrétaire d'État. Il est considéré comme une autorité préfectorale avec des pouvoirs accrus par rapport à ceux des préfets dont il est le chef hiérarchique. Il coordonne les services techniques de l'État et l'activité des autorités préfectorales au niveau de la région ; il assure également la tutelle des collectivités territoriales décentralisées. En un mot, il est le dépositaire de l'autorité de l'État dans son unité de compétence.

223 . Grâce présidentielle

La **grâce présidentielle** est une mesure de clémence par laquelle le Président de la République accorde par décret la remise totale ou partielle d'une peine.

La grâce peut être accordée à titre individuel à un condamné à sa demande ou à celle de ses parents ou collectivement à un groupe de condamnés à l'occasion de certains évènements majeurs de la vie de la nation.

Pour les condamnés à mort, le ministère de la Justice doit obligatoirement transmettre au Président de la République la demande de grâce qui ne peut être refusée par le bénéficiaire. Et aucune exécution à mort ne peut être opérée tant que le Président de la République n'a pas statué sur la grâce du condamné (cf. article 22, al.1 du code pénal).

La grâce dispense le condamné de l'exécution de la peine, mais elle n'efface pas la condamnation dont la mention apparaît toujours au **casier judiciaire*** (cf. art. 577 du code de procédure pénale).

N.B. Seuls les condamnés définitifs sont concernés par cette mesure. En des termes plus clairs, les appelants et les non condamnés (prévenus ou accusés) ne bénéficient pas de la grâce présidentielle.

224 . Graveur

Un **graveur** est un fabricant de tampons.

Les graveurs fabriquant les tampons à encre grasse représentant les armoiries de l'État dont on se sert dans les administrations publiques doivent être habilités par arrêté du ministre de la Justice, garde des Sceaux (cf. décret n°82-130 du 19 mars 1982 fixant les modalités de fabrication des tampons à encre grasse en caoutchouc).

Les graveurs candidats à l'habilitation doivent être Camerounais, avoir 21 ans révolus et présenter un dossier comprenant les pièces suivantes : demande timbrée, certificat de nationalité, copie acte de naissance, extrait de casier judiciaire, certificat de non redevance fiscale.

225 . Gré à gré (marché de ...)

Un **marché public*** est dit de **gré à gré** lorsque son mode de passation permet à l'administration de choisir discrétionnairement un cocontractant sans recourir à toutes les voies de publicité, c'est-à-dire sans appel d'offres après autorisation spéciale de l'autorité chargée des marchés publics.

Il ne peut être passé de marché de gré à gré que dans l'un des cas limitatifs suivants :

- pour les travaux, fournitures et services exécutés à titre de recherche, d'études, d'essai, d'expérimentation ou de mise au point, et qui ne peuvent être confiés qu'à des entreprises ou prestataires dont le choix s'impose par leur spécialité, leurs connaissances ou leurs aptitudes particulières ;

- pour le remplacement, en cas d'urgence, d'entrepreneurs ou de fournisseurs défaillants ;

- pour les travaux, fournitures ou services qui, dans le cas d'urgence impérieuse motivée par des circonstances imprévisibles, ne peuvent subir les délais d'une procédure d'appel d'offres ;

- pour les besoins ne pouvant être satisfaits que par une prestation nécessitant l'emploi d'un brevet d'invention, d'un procédé, d'un savoir-faire ou d'un organisme de gestion et de commercialisation (cf. articles 28 et 29 du code des marchés publics).

226 . Greffier

Un **greffier** est un auxiliaire de justice. Généralement, c'est un fonctionnaire affecté auprès des cours et tribunaux pour assister à toutes les audiences et en garder la trace écrite : il est chargé de noter les déclarations faites par les parties à l'audience ou au cours de l'instruction dans un registre appelé plumitif. Il est également chargé de délivrer au public les copies des divers documents judiciaires (jugements, extrait de casier judiciaire), de conserver les scellés et les sommes d'argent consignées.

227 . Grève

Une **grève** est une cessation concertée et collective d'activités professionnelles par les salariés en vue d'amener l'employeur à satisfaire certaines revendications.

Une grève, engagée en violation des dispositions légales notamment les procédures préalables de conciliation ou d'arbitrage, peut entraîner des sanctions tant pour l'employeur que pour les travailleurs (cf. art.165 de la loi n°92/007 du 14 août 1992 portant code du travail).

Même en période de grève, le service minimum est exigé dans certains secteurs très sensibles (cf. loi n°98/001 du 14 avril 1998 instituant un service minimum dans le secteur des transports publics). Dans ce cas, les autorités administratives locales peuvent recourir aux réquisitions collectives ou individuelles prévues par la loi n°68/LF - 4 du 11 juin 1968 portant organisation du régime des réquisitions.

228 . Groupe parlementaire

Un **groupe parlementaire** est un rassemblement de députés ou de sénateurs appartenant à un parti politique donné. À l'Assemblée nationale et au Sénat, aucun groupe ne peut se constituer si le parti politique comporte respectivement moins de 15 députés et moins de 10 sénateurs.

Chaque groupe parlementaire comprend un bureau constitué de : un président, un vice-président et un secrétaire.

229 . Groupement d'initiative commune (GIC)

Un **GIC** est une organisation à caractère économique et social de personnes physiques volontaires ayant des intérêts communs et réalisant des activités communes.

Les conditions de création d'un GIC sont :

- une réunion constitutive avec procès-verbal des assises, statuts comportant la dénomination, l'objet ou la nature des activités, les responsables à divers niveaux, le siège social, les droits des membres, les conditions d'adhésion et d'exclusion, etc. ;
- le dépôt du dossier contre récépissé auprès du délégué de l'agriculture du ressort, pour acheminement au service du registre des sociétés coopératives et des GIC de la délégation régionale de l'agriculture (cf. loi n° 92/006 du 14 août 1992 relative aux sociétés coopératives et aux groupes d'initiative commune et son texte d'application, le décret n°92/455/PM du 23 novembre 1992).

230 . Groupement d'intérêt économique (GIE)

Un **groupement d'intérêt économique** est celui qui a pour but exclusif de mettre en œuvre pour une durée déterminée, tous les moyens propres à faciliter ou à développer l'activité économique de ses membres, à améliorer ou à accroître les résultats de cette activité.

Seule l'immatriculation obligatoire du groupement au Registre du commerce et du crédit immobilier (RCCM) lui confère la personnalité morale (art. 872 de l'acte uniforme OHADA relatif au droit des sociétés et du GIE adopté le 30 janvier 2014). Le GIE ne donne pas lieu par lui-même à réalisation et à partage des bénéfices. Son domaine est constitué par tout ce qui touche à l'économie, mais il n'est pas exclu qu'il serve aussi à la défense d'intérêts privés. Le GIE peut regrouper des entreprises même sans considération de leur qualité : des commerçants, des agriculteurs, des membres des professions libérales, des entreprises publiques. Il est civil ou commercial en fonction de l'activité qu'il exerce. De même, il s'agit d'une structure auxiliaire permettant à ses membres de réaliser, certaines actions communes : actions promotionnelles, études de marché, services de recherche ou d'assistance, bureaux de représentation à l'étranger. Il est impératif que les entreprises qui participent au GIE conservent leur individualité. Ainsi, le groupement ne peut se substituer aux entreprises qui se sont regroupées. Dès lors, on ne peut lui faire un apport de fonds de commerce ni lui confier la gérance d'un fonds préexistant.

L'art- 870 al 2 de l'Acte uniforme OHADA relatif au droit des sociétés précise que le GIE peut être constitué sans capital. Cependant, il peut faire des actes de commerce, conclure un bail commercial, même si faute de clientèle autonome, il ne peut être titulaire d'un fonds de commerce.

Le groupement d'intérêt économique est dissous :

1°) par l'arrivée du terme ;

2°) par la réalisation ou l'extinction de son objet ;

3°) par la décision de ses membres dans les conditions prévues à l'article 877 ci-dessus ;

4°) par décision judiciaire, pour justes motifs ;

5°) par décès d'une personne physique ou dissolution d'une personne morale membre du groupement d'intérêt économique, sauf clause contraire du contrat (cf. article 883).

231 . Guide de chasse (agrément de ..., licence de ...)

Un **guide de chasse** est une personne habilitée par un agrément obtenu auprès de l'administration en charge de la gestion de la faune à assister les touristes dans leurs activités de chasse dans les aires protégées.

- Conditions à remplir par un postulant en vue d'obtenir un arrêté du ministre en charge de la faune portant agrément à l'exploitation de la faune en qualité de guide de chasse : - avoir été guide de chasse assistant pendant 03 ans - jouir de tous ses droits civiques - disposer d'une arme de chasse.

- Composition du dossier pour personne physique : - demande timbrée au tarif en vigueur - extrait de casier judiciaire n°3 datant de moins de 03 mois - curriculum vitae - une fiche de renseignements - 02 photos 4x4.

- Composition du dossier pour personne morale : - demande timbrée au tarif en vigueur - extrait de casier judiciaire datant de moins de 03 mois du directeur de la société - curriculum vitae de ce même directeur - ses états de service - 02 photos 4x4 du directeur.

- Pour ces deux cas ci-dessus cités, il faut en plus : - copie de la patente - justificatifs de l'expérience professionnelle et des connaissances techniques dans le domaine sollicité - autorisation d'achat et de port d'arme à feu et, éventuellement d'arme anesthésique - quittance de paiement de la taxe sur les armes - liste des moyens à mettre en œuvre - quittance de paiement des frais de dossier.

H

232 . Homologation des prix

L'**homologation préalable des prix** est la procédure par laquelle le gouvernement détermine les prix minima et maxima de certains produits et services afin de protéger le consommateur contre des tendances monopolistiques pouvant conduire à une inflation non maîtrisée. Cette homologation peut s'établir au niveau national et de chaque région administrative (cf. décret n°90/1476 du 09 novembre 1990 fixant les modalités de l'homologation des prix, modifié et complété par le décret n°2008/0820 du 29 avril 2008).

La liste des produits et services soumis à homologation préalable est établie par le ministre en charge du commerce.

La mise en vente d'un produit ou la pratique des tarifs non homologués pour les produits et services soumis à l'homologation préalable constituent une infraction assimilée à une majoration illicite de prix punissable conformément aux dispositions de la loi n°89/011 du 29 juillet 1989 modifiant et complétant certaines dispositions de la loi n°79/11 du 30 juin 1979 modifiant certaines dispositions de l'ordonnance n°72/18 du 17 octobre 1972 portant régime général des prix.

Cependant, de nos jours, au lieu de l'homologation, il est privilégié un système de concertation entre les pouvoirs publics et les représentants des groupements d'affaires et des commerçants pour fixer des prix négociés pour l'intérêt de tous.

233 . Honneurs (... civils, ... funèbres, ... militaires)

Les **honneurs** sont des marques spéciales de déférence rendues à certaines autorités publiques lors des cérémonies publiques (prise de commandement, visite officielle, décès).

Les autorités ayant droit aux honneurs sont : le Chef de l'État, certains membres du gouvernement, les représentants diplomatiques, certains hauts fonctionnaires).

1 - Les **honneurs civils** qui correspondent aux salutations par exemple, sont rendus par les autorités civiles d'un rang moins élevé. Il s'agit au Cameroun de la présentation des corps constitués lors des cérémonies d'accueil ou d'au revoir d'une autorité. Le défilé civil des élèves, étudiants et autres groupes populaires organisés ou non peut aussi être considéré comme faisant partie des honneurs civils.

2 - Les **honneurs funèbres** sont rendus lors du décès d'une haute personnalité ou d'un citoyen ayant rendu d'éminents services à l'État. Ils sont généralement exécutés lors des obsèques officielles ou nationales.

3- Les **honneurs militaires** sont des « manifestations extérieures par lesquelles les forces de défense rendent, dans les conditions déterminées, un hommage spécial aux personnes et aux symboles qui y ont droit » (cf. art. 63 du décret n°2007/199 du 07 juillet 2007). Il peut s'agir d'une haie d'honneur, d'un piquet d'honneur ou des honneurs de toute une garnison.

Les symboles concernés sont le **drapeau national*** ou les étendards de certains corps d'armée.

Les personnalités civiles qui ont droit aux honneurs militaires sont : Le Chef de l'État, le Premier ministre, le ministre de la Défense, le ministre de l'Administration territoriale lors de certaines sorties d'installation des gouverneurs de région, les chefs d'unités administratives.

234 . Hôtel de ville

Un **hôtel de ville** est le bâtiment servant de **mairie*** dans les villes importantes et où on reçoit également des hôtes de marque. Une même ville ne devrait pas avoir plusieurs hôtels de ville, mais plutôt des mairies.

235 . Huissier de justice

Un **huissier de justice** est un auxiliaire de justice ayant qualité d'officier ministériel seul habilité, contre rémunération, à signifier (notifier) les actes de procédure (assignations, jugements) et à exécuter les décisions de justice (saisies, expulsions) dans son territoire de compétence.

Un huissier de justice peut également être chargé de diverses autres opérations telles que le recouvrement des créances, les constats sur commission du juge ou à la requête des particuliers, les ventes publiques de meubles là où il n'y a pas de commissaire-priseur.

Tout huissier de justice doit être assisté, à sa demande, de la force publique dans le cadre de l'exécution de ses missions.

Les **huissiers audienciers** sont une catégorie spéciale d'huissiers chargée de la bonne marche des audiences dans les tribunaux. Ils introduisent les témoins, veillent au bon ordre, etc.

Les conditions d'accès à la profession d'huissier de justice sont les suivantes :

- être de nationalité camerounaise ;
- justifier d'une licence en droit ou d'un diplôme équivalent ;
- satisfaire à l'examen présenté au bout de 2 ans de stage sous la conduite du garde des Sceaux ;
- être autorisé par décret présidentiel à exercer comme huissier de justice dans une juridiction déterminée.

Les huissiers de justice ont l'obligation de cesser leurs activités à 60 ans.

236 . Hymne national

L'**hymne national** est, avec le drapeau, l'un des emblèmes majeurs d'un État souverain. Il se chante devant l'assistance qui, à défaut d'accompagner la fanfare par exemple, doit demeurer debout en silence.

Le chant de l'hymne national camerounais a été consacré par la loi n°57/47 du 05 novembre 1957 portant création d'un hymne pour l'État du Cameroun ; cette loi a été adoptée le 25 octobre 1957 par l'Assemblée législative du Cameroun (ALCAM).

La composition de cet hymne est une histoire plutôt spéciale : en 1928, dans le cadre du cours d'instruction civique, il est demandé aux élèves de l'École normale de la Mission presbytérienne américaine de Foulassi par Sangmélima, dirigée par le pasteur Camille Chazeaud, d'exprimer leur espoir en l'avenir du Cameroun. Plusieurs élèves participèrent aux travaux ... et le résultat fut le « chant de ralliement » qui plus tard deviendra l'hymne camerounais « Ô Cameroun berceau de nos ancêtres », avec les paroles de Jam Afane René et la musique de Minkyo Bamba Samuel.

Cette œuvre fut dédiée le 19 novembre 1928 au gouverneur Marchand, commissaire de la République française au Cameroun qui en accusa réception le 11 décembre de la même année selon un document historique signé du pasteur Chazeaud.

Il faut rappeler que la version originale de ce chant a été modifiée au niveau du premier couplet en 1970 par une commission dont les travaux ont abouti à la forme actuelle de l'hymne, adoptée par l'Assemblée nationale fédérale par la loi n° 70/LF/du 20 mai 1970. La musique quant à elle est demeurée la même.

La version anglaise de cet hymne a été écrite par le Pr Bernard Fonlon et formellement adoptée en 1978 ; la partition est jointe au texte.

N.B. Pendant que les personnels en tenue saluent militairement, les hommes doivent se décoiffer au moment de l'exécution de l'hymne, du lever ou de la descente des couleurs.

I

237 . Immobilisation (... de véhicule)

L'**immobilisation** d'un véhicule est l'obligation faite à son conducteur de le maintenir sur place ou à proximité du lieu de constatation de l'infraction, tout en se conformant aux règles relatives au stationnement. Elle peut précéder la mise en fourrière.

L'immobilisation est prescrite par l'agent verbalisateur lorsque (cf. art. 4 de l'arrêté conjoint des ministres des Transports et des Travaux publics du 23 juillet 1991) : - le conducteur est en état d'ivresse ou d'intoxication - le conducteur n'est pas titulaire de la catégorie de permis exigée pour la conduite de son véhicule - le véhicule circule sans une boîte à pharmacie ou avec une boîte à pharmacie non conforme à la réglementation - l'état du véhicule (chargement, système de freinage, d'éclairage ou pneus défectueux) peut constituer une menace certaine pour les usagers et la chaussée - le véhicule a violé une barrière de pluies - le véhicule circule sans certificat de visite technique en cours de validité ...

238 . Immunité diplomatique

L'**immunité diplomatique** est l'ensemble des privilèges dont bénéficient les agents diplomatiques et consulaires et leurs familles dans leur pays d'accueil ; ce qui suppose qu'ils sont indépendants et libres des autorités locales dans l'accomplissement de leurs missions. Cela correspond principalement à : l'exemption des poursuites judiciaires sauf cas de crime ou de blanchiment d'argent, la liberté de communication (valise diplomatique), la franchise des locaux de la mission diplomatique ou consulaire, des privilèges fiscaux selon la convention de Vienne de 1961 sur les relations diplomatiques.

Dans le même sens, les immeubles occupés par les personnes ou organismes jouissant de l'immunité diplomatique sont exemptés de réquisition (cf. art.17 de la loi n°68-LF-4 du 14 juin 1968 portant organisation du régime des réquisitions).

239 . Immunité parlementaire

L'**immunité parlementaire** est une prérogative dont bénéficie un député ou un sénateur par rapport aux infractions qu'aurait commises celui-ci au cours de son mandat. Cette immunité parlementaire vise un double objectif d'une part, protéger les membres du Parlement contre les actions répressives ou judiciaires, et d'autre part, garantir l'indépendance du pouvoir législatif vis-à-vis des autres pouvoirs. Ce principe englobe deux notions essentielles : l'irresponsabilité et l'inviolabilité.

Le principe de l'irresponsabilité indique qu'un parlementaire ne peut être poursuivi, recherché, arrêté, détenu ou jugé pour les opinions ou votes émis par lui dans l'exercice de ses fonctions. Toutefois, il est astreint au régime disciplinaire qui comporte 04 niveaux de sanctions : le rappel à l'ordre, le rappel à l'ordre avec inscription au procès-verbal, l'inscription au procès-verbal avec censure, la censure avec exclusion temporaire.

Quant au principe de l'inviolabilité, il est une clause générale qui mentionne qu'aucun membre du Parlement ne peut être arrêté et poursuivi en matière criminelle ou correctionnelle.

Cependant, en cas de flagrant délit ou de crime contre la sûreté intérieure ou extérieure de l'État, un parlementaire peut être poursuivi sur autorisation de l'organe où il siège pendant les sessions, ou par le bureau, hors session (cf. ordonnance n°72 - 12 du 26 août 1972 fixant le régime des immunités des députés à l'Assemblée nationale et règlement intérieur du Sénat).

240 . Impact environnemental (étude d'...)

Une **étude d'impact environnemental** a pour objet la prise en compte des préoccupations environnementales dans la mise en œuvre d'un projet conformément aux normes modernes. Il s'agit d'un examen systématique faisant ressortir si la réalisation d'un projet présente ou n'a pas une incidence défavorable sur l'environnement ou sur les populations locales ; l'environnement étant considéré comme l'ensemble des caractéristiques vitales propres à un milieu donné.

En effet, la convention de Kyoto exige pour tout projet important de mener au préalable des études faisant ressortir l'influence de celui-ci sur l'environnement et d'engager des mesures appropriées afin d'en atténuer ou d'en optimiser les effets. Au Cameroun, la loi n°96/12 du 05 août 1996 relative à la gestion de l'environnement a été promulguée ; le décret n°2005/0577/PM du 22 février 2005 fixant les modalités de réalisation des études d'impact environnemental a été signé et le ministre de l'Environnement et de la Protection de la nature a déterminé les opérations nécessitant une étude d'impact environnemental par l'arrêté n°0070/MINEP du 22 avril 2005.

241 . Impôt (... forfaitaire, ... libératoire)

Un **impôt** est un prélèvement pécuniaire opéré d'autorité auprès des personnes physiques ou morales, sans contrepartie immédiate, par les services publics des impôts au profit de l'État ou des collectivités territoriales décentralisées. Le fruit des impôts alimente principalement les caisses de l'État pour couvrir les dépenses d'intérêt général de l'État ou des collectivités territoriales décentralisées.

1 - L'**impôt forfaitaire** ne fait plus partie du système fiscal au Cameroun ; il a été remplacé par l'impôt libératoire. Il était lié non à l'activité économique du contribuable, mais à la personne en tant qu'individu. Cet impôt était payé sur la base des rôles établis par les sous-préfets lors des tournées de recensement fiscal avec des catégories de tickets de valeur croissante allant de A à D et recouvré par des collecteurs d'impôts qui, pour la majorité, étaient des chefs traditionnels. Ces derniers étaient rétribués au prorata des sommes collectées. Le ticket remis au contribuable comportait les mentions suivantes : - le village ou quartier avec le nom de l'unité administrative - le taux et l'année. Les autres mentions telles que les centimes communaux, les taxes d'eau et d'électricité, etc., y étaient portées.

2 - L'**impôt libératoire** a été créé par la loi de finances de 1995/1996 pour remplacer l'impôt forfaitaire. Il est assis sur l'activité économique des petits contribuables dont le chiffre d'affaires est de nos jours inférieur à 10 millions de francs CFA.

242 . Incapacité électorale

L'**incapacité électorale** est l'interdiction que la loi fait à certaines personnes de participer à un scrutin, terme antonyme de la capacité électorale. Ainsi, l'article 47 de la loi portant code électoral indique les personnes insusceptibles d'être inscrites sur une liste électorale, donc de participer aux opérations de vote : - personne condamnée pour crime, même par défaut - personne condamnée à une peine privative de liberté supérieure à 3 mois, sans sursis - personne condamnée à une peine privative de liberté supérieure à 6 mois, assortie de sursis ou avec probation - personne faisant l'objet d'un mandat d'arrêt - personne en faillite prononcée par les tribunaux - aliéné mental - personne condamnée pour atteinte à la sûreté de l'État, sauf en cas de réhabilitation ou d'**amnistie***.

Cette incapacité à participer à un scrutin entraîne logiquement l'interdiction d'être candidat, dans les mêmes conditions.

243 . Inceste

L'**inceste** est défini étymologiquement comme « un commerce charnel entre parents ». Selon l'article 360 du code pénal camerounais, par parents on entend : - ascendants ou descendants légitimes ou naturels, sans limitation de degré - frères ou sœurs légitimes ou naturels, germains, consanguins ou utérins.

La personne qui entretient des rapports sexuels avec des parents, indépendamment des peines prévues aux articles 346 et 347 du code pénal ci-dessus cité, est punissable d'une peine d'emprisonnement de 1 à 3 ans et d'une amende de 20 000 à 500 000 francs. Hormis les cas de concubinage notoire ou de mariage incestueux, les poursuites judiciaires ne peuvent être engagées que sur plainte d'un des parents par le sang, sans limitation de degré.

244 . Incompatibilité

L'**incompatibilité** est une impossibilité légale, afin d'éviter des conflits d'intérêts, de cumuler, soit certains postes publics, soit certains mandats électifs, ou encore une fonction publique avec un autre mandat ou charge.

À titre d'exemple, les fonctions de Président de la République sont incompatibles avec toute autre fonction publique élective ou toute activité professionnelle (cf. article 119 du code électoral).

Quant aux fonctions de député ou de sénateur, elles sont incompatibles avec les fonctions de membre du gouvernement ou assimilés, de membre du Conseil constitutionnel, de membre du Conseil économique et social, de magistrat municipal, etc. (cf. article 162 du code électoral). Le choix de l'un de ces postes entraîne la vacance du poste de parlementaire.

Pour le mandat de conseiller municipal, ne peuvent l'exercer pendant qu'ils sont encore en fonction : autorités administratives, magistrats, forces de maintien de l'ordre et assimilés, secrétaires généraux de mairies, receveurs et chefs des services municipaux.

245 . Indépendance

L'**indépendance** pour un État est son accession à la souveraineté internationale. Il est ainsi libre de disposer de son destin et de se doter des institutions qu'il veut, sans subordination à un autre État ou à une organisation internationale, tout en respectant le droit international et ses engagements. Ses symboles représentatifs (hymne, drapeau, etc.) sont communiqués à tous.

Le 1er janvier 1960 est la date de l'indépendance du Cameroun.

246 . Indigène

Il s'agit d'une autre appellation d'**autochtone***. Le terme, qui est de moins en moins utilisé de nos jours, était très courant pendant la colonisation. Il a acquis un sens plus péjoratif avec toutes les vexations y attachées ; c'est peut-être pour cette raison qu'on n'a jamais parlé d'indigène en Europe.

247 . Indivision (sortir de l'...)

L'**indivision** est la situation de droit qui consacre une propriété commune.

Sortir de l'indivision consiste à avoir sa quote-part, sa propriété ou son bien en son nom (voir **titre foncier***).

248 . Information judiciaire

L'**information judiciaire** est la phase de la procédure au cours de laquelle le juge d'instruction se charge de réunir des éléments de preuve à l'encontre d'un inculpé ou alors ceux visant à l'innocenter.

Cette procédure s'achève par une ordonnance de renvoi (en cas d'inculpation) ou de non-lieu au cas où les éléments de preuve sont inexistants (cf. articles 12 et 700 du code de procédure pénale).

249 . Inspection générale des services régionaux

L'**inspection générale des services régionaux** a été introduite dans les services des gouverneurs de région par la réforme du décret présidentiel n°2008/376 du 12 novembre 2008 fixant les attributions des chefs de circonscriptions administratives et portant organisation et fonctionnement de leurs services (cf. articles 22, 23, 24 et 25).

Cette structure est coordonnée par un haut fonctionnaire nommé par décret présidentiel et ayant rang de préfet comme le secrétaire général des services du gouverneur (cf. article 2 du décret n°2011/109 du 29 avril 2011 fixant les rangs et prérogatives des personnels des services des circonscriptions administratives). Il assiste, avec ses collaborateurs, le gouverneur de région dans l'exercice de ses fonctions.

250 . Intendant

Un **intendant** est un fonctionnaire chargé des questions matérielles et financières dans une structure publique.

On parle de l'intendant du palais qui se trouve au cabinet civil de la Présidence de la République du Cameroun.

Un intendant de lycée est nommé par le ministre en charge de la gestion des établissements secondaires. Pour les collèges publics, voir **économe***.

251 . Intérim (intérimaire)

L'**intérim** est la situation temporaire dans laquelle un agent est chargé provisoirement d'une fonction devenue soudainement vacante, en attendant le retour ou la nomination du titulaire. Par exemple, le gouverneur de région peut désigner le secrétaire général de ses services pour assurer l'intérim d'un préfet en congé annuel. Un ministre peut, sur ordre du chef du gouvernement, assurer l'intérim d'un autre département ministériel en remplaçant pour un temps un de ses collègues en mission.

Un **intérimaire** peut être un responsable nommé provisoirement à un poste donné, en attendant de faire ses preuves pour y être confirmé selon une certaine pratique.

252 . Investiture

1 - Une **investiture** est la désignation par un parti politique, d'un ou des candidats que ce parti présente à une élection.

Cette désignation peut se faire d'office par rapport à un poste occupé dans le parti ou par les primaires au sein du parti entre ses membres.

2 - Une **investiture** peut aussi être une action de conférer à quelqu'un une fonction ou un titre par élection ou par nomination. Par exemple, l'investiture d'un mandataire. On parle aussi de discours d'investiture.

253 . Ivresse (… publique)

L'**ivresse** est l'état d'une personne qui a consommé de l'alcool à l'excès.

L'**ivresse publique** consiste pour un individu, à manifester dans un lieu public des signes d'égarement dus à une forte consommation d'alcool. C'est une infraction au regard du code pénal et elle est classée comme contravention de 1re classe (cf. art. 367, al.12).

J

254 . Jeu (… de divertissement, ... de hasard, ... en ligne)

Un **jeu** est une « activité de loisir ayant pour finalité la distraction ou la recherche d'un gain en nature ou en argent, et dont l'issue dépend, suivant le cas, de l'adresse ou de l'habileté du joueur ou du hasard » (cf. art.4 de la loi n°2015/012 du 16 juillet 2015 fixant le régime des jeux de divertissement, d'argent et de hasard).

S'agissant des définitions, les **jeux de divertissement** sont ceux dont la seule finalité est de distraire et non de procurer un gain quelconque.

Les **jeux de hasard** sont ceux qui procurent un gain en argent ou en nature et dans lesquels la chance prédomine sur l'adresse.

Les **jeux en ligne** ou **cyber jeux** sont ceux qui passent exclusivement par l'intermédiaire d'un service de communication au public en ligne.

La législation camerounaise distingue 03 régimes relatifs aux types de jeux : la concession, l'autorisation et la déclaration.

1 - Le régime de la concession est applicable aux casinos, paris et loteries.

2 - Les jeux de divertissement, les loteries commerciales ou tombolas, les jeux en ligne relèvent du régime de l'autorisation signée du ministre en charge des jeux, en l'occurrence le ministre de l'Administration territoriale.

3 - Les loteries occasionnelles ou privées sont du régime de déclaration.

Il est interdit l'exploitation des casinos, des salles de jeux en ligne ou cyber jeux, des loteries publiques et des paris à proximité des établissements scolaires, hospitaliers et pénitentiaires (cf. art. 5 de la loi susvisée).

255 . Journal officiel

Le **journal officiel** est l'organe d'annonces officielles chargé de publier les actes pris par les autorités publiques. Il s'agit principalement des : - traités internationaux et textes s'y rapportant - actes législatifs (lois, ordonnances) et réglementaires (décrets, arrêtés, décisions) - actes de nomination à des postes de responsabilité ou accordant des charges (huissiers, notaires ...) - actes créant un service public ou l'organisant - textes domaniaux nécessitant une publicité - changements de noms - avis de concours - actes des pouvoirs publics dont la publication au journal officiel est prévue par un texte particulier (cf. décret n°77-4 du 06 janvier 1977 portant réglementation de la publication des actes au journal officiel de la République unie du Cameroun) (voir aussi **publication des actes***).

256 . Jugement d'hérédité

Un **jugement d'hérédité** est la décision du tribunal qui organise la succession d'une personne et confie des droits à ses successibles et ayants droit au cas où le défunt n'aurait pas laissé d'acte notarié faisant foi ou en cas de contestation.

257 . Jurisprudence

La **jurisprudence** est constituée par l'ensemble des décisions rendues par les tribunaux et cours qui peuvent s'appliquer à des situations similaires. La règle de la jurisprudence n'a rien d'absolu, car un tribunal peut prendre une décision contraire à la règle établie par des jugements antérieurs au regard du pouvoir souverain d'appréciation des juges.

Cependant, lorsque la règle de la jurisprudence se trouve confirmée par la plus haute juridiction de l'État qui est la Cour suprême au Cameroun, les autres tribunaux ont tendance à s'y conformer.

L

258 . Laboratoire privé (... **de génie civil**, ... **de santé publique**)

Un **laboratoire privé** est une structure ayant obtenu un agrément des pouvoirs publics pour effectuer des analyses, en génie civil ou en matière médicale, pour les cas qui nous intéressent ici.

1 - Un **laboratoire privé de génie civil** est une société privée qui, munie d'un agrément accordé par le ministre des Travaux publics, sert à contrôler la qualité des sols et des matériaux de construction, et à effectuer des études géotechniques.

L'agrément peut s'obtenir à condition : qu'il s'agisse d'une société légalement constituée, qu'elle ait son siège social au Cameroun, qu'elle dispose d'un ingénieur qualifié et inscrit au tableau de l'ordre, qu'elle ait des locaux équipés en matériels capables de réaliser les travaux sollicités, qu'elle souscrive une police d'assurance couvrant les risques professionnels (cf. article 5 du décret n°2001/128/PM du 16 avril 2001 fixant les conditions d'agrément des laboratoires privés).

2 - Un **laboratoire privé d'analyses médicales** peut être créé par une personne physique ou morale après agrément par arrêté du ministre en charge de la santé publique.

Pour un laboratoire à créer par une personne physique, la composition du dossier à déposer au service de santé de district contre récépissé est la suivante : - une demande timbrée avec adresse complète du postulant et les catégories d'analyses à pratiquer - les copies légalisées des diplômes exigés avec attestation de présentation de leurs originaux - une copie légalisée de l'acte de naissance - un extrait de casier judiciaire n°3 - l'attestation d'inscription dans l'ordre - le plan des locaux devant abriter le laboratoire avec copie du titre de propriété ou le cas échéant, une copie du contrat de bail - la liste des appareils à utiliser - la liste des personnels avec copies de leurs diplômes et accord de libération de l'employeur s'ils sont des employés salariés.

S'agissant d'une personne morale, il faut y ajouter les statuts de la société et la composition du conseil d'administration.

259 . Laïcité

Le principe de **laïcité** signifie que les structures fonctionnent sans référence à la religion.

La laïcité de l'État du Cameroun suppose que ses institutions, son gouvernement ou ses démembrements ne favorisent aucune religion en particulier. En d'autres termes, « la neutralité et l'indépendance de l'État vis-à-vis de toutes les religions sont garanties », dixit le préambule de la Constitution.

260 . Laissez-passer (... vétérinaire)

1 - Un **laissez-passer** est une autorisation délivrée par les pouvoirs publics pour permettre d'effectuer des déplacements contrôlés.

Lors de l'état d'urgence consécutif aux troubles politico-sécuritaires qu'a connus le Cameroun, les mouvements des personnes étaient conditionnés par la présentation des laissez-passer délivrés par les autorités administratives.

De nos jours, les laissez-passer sont délivrés aux véhicules affectés au transport des délégations étrangères valables pour la durée de leur mission au Cameroun ou à certaines occasions à des personnalités ou groupes de personnes pour que leurs véhicules accèdent à des espaces particuliers.

2 - Un **laissez-passer vétérinaire** est accordé par les autorités du ministère de l'Élevage, pour les mouvements contrôlés du bétail d'une zone à une autre, afin de prévenir des épizooties.

Dans le cadre communautaire de la CEMAC (Communauté économique et monétaire de l'Afrique centrale), il est prévu des passeports pour bétail.

261 . Langue officielle

Une **langue officielle** est une langue adoptée par un État pour être utilisée dans des documents officiels ou dans l'administration.

L'anglais et le français sont les deux langues officielles d'égale valeur de la République du Cameroun (cf. article 1er, al.3 de la Constitution).

De nombreuses actions du gouvernement visent à promouvoir la maîtrise de ces deux langues officielles. Par exemple, à quelques exceptions près (contrôleur aérien et enseignant de langue), tout agent public a le droit de travailler dans la langue officielle de son choix ; tous les documents officiels doivent être dans les deux langues ; tout traité ou accord conclu entre le Cameroun et des États doit à sa signature ou dès que possible être rendu en français et en anglais et comporter une disposition stipulant que les deux versions font foi, etc.

262 . Légalisation de signature

La **légalisation** ou l'**authentification d'une signature** vise à faire confirmer par une autorité publique (commissaire de police ou autorité administrative) que la signature apposée sur un document est bel et bien celle de la personne qui s'engage. Cette procédure exige l'apposition d'un timbre fiscal au cours légal en vigueur et l'identification de la personne dont on certifie la signature.

Un registre dans lequel signe 3 fois la personne qui dépose sa signature est ouvert dans les services où se déposent les signatures.

263 . Légitimation d'enfant

La **légitimation** ou **reconnaissance d'enfant** s'établit par le lien de sang ou par adoption.

1 - La **légitimation normale** (voir **reconnaissance d'un enfant***).

2 - La **légitimation adoptive** se fait par décision du tribunal (cf. art. 41 de l'ordonnance n°81/002 du 29 juin 1981 portant organisation de l'état civil et diverses dispositions relatives à l'état des personnes physiques).

264 . Légitime (enfant ..., défense, ... propriétaire)

Est **légitime**, ce qui est conforme à la loi, à la règle.

1 - Un **enfant légitime** est celui qui est conçu ou né dans le mariage, par opposition à un enfant naturel, né hors mariage.

2 - La **légitime défense** est la réaction (justifiée) à une agression jugée illégitime. C'est le fait pour une personne agressée, par nécessité de se protéger, de commettre un acte cependant répréhensible par la loi ; mais la réaction doit être proportionnée à l'attaque et en cas de poursuites judiciaires, le coupable est susceptible de bénéficier des circonstances atténuantes.

a. - Le **légitime propriétaire** est celui qui, en droit, est le véritable propriétaire d'un objet ou d'une chose.

265 . Lettre anonyme

Une **lettre anonyme** est une correspondance dont l'identité de l'auteur n'est pas révélée, contrairement à la pratique en matière de correspondance.

N.B. L'article 113 du code pénal punit la propagation de fausses nouvelles par « un emprisonnement de 3 mois à 3 ans et d'une amende de 100 000 à 2000 000 de francs celui qui émet ou propage des nouvelles mensongères lorsque ces nouvelles sont susceptibles de nuire aux autorités publiques ou à la cohésion nationale ».

266 . Lettre (… de créance … de rappel, … recommandée, … de voiture)

Une **lettre** est un écrit permettant à deux ou plusieurs personnes d'être en contact.

1 - Une **lettre de créance** est en diplomatie, une correspondance officielle par laquelle le Chef de l'État saisit un autre Chef d'État pour lui notifier la nomination d'un agent diplomatique auprès de son gouvernement.

Cette correspondance énonce les titres et qualités de ce représentant et l'investit des pouvoirs nécessaires à l'accomplissement de sa mission diplomatique.

Par contre, on parle d'exequatur pour les consuls ; celui-ci est délivré par les autorités de l'État d'accueil.

2 - Une **lettre de rappel** est l'inverse d'une lettre de créance. En diplomatie, c'est le document par lequel le Chef de l'État notifie à un diplomate qu'il met fin à ses fonctions.

3 - Une **lettre recommandée** est une correspondance envoyée par les services de la poste avec un accusé de réception qui confirme que le destinataire a bien déchargé ledit courrier.

4 - Une **lettre de voiture** est un document utilisé dans les transports publics attestant des quantités et de la qualité des marchandises transportées par voyage. C'est une forme de contrat entre le chargeur et le transporteur public routier.

267 . Libération conditionnelle

La **libération conditionnelle** consiste, lorsque les conditions légales sont réunies, en la mise en liberté anticipée par décret, d'un condamné présentant des gages de réadaptation sociale (cf. article 691 de la loi n°2005/007 du 27 juillet 2007 portant code de procédure pénale). Cette mise en liberté est révocable par décret et peut également concerner une mesure de sûreté de même nature qu'une peine privative de liberté.

268 . Liste électorale (refonte des ..., révision des ...)

Une **liste électorale** est le fichier par bureau de vote des citoyens étant appelés à exercer le droit de vote. C'est à partir de 20 ans qu'un citoyen peut voter et c'est à cet âge qu'il peut se faire inscrire sur une liste électorale.

1- La **refonte des listes électorales** est l'opération qui vise à remettre à plat toutes les listes pour que tous les citoyens remplissant les conditions, se fassent inscrire sur un fichier nouveau. Il s'agit de nouvelles inscriptions pour tous.

2- La **révision des listes électorales** quant à elle consiste à mettre à jour le fichier existant en rayant les noms des personnes décédées et en ajoutant tout simplement les noms des personnes qui viennent d'atteindre la majorité électorale.

269 . Litige frontalier (voir **conflit frontalier***)

270 . Livret de famille

Le **livret de famille** est un document délivré par l'officier d'état civil aux conjoints lors de la célébration du mariage ou au parent à l'occasion de l'établissement de l'acte de naissance du premier enfant. Figurent sur le livret, les extraits de l'acte de mariage des parents et/ou des actes de naissance de chaque enfant. Le livret est modifié en cas de changement de situation d'état civil d'un membre de la famille : changement de nom, adoption ou naissance d'un enfant, divorce ou décès d'un époux, d'un parent ou d'un enfant.

271 . Loi (projet de..., proposition de ..., promulgation de ...)

Une **loi** est une règle écrite impersonnelle et de portée générale votée par le Parlement et promulguée par le Président de la République. Cette promulgation de la loi est faite dans un délai de 15 jours à compter de la date de transmission du texte au Président de la République par la formule suivante : « Le Parlement a adopté, le Président de la République promulgue la loi dont la teneur suit :... ».

❖ **N.B.** L'initiative des lois appartient concurremment au Président de la République et aux membres du Parlement. On parle de **projet de loi** quand l'initiative émane du gouvernement ; et lorsqu'elle émane du Parlement, il est question d'une **proposition de loi** (cf. article 25 de la Constitution).

Sont du domaine de la loi au Cameroun (cf. article 26 de la Constitution) :

a) Les droits, garanties et obligations fondamentales du citoyen : - sauvegarde de la liberté et de la sécurité individuelles- régime des libertés publiques - droit du travail et syndical, régime de la protection sociale - devoirs et obligations du citoyen en fonction des impératifs de la défense nationale ;

b) Le statut des personnes et le régime des biens : - nationalité, État et capacité des personnes, régimes matrimoniaux, successions et libéralités - régime des obligations civiles et commerciales - régime de la propriété mobilière et immobilière ;

c) L'organisation politique, administrative et judiciaire : - régime des élections - régime des associations et des partis politiques - organisation judiciaire et création des ordres de juridiction - détermination des crimes et délits et institution des peines de toute nature, procédure pénale et civile, voies d'exécution et amnistie ;

d) Les questions financières et patrimoniales : - régime d'émission de la monnaie - budget - impôts et taxes - régime domanial, foncier et minier ;

e) La programmation des objectifs de l'action économique et sociale ;

f) Le régime de l'éducation.

272 . Loi de finances

La **loi de finances** est un texte de loi voté au début de chaque année budgétaire par le Parlement et présentant l'ensemble des programmes d'action concourant à la réalisation des objectifs de développement économique, social et culturel du pays.

La loi de finances prévoit et autorise l'ensemble des ressources et charges de l'État, en tenant compte des engagements internationaux du

Cameroun. Son adoption par le Parlement est précédée d'un débat parlementaire portant sur les catégories de ressources et charges prévues. (En cas de non adoption de la loi de finances avant le début de l'exercice budgétaire, voir **douzième provisoire***).

Le Premier ministre, sous l'autorité du Président de la République, assure la coordination de la préparation de la loi de finances par le ministre des Finances et notifie les arbitrages nécessaires aux ministres et responsables concernés. C'est le ministre des Finances qui est chargé de veiller à la bonne exécution des lois de finances (cf. article 45 de la loi n°2007/006 du 26 décembre 2007 portant régime fiscal de l'État).

273 . Loterie (voir **jeu***)

274 . Lotissement

Un **lotissement** est une opération par laquelle une personne, propriétaire d'une parcelle de terrain la fait diviser en lots (conformément à la réglementation en vigueur notamment la loi n°2004/003 du 21 avril 2004 régissant les règles d'urbanisme au Cameroun), pour que celle-ci soit mieux exploitable. Le lotissement doit être approuvé par les autorités compétentes.

Il y a ainsi des **lotissements privés** initiés par des particuliers et approuvés par les maires territorialement compétents, des **lotissements communaux** accordés par les préfets et des **lotissements domaniaux** qui concernent les terrains du domaine privé de l'État autorisés par le ministre en charge des domaines.

1 - **Lotissement privé**

Pour un lotissement privé, le lotisseur doit constituer un dossier établi en 04 exemplaires comprenant : - une demande dont l'original timbré - un certificat de propriété - un plan de situation à l'échelle de 1/5000 ou 1/10 000 indiquant clairement la position du terrain - le projet de lotissement faisant ressortir les lots numérotés avec superficie à créer, la voirie, les espaces verts, les aires de stationnement, etc. - le programme des travaux à réaliser - un cahier des charges qui régit les rapports entre le lotisseur et les lotis - éventuellement les statuts de l'association syndicale constituée des acquéreurs des lots en vue de l'entretien des ouvrages et installations non classés au domaine communal.

Ce dossier est à déposer à la mairie du lieu de situation du lotissement contre récépissé.

2 - **Lotissements communaux**

Lorsqu'un magistrat municipal décide de créer un lotissement, les conditions ci-dessus évoquées pour les particuliers s'appliquent à la municipalité selon le cas. Cependant, le délai de traitement du dossier dont dispose le préfet est de 45 jours à compter de la date de dépôt du dossier à la préfecture. En cas de silence de cette autorité, le lotissement est censé être approuvé.

3 - **Lotissements domaniaux**

Les lotissements de l'État sont créés à l'initiative du ministre en charge des domaines sur proposition éventuelle du préfet territorialement compétent. Les lots domaniaux sont numérotés et cotés (avec superficies) exactement comme dans les lotissements privés.

Les lotissements domaniaux sont approuvés par arrêté du ministre en charge des domaines après avis motivé du maire territorialement compétent.

M

275 . Magistrat

Un **magistrat** est un haut fonctionnaire du corps judiciaire qui comprend : les magistrats du siège et du parquet en service dans les juridictions, les magistrats en service au ministère de la Justice, les magistrats en détachement, les **attachés de justice***.

En dehors des échelons à l'intérieur des grades, les magistrats sont classés hiérarchiquement : hors hiérarchie, 4e grade, 3e grade, 2e grade, 1er grade.

276 . Magistrat municipal

Un **magistrat municipal** est un citoyen camerounais nommé ou élu assurant le rôle d'exécutif municipal dans une collectivité territoriale décentralisée (**commune*** ou **communauté urbaine***).

Dans une commune, il est le **maire***, élu parmi les conseillers municipaux par ses pairs ; dans une communauté urbaine, il est nommé par décret du Président de la République et est appelé **délégué du gouvernement*** (cf. article 115 de la loi n°2004- 18 du 22 juillet 2004 fixant les règles applicables aux communes).

277 . Maire (adjoints au ...)

1 - Un **maire** est le chef de l'exécutif municipal dans une commune. Il est élu lors de la première session (dite session de plein droit) du **conseil municipal*** convoquée par le représentant de l'État, en l'occurrence le préfet du département qui assure la tutelle de toutes les communes de son territoire de compétence, le 2e mardi suivant la date de proclamation des résultats de l'élection des conseillers municipaux. Cette séance du conseil municipal est présidée par le conseiller municipal le plus âgé.

La durée du mandat du maire est la même que celle du conseil municipal.

Les attributions du maire sont les suivantes (cf. articles 71 à 76 de la loi n° 2004/018 du 22 juillet 2004 fixant le règles applicables aux communes) : - gestion des biens meubles et immeubles de la commune - gestion des travaux communaux et de la voirie municipale - délivrance des permis de construire ou de démolition des bâtiments menaçant ruine - nomination aux emplois communaux - recrutement et affectation de certaines catégories de personnels - exécution des délibérations du conseil municipal - exercice de la fonction d'officier d'état civil (après prestation de serment auprès du tribunal de grande instance de céans) - délégation de certaines attributions aux adjoints - gestion du budget communal, etc.

Le maire est assisté d'adjoints ; leur élection n'intervient qu'après celle du maire.

2 - Les **adjoints au maire** sont élus par un scrutin de liste au cours de la même session du conseil municipal donnant lieu à l'élection du maire. La durée de leur mandat est la même que celle du conseil municipal. Le nombre d'adjoints varie selon le nombre de conseillers municipaux dans une municipalité : 2 adjoints (de 25 à 31 conseillers municipaux) - 4 adjoints (de 35 à 41 conseillers municipaux) - 6 adjoints pour une commune de 61 conseillers municipaux.

Les adjoints assistent le maire dans l'exercice de ses fonctions. Ils sont d'office officiers d'état civil et doivent prêter serment selon les règles, avant d'assumer cette responsabilité.

278 . Mairie

La **mairie** est le bâtiment dans lequel se tiennent les conseils municipaux et où travaillent le maire et les services communaux. Une certaine mode fait appeler la mairie **hôtel de ville***.

279 . Maître d'œuvre

Un **maître d'œuvre** est une personne physique ou morale de droit public ou privé, chargée par le **maître d'ouvrage***, d'assurer la défense de ses intérêts dans un marché, notamment au niveau de la définition, de l'élaboration, de l'exécution et de la réception des prestations dudit marché.

280 . Maître d'ouvrage

Un **maître d'ouvrage** est toute autorité publique dont la structure a commandé l'exécution d'un marché et/ou en est bénéficiaire.

281 . Majorité (... civile, ... électorale, ... pénale)

La **majorité** est l'âge fixé par la loi pour exercer certains droits.

1 - La **majorité civile** est l'âge à partir duquel un individu peut exercer ses droits civils, par exemple se marier, saisir la justice. Cet âge est fixé à 21 ans au Cameroun.

2 - La **majorité électorale** est l'âge à partir duquel un citoyen peut exercer son droit de vote, s'il remplit les autres conditions. Le droit de vote s'exerce au Cameroun à partir de 20 ans.

3 - La **majorité pénale** est l'âge à partir duquel un individu est soumis au droit commun de la responsabilité pénale ; celle-ci est de 18 ans au Cameroun.

282 . Mandat (... électif, ... postal)

1 - Un **mandat électif** est le pouvoir que les citoyens confient à une personne ou à un groupe d'individus par voie d'élection soit pour diriger, soit pour les représenter. Il peut s'agir du mandat présidentiel dont la durée est de 07 ans, du mandat législatif ou parlementaire, du mandat des conseillers municipaux dont la durée est de 05 ans, au Cameroun.

2 - Un **mandat postal** est un titre émis par le service des postes qui permet à un destinataire de recevoir une somme d'argent d'un expéditeur. Il peut s'agir d'un mandat par voie de télégramme (mandat télégraphique) ou inséré dans une lettre (mandat-lettre).

283 . Mandat impératif

Un **mandat impératif** est une forme de consigne obligatoire imposée à un élu par les électeurs dans une circonscription électorale donnée, sous peine de révocation. Au Cameroun, chaque député représentant l'ensemble de la nation, il est stipulé que « tout mandat impératif est nul » (cf. article 15 de la Constitution).

284 . Mandat de justice (... d'amener, ... d'arrêt, ... de dépôt)

Un **mandat de justice** est un acte écrit par lequel un magistrat ou une juridiction ordonne aux forces d'amener, d'arrêter ou de garder un individu.

1 - Le **mandat d'amener** est l'ordre formel donné par un magistrat à la force publique de conduire devant lui la personne désignée dans le

mandat. S'opposer à cette opération entraîne inscription de ce refus au procès-verbal et exécution dudit mandat par la force.

2 - Le **mandat d'arrêt** est l'ordre de rechercher et de conduire dans un pénitencier la personne contre qui est décerné ledit mandat pour qu'elle y soit détenue.

3 - Le **mandat de dépôt** est l'ordre donné par un magistrat au chef d'un établissement pénitentiaire de recevoir et de détenir une personne qui est entre les mains de la justice. On dit alors de cette personne qu'elle est sous mandat de dépôt.

285 . Manifestation publique

Une **manifestation publique** est un regroupement de personnes (cortège, défilé, marche, rassemblement) sur la voie publique.

Toute manifestation publique doit être déclarée auprès du sous-préfet territorialement compétent au moins 07 jours avant la date de ladite manifestation (cf. article 7 de la loi n°90/055 du 19 décembre 1990 portant régime des manifestations publiques).

La déclaration de manifestation doit être signée par l'un des organisateurs et comporter leurs noms et domiciles, le but, le lieu, l'heure et la date du rassemblement, voire l'itinéraire à emprunter. Le sous-préfet auprès de qui la déclaration a été faite doit délivrer aux organisateurs un récépissé. Dans le cas où il redoute des troubles à l'ordre public, il peut assigner un autre itinéraire ou interdire carrément la manifestation par acte réglementaire qu'il notifie au signataire de la déclaration. Cette décision du sous-préfet d'interdire la manifestation peut être attaquée par les organisateurs.

Sont exclues de cette obligation de déclaration, les sorties sur la voie publique conformes aux traditions et usages locaux ou religieux.

L'article 231 du code pénal punit d'un emprisonnement de 15 jours à 6 mois et d'une amende de 5 000 francs à 100 000 francs celui qui participe à l'organisation d'une manifestation publique non déclarée ou qui a été interdite par l'autorité compétente, celui qui invite les gens à prendre part à une manifestation interdite, celui qui fait une déclaration de nature à tromper les autorités sur les conditions ou l'objet de la manifestation.

286 . Marché public

Un **marché public** est un contrat écrit par lequel un entrepreneur, fournisseur, prestataire de services, s'engage contre rémunération, soit à réaliser des travaux, soit à fournir des biens, des services ou des prestations en faveur de l'État, d'une collectivité territoriale décentralisée ou d'un service public ou parapublic.

Ce contrat doit obéir aux canons du code des marchés publics.

287 . Mariage (… civil, … coutumier, … religieux, ... blanc, ... par procuration)

Le **mariage** au Cameroun est une union entre deux personnes de sexes différents qui consentent à vivre ensemble et à former une famille. Il peut s'agir d'un mariage civil, d'un mariage religieux ou encore d'un mariage coutumier.

1- Le **mariage civil** est célébré de jour devant un officier d'état civil. Aucun mariage ne peut être célébré :

- si la fille est mineure de 15 ans et le garçon mineur de 18 ans, sauf dispense accordée par le Président de la République ;
- s'il n'a été précédé de la publication d'intention des époux de se marier ou s'ils n'y consentent pas ;
- si les futurs époux sont de même sexe ;
- si l'un des époux décède, sauf dérogation spéciale du Président de la République après que les formalités sont accomplies. Dans ce cas, la personne décédée est remplacée par un parent et mention de l'autorisation du Chef de l'État doit être portée en marge de l'acte de mariage (cf.art.67 de l'ordonnance n°81/002 du 29 juin 1981).

Pendant la cérémonie, l'officier donne lecture des pièces produites par les futurs époux en vue de leur mariage. En cas d'un contrat notarié, lecture doit être donnée à l'assistance des termes de ce contrat de mariage dont mention doit être portée sur l'acte de mariage.

L'officier doit donner lecture des dispositions suivantes relatives aux engagements réciproques des époux :

- « les époux se doivent mutuellement fidélité, secours, assistance ;
- le mari est le chef de famille. Il exerce cette fonction dans l'intérêt commun du ménage et des enfants ;

- la femme concourt avec le mari à assurer la direction morale et matérielle de la famille, à pourvoir à son entretien, à élever les enfants et à préparer leur avenir ;

- la femme remplace le mari dans sa fonction de chef s'il est hors d'état de manifester sa volonté en raison de son incapacité, de son absence, de son éloignement ou de toute autre cause, etc. ;

- si les conventions matrimoniales ne règlent pas la contribution des époux aux charges du mariage, ils contribuent en proportion de leurs facultés respectives ;

- le choix de la résidence de la famille appartient au mari ; la femme est obligée d'habiter avec lui, et il est tenu de la recevoir. Cependant, lorsque la résidence fixée par le mari présente des dangers d'ordre physique ou moral, la femme peut, exceptionnellement, être autorisée par le juge saisi à avoir pour elle et ses enfants une autre résidence » ;

Après ce rappel des obligations de l'un et de l'autre, l'officier doit interpeller chacun des futurs époux en ces termes :

- Monsieur…, voulez-vous prendre pour épouse mademoiselle… ici présente ? (dans l'affirmative, l'officier se retourne vers la fiancée) en des termes similaires ;

- Mademoiselle… voulez-vous prendre pour époux monsieur… ici présent ? (En cas d'acquiescement, l'officier réunit les deux fiancés pour prononcer la phrase rituelle) :

- « Par suite de cette déclaration et toutes les formalités exigées par la loi étant remplies, je prononce au nom de la loi que vous êtes unis par le mariage ».

Après, le mariage donne lieu à l'établissement d'un acte signé dans l'ordre suivant : l'époux, l'épouse, le témoin de l'époux, le témoin de l'épouse, et enfin l'officier d'état civil. Ledit acte qui doit être remis solennellement aux époux avec le livret de famille comporte des mentions liées au consentement des futurs époux, au régime matrimonial, etc.

La loi punit tout individu qui contraint une personne au mariage (cf. article 356 du code pénal).

2 - Le **mariage coutumier** est celui qui est célébré selon la coutume des époux devant une autorité coutumière. Pour être valable, un mariage

coutumier doit être confirmé devant un officier d'état civil et transcrit dans les registres conformément aux textes en vigueur.

3- Le **mariage religieux** se célèbre après le mariage civil. Il n'a aucune valeur juridique au Cameroun, contrairement à d'autres pays où il a une valeur égale au mariage civil.

❖ **N.B.** Les futurs époux doivent passer des tests prénuptiaux conformément aux dispositions de l'article 7 de la loi n°2010/002 du 13 avril 2010 portant protection et promotion des personnes handicapées.

4 - Un **mariage blanc** est celui qui, bien que célébré, vise uniquement à faire des mariés non un époux et une épouse réels, mais des bénéficiaires d'un avantage secondaire. On parle aussi de mariage simulé.

5 - Le mariage suppose le consentement d'un homme et d'une femme devant l'officier d'état civil après publication du projet dans les délais prescrits. Toutefois, l'officier d'état civil peut célébrer un mariage dont les formalités préalables ont été accomplies si l'un des futurs époux, en péril imminent de mort, se trouve dans l'impossibilité matérielle de se présenter à lui ou de manifester sa volonté ; on peut alors parler de **mariage par procuration :** le consentement dans ce cas peut être donné par le père, la mère, le frère, la sœur, le tuteur légal ou le responsable coutumier (cf. art. 66 de l'ordonnance n°81/0002 du 29 juin 1981 portant organisation de l'état civil et diverses dispositions relatives à l'état des personnes physiques).

288 . Marque (... déposée)

Une **marque** est un signe visible ou reconnaissable qui permet de distinguer les produits ou services d'une entreprise de ceux des concurrents. Elle vise à fidéliser la clientèle et répond à certaines attentes de celle-ci. Elle induit des propriétés ou des qualités qui sont en fait des réponses aux besoins réels ou ressentis du consommateur.

Une **marque déposée** est celle qui a fait l'objet d'un **dépôt légal*** auprès des structures compétentes (voir **propriété intellectuelle***).

289 . Médaille d'honneur du travail

La **médaille d'honneur du travail** fait partie des ordres nationaux pour récompenser les travailleurs qui se sont distingués par l'ancienneté et la qualité de leurs services. Elle a été instituée par la loi n°74/9 du 16 juillet 1974.

La médaille d'honneur du travail comprend 03 grades relatifs à l'ancienneté du travailleur :

- la médaille d'honneur du travail en Argent est accordée après 10 ans de service ;
- la médaille d'honneur du travail en Vermeil est accordée après 15 ans de service ;
- la médaille d'honneur du travail en Or est accordée après 25 ans de service.

Contrairement aux autres ordres nationaux dont les propositions de décoration sont élaborées en toute discrétion par les autorités compétentes, à l'insu de la personne concernée, les mémoires de candidature pour la médaille d'honneur du travail sont remplis par le travailleur concerné. Un arrêté du ministre en charge du travail détermine chaque année les conditions d'obtention du diplôme correspondant aux médailles accordées aux travailleurs.

290 . Mercuriale

La **mercuriale** est le cours officiel des produits vendus sur un marché.

La détermination des prix des marchandises est libre en principe. Toutefois, pour prévenir l'inflation ou la flambée des prix sur le terrain, le gouvernement camerounais a mis en place un système d'homologation préalable des prix de certains produits (biens et services) de première nécessité au niveau du ministère en charge des problèmes du commerce (voir **homologation des prix***).

291 . Mesure (... conservatoire, ... disciplinaire)

Une **mesure** est une disposition ou un acte pris par une autorité.

1 - Une **mesure conservatoire** est une décision provisoire prise dans l'urgence, par une autorité administrative, face à une situation donnée.

2 - Une **mesure disciplinaire** est celle prévue dans les textes pour sanctionner un écart de comportement. Les mesures disciplinaires sont échelonnées par rapport à la gravité des fautes. Une mesure disciplinaire est généralement consécutive à des explications fournies par le mis en cause.

292 . Microfinance (établissement de ...)

Un **établissement de microfinance** est un établissement de crédit chargé de gérer l'épargne des clients et/ou d'effectuer des opérations de crédit en direction de ceux-ci. Les établissements de microfinance fonctionnent sous la double tutelle du ministre en charge des questions financières et de la COBAC (Commission bancaire d'Afrique centrale) que préside ès qualité le gouverneur de la BEAC (Banque des États de l'Afrique centrale).

Les établissements de microfinance sont regroupés en trois catégories : 1re catégorie, établissements qui collectent l'épargne de leurs membres et les emploient en opérations de crédit, exclusivement au profit de ceux-ci ; 2e catégorie, établissements qui collectent l'épargne et accordent les crédits aux tiers ; 3e catégorie, établissements qui accordent des crédits aux tiers sans exercer l'activité de collecte de l'épargne.

Pour son fonctionnement, tout établissement de microfinance de la zone CEMAC doit avoir un agrément donné par la COBAC sur la base d'un dossier déposé simultanément contre récépissé en double exemplaire auprès du ministre des Finances et de la COBAC conformément aux dispositions du règlement n°1/00/CEMAC/UMAC/COBAC du 27 novembre 2000.

Les contestations en matière d'implantation d'un établissement de crédit sont soumises à la Cour de justice de la CEMAC.

293 . Mineur

Un **mineur** est une personne physique n'ayant pas encore atteint l'âge de la **majorité civile**, **pénale** ou **électorale***.

294 . Ministère public

Le **ministère public** (ou parquet) est l'ensemble des magistrats fonctionnant sur la base d'une hiérarchie bien établie, qui travaillent sous l'autorité du ministre de la Justice et sont chargés de représenter l'État dans les procédures judiciaires notamment pénales. Leur principale caractéristique est qu'ils interviennent debout lors des audiences dans les tribunaux et cours.

Ils veillent à l'observation des lois, au respect de l'ordre public et à la défense de l'intérêt social. Ils peuvent agir d'office ou par **réquisition***.

295. Ministre (... délégué, ... d'État ... plénipotentiaire)

1 - Un **ministre** est un membre du gouvernement nommé par le Président de la République sur proposition, en principe, du Premier ministre chef du gouvernement. En général, un ministre peut être à la tête d'un département ministériel ou non : on parle ainsi de ministre chargé de mission, de ministre sans portefeuille.

2 - Un **ministre délégué est** un membre du gouvernement ayant reçu une délégation spéciale de compétences pour gérer un département ministériel, ex. : le ministre délégué à la Présidence de la République chargé de la Défense, ou pour seconder dans un domaine particulier un chef de département ministériel ex. : le ministre délégué auprès du ministre de l'Administration territoriale et de la Décentralisation chargé des Collectivités territoriales décentralisées.

3 - Un **ministre d'État** est un membre du gouvernement comme les autres, mais qui a une position supérieure au niveau de la préséance protocolaire par rapport à un simple ministre.

4 - Un **ministre plénipotentiaire** est un fonctionnaire du ministère des Relations extérieures ayant le grade le plus élevé dans ce corps après celui d'attaché et de conseiller des affaires étrangères.

296 . Minorité

1- Une **minorité** est un groupe distinct (sur les plans social et culturel) d'individus installés sur un espace avec un autre groupe dominant sur le plan politique et démographique. Les Pygmées et les Bororos sont considérés au Cameroun comme des minorités qui ont droit à la protection.

2- La **minorité** est l'état de la personne qui n'est pas majeure, c'est-à-dire qui ne peut bénéficier de certains droits ou d'un certain statut. Au Cameroun, à moins de 20 ans on est mineur électoral ; au civil, on est mineur à moins de 21 ans, au pénal à moins de 18 ans. Toutefois, en matière pénale, les dommages causés par un mineur résultant d'une infraction doivent être réparés par son parent ou tuteur.

297 . Monogamie

La **monogamie** est une forme de mariage en droit camerounais dans laquelle l'époux consent à avoir une seule épouse, contrairement à la **polygamie***. Ce choix est inscrit sur l'acte de mariage.

298 . Mosquée

Une **mosquée** est le lieu de prière des fidèles musulmans. Il est interdit à quiconque d'entrer chaussé dans une mosquée.

299 . Mototaxi (conditions d'exploitation de…)

1 - Une **mototaxi** est un engin autopropulsé à deux ou trois roues affecté au transport public de personnes.

2 - L'exploitation à titre onéreux d'une motocyclette est subordonnée à : - licence de transport - carte de transport public routier dite « carte bleue » - numéro du registre de commerce - certificat de visite technique (sauf pour moto neuve de moins de 06 mois) - police d'assurance - vignette - impôt libératoire du conducteur.

Tout conducteur d'une mototaxi doit être âgé d'au moins 18 ans, être titulaire d'un permis de conduire de la catégorie A et d'un certificat de capacité correspondant. Le réservoir de la moto doit être peint en jaune ; le conducteur doit porter un casque et un gilet d'identification dont la couleur est déterminée par la mairie locale (cf. article 13, al. 3 du décret n° 2008/3447/PM du 31 octobre 2008 fixant les conditions et les modalités d'exploitation des motocycles à titre onéreux).

N.B. Le client doit aussi disposer d'un casque de protection.

N

300 . Nationalité camerounaise (acquisition de la ..., perte de la ..., réintégration de la ...)

1- **Acquisition**

La **nationalité camerounaise** s'acquiert par la naissance, par le mariage ou par l'effet de naturalisation par décret présidentiel.

- Par la naissance, est donc Camerounais :

▪ l'enfant légitime né de parents camerounais ou dont l'un des parents est Camerounais ;

▪ l'enfant naturel lorsque les deux parents ou l'un des deux à l'égard desquels sa filiation a été établie sont (ou est) Camerounais, même si l'autre parent est de nationalité étrangère ;

▪ l'enfant né au Cameroun de parents inconnus sauf si au cours de la minorité, sa filiation est établie à l'égard d'un étranger ;

▪ l'enfant né au Cameroun de parents étrangers si l'un d'eux y est né ;

▪ l'enfant naturel né au Cameroun lorsque celui des parents étrangers à l'égard duquel la filiation a d'abord été établie y est lui-même né ;

▪ toute personne née au Cameroun et ne pouvant se prévaloir d'aucune autre nationalité étrangère ;

▪ tout individu né au Cameroun de parents étrangers, s'il le déclare devant le président du tribunal du lieu de résidence, dans le cours des 6 mois précédant sa majorité, et à condition d'avoir son domicile ou sa résidence habituelle au Cameroun depuis au moins 5 années ;

▪ l'enfant adopté par une personne de nationalité camerounaise, s'il le déclare dans les 6 mois précédant sa majorité comme dans le cas susvisé (cf. art. 36 de la loi n°68/LF/3 du 11 juin 1968 portant code de nationalité).

- Par l'effet du mariage :

▪ la femme étrangère qui épouse un Camerounais peut, sur sa demande expresse, acquérir la nationalité camerounaise au moment de la célébration du mariage. Même si elle est mineure, elle peut exercer cette faculté sans autorisation.

La déclaration ainsi évoquée est faite en 3 exemplaires au président du tribunal de première instance du lieu de résidence ou auprès des missions diplomatiques ou consulaires du Cameroun à l'étranger avant et au plus tard au moment de la célébration du mariage. L'original de la déclaration est transmis à l'officier d'état civil chargé de la célébration du mariage.

- Par l'effet de la naturalisation :

▪ Un étranger né au Cameroun ou marié à une Camerounaise, ou qui a rendu des services exceptionnels au Cameroun peut bénéficier de la nationalité camerounaise.

2 - **Perte de la nationalité camerounaise** : elle est due au fait qu'un Camerounais majeur décide de conserver une nationalité étrangère, ou qu'un Camerounais refuse de respecter l'injonction des pouvoirs publics de quitter un emploi dans un organisme international ou étranger.

La nationalité camerounaise peut aussi être perdue par une femme d'origine camerounaise qui renonce à celle-ci au moment de la célébration de son mariage avec un étranger conformément à l'article 36 de la loi susvisée.

3- **Réintégration de la nationalité camerounaise**

Elle se fait par décret, à condition que l'intéressé apporte la preuve qu'il a eu la qualité de ressortissant camerounais et qu'il réside au Cameroun au moment de la réintégration.

Toutefois, ne peut être réintégré à la nationalité camerounaise l'individu qui en a été déchu pour condamnation pour crimes ou délits contre la sûreté intérieure ou extérieure de l'État, à moins d'avoir rendu des services exceptionnels au Cameroun.

301 . Nomination

Une **nomination** est un acte formel par lequel une hiérarchie confie un poste de responsabilité à un individu. La nomination donne droit à certains avantages spécifiés par les textes (primes et autres commodités).

En principe, les conditions de nomination dépendent du texte organique de la structure :

- au niveau du gouvernement, les nominations sont faites par décret du président de la République sur proposition du Premier ministre (cf. art. 10, al.1 de la Constitution).

Également, le Président de la République nomme à de hauts postes de l'armée, de la sûreté et de l'administration civile (ambassadeurs, gouverneurs, secrétaires et inspecteurs généraux de ministères ou de régions, préfets, sous-préfets ...).

- En ce qui concerne les sociétés parapubliques, certains dirigeants sont nommés à la tête des sociétés d'État par décret présidentiel tandis que d'autres sont nommés par décision du conseil d'administration après avis du gouvernement. Les postes majeurs sont également pourvus à l'occasion des conseils d'administration sur proposition du directeur général, tandis que ce dernier pourvoit directement aux autres postes.

- Les postes intermédiaires dans les ministères (directeur, conseiller technique, etc.) sont pourvus par actes du Premier ministre tandis que les autres le sont par arrêté des ministres compétents après visa des services du Premier ministre.

302 . Noms (acquisition de ..., changement de ...)

1- **Acquisition de noms et prénoms**

Les **noms** et **prénoms** sont donnés à un enfant au moment de l'établissement de l'acte de naissance. Il est interdit de donner à un enfant un nom ou prénom inconvenant et ridicule au regard de la loi, de la morale publique, des coutumes ou des croyances.

Peuvent notamment être choisis comme prénoms dans les actes de naissance, les noms en usage dans la tradition, les noms d'inspiration religieuse ou les noms de personnages de l'Histoire.

Si dans une même famille, les parents décident de donner les mêmes noms et prénoms à plusieurs enfants, ils sont tenus de leur adjoindre d'autres noms de telle manière qu'ils soient identifiés de façon non équivoque.

2- **Changement de noms ou prénoms** (cf. loi n°69/LF/du 14 juin 1969 portant réglementation de l'usage des noms, prénoms et pseudonymes).

Nul ne peut porter que les noms et prénoms qui figurent sur son acte de naissance. En plus, l'usage de **pseudonyme*** est interdit, sauf après autorisation expresse pour des besoins littéraires, artistiques ou scientifiques.

Toutefois, toute personne qui estime ses noms vexatoires ou humiliants, ses prénoms difficilement compatibles avec sa foi religieuse, peut demander leur changement : le dossier de changement de noms ou prénoms est adressé au ministre de la Justice, garde des Sceaux qui le transmet au Président de la République.

Tout dossier de demande de changement de noms ou de prénoms, de camerounisation de noms (pour les naturalisés camerounais) est envoyé au garde des Sceaux par lettre recommandée. Il est fait affichage de cette intention au palais de justice et à la mairie du domicile de l'intéressé ainsi qu'au journal officiel, pendant 6 mois. Passé ce délai, aucune opposition n'est plus recevable.

Le Président de la République décide par décret. Mention de ce changement doit être portée au registre d'état civil du lieu de naissance du bénéficiaire et notifiée au délégué général de la sûreté nationale.

Celui qui obtient un changement de noms ou prénoms est tenu pendant un délai de 2 ans de faire mention de ses anciens noms ou prénoms pour permettre son identification. Il est tenu de demander que ses pièces officielles (carte nationale d'identité, passeport, permis de conduire, carte de vote, etc.) portent ses nouveaux noms ou prénoms.

303 . Non-assistance

La **non-assistance** est l'action de négliger ou de ne pas porter secours à quelqu'un qu'on peut aider et qui en a besoin à ce moment précis. En droit pénal, il s'agit d'une contravention de 4e classe (cf. art. 370, al.7 du code pénal).

304 . Nonce

Dans l'Église catholique, un nonce est un prélat envoyé par le Pape dans un pays étranger pour y jouer le rôle d'ambassadeur du Vatican et de représentant du pape.

305 . Notaire

Un **notaire** est un officier ministériel institué pour recevoir tous les actes et contrats auxquels les parties doivent ou veulent faire donner un caractère authentique s'imposant à tous, pour en conserver le dépôt et en délivrer des grosses et expéditions.

Les charges de notaire sont créées par décret du Président de la République et confiées à des Camerounais remplissant les conditions fixées, notamment de probité morale, de formation intellectuelle et de stage professionnel, sur la base d'un dossier déposé au ministère de la Justice contre récépissé.

306 . Notification

La **notification** est l'action d'informer individuellement une personne de l'existence d'une convocation à son endroit, de la tenue d'un procès contre elle, de la survenance d'une décision administrative ou judiciaire la concernant (voir aussi **publication***).

O

307 . Observateur indépendant

Un **observateur indépendant** est un consultant recruté sur appel d'offres par l'Administration (organisme chargé de la régulation des marchés publics) afin de veiller au respect de la réglementation, aux règles de transparence et aux principes d'équité dans le processus de passation des marchés publics. Conformément à l'article 148 du code des marchés, il assiste aux séances de la commission des marchés compétente ainsi qu'aux travaux de la sous-commission d'analyse, à l'effet :

- d'évaluer le déroulement du processus en signalant à chaque étape, à l'autorité chargée des marchés publics, à l'organisme chargé de la régulation des marchés publics, au maître d'ouvrage ou au maître d'ouvrage délégué et au président de la commission des marchés compétente, les manquements au respect de la réglementation, aux règles de la transparence et aux principes d'équité ;

- de signaler les pratiques contraires à la bonne gouvernance dans le processus de passation des marchés publics notamment dans les cas de trafic d'influence, de conflit d'intérêts ou de délits d'initié.

308 . Obsèques (… nationales, … officielles)

Les **obsèques** sont une cérémonie relative à l'enterrement d'un individu.

1 - Les **obsèques nationales** sont organisées lorsqu'il s'agit d'honorer le décès du Président de la République ou d'un autre citoyen ayant accompli d'éminents services à l'État dans un domaine particulier.

Le décès du Président de la République donne automatiquement lieu à l'organisation des **obsèques nationales** qui supposent des honneurs civils et militaires particuliers : les drapeaux sont mis en berne, les autorités et corps constitués de l'État sont présents aux funérailles ; les honneurs funèbres sont rendus par la totalité des troupes de la garnison ; le cercueil est recouvert du drapeau de la République, etc.

2 - Les **obsèques officielles** sont décrétées par le Président de la République pour honorer la mémoire d'un illustre citoyen. Le drapeau de la République recouvre le cercueil au moment des honneurs funèbres dont les détails sont réglés par les instances compétentes.

309 . Œuvre sociale privée

Une **œuvre sociale privée** est une structure apolitique et à but humanitaire créée par une personne physique ou morale en vue d'apporter une aide (matérielle ou morale) et un encadrement éducatif adéquat à des personnes pour leur épanouissement.

La création d'une œuvre sociale privée se déroule en deux étapes : l'accord de principe du ministre des Affaires sociales donné par une simple lettre, et l'autorisation définitive d'ouverture par arrêté du même ministre.

Le dossier comprend (cf. art. 8 du décret n°77/495 du 7 décembre 1977 fixant les conditions de création et de fonctionnement des œuvres sociales privées) : - une demande timbrée - un extrait de casier judiciaire n°3 datant de moins de 03 mois du promoteur - un certificat médical du directeur - un rapport de présentation de l'œuvre sociale assorti du schéma d'organisation - les plans des locaux visés par les services compétents du ministère chargé de la construction - le projet de statut et de règlement intérieur - l'attestation de propriété ou de cession des locaux.

310 . Officier d'état civil

Un **officier d'état civil** est une personne, soit désignée (dans le cadre des centres secondaires d'état civil), soit occupant un poste lui permettant de signer les actes d'état civil ou d'en délivrer des copies ou des extraits (magistrats municipaux ou adjoints, et chefs de mission diplomatique ou consulaire).

Les officiers d'état civil prêtent serment oralement ou par écrit devant le tribunal compétent, préalablement à l'accomplissement de leurs fonctions.

N.B. Il est formellement interdit à tout officier d'état civil de signer des actes d'état civil qui le concernent lui-même ou un membre de sa famille. Le cas échéant, de tels actes sont nuls et de nul effet, sans préjudice des poursuites pénales pour faux en écritures publiques (cf. article 20 de l'ordonnance n°81/002 du 29 juin 1981 portant organisation de l'état civil et diverses dispositions relatives à l'état des personnes physiques).

311 . Officier ministériel

Un **officier ministériel** est une personne qui, remplissant certaines conditions, est chargée d'un office à lui confié par l'État pour accomplir certains actes ou opérations (ex. : les notaires, les huissiers de justice, les commissaires-priseurs).

Un officier ministériel est « titulaire d'une charge », c'est-à-dire qu'il est en quelque sorte propriétaire de sa fonction. Il lui est interdit de vendre cette charge, mais il doit présenter son successeur au garde des Sceaux en cas de départ à la retraite.

312 . Officier de police judiciaire

Est **officier de police judiciaire** toute personne formée ou occupant une position qui, sous la responsabilité du procureur de la République, est chargée de constater les infractions, de rechercher leurs auteurs pour les déférer devant les tribunaux compétents, d'exécuter les mandats et décisions de justice.

Ont donc qualité d'officier de police judiciaire, les officiers et sous-officiers de gendarmerie, les commissaires de police, les gendarmes chargés de gérer même de façon intérimaire une brigade ou un poste de gendarmerie, les officiers de police, les gendarmes et les inspecteurs de police ayant satisfait à un examen d'officier de police judiciaire et ayant prêté serment, les fonctionnaires exerçant les fonctions de chef (même à titre intérimaire) d'un service extérieur de la Sûreté nationale, les responsables attitrés de certaines administrations spécialisées comme le ministère des Forêts et de la Faune.

313 . ONG (Organisation non gouvernementale)

Une **ONG** est une structure qui a pour but de : engager des actions humanitaires ou des prestations sociales, mener des plaidoyers en faveur des projets particuliers, défendre selon les cas certaines minorités et les droits humains, etc.

Au Cameroun, une association déclarée ou autorisée peut acquérir son statut d'ONG après 03 ans effectifs d'activités par agrément signé du ministre de l'Administration territoriale après avis de la commission compétente placée auprès dudit ministre (cf. loi n°99/014 du 22 décembre 1999 régissant les organisations non gouvernementales et le décret n°2001/150/PM du 03 mai 2001 portant organisation et fonctionnement de la commission technique chargée de l'étude des demandes d'agrément et de suivi des activités des organisations non gouvernementales).

L'agrément d'une ONG s'obtient sur la base d'un dossier à déposer auprès du gouverneur de région territorialement compétent et comprenant : demande timbrée, copie du récépissé de la déclaration ou de l'acte d'autorisation, rapport d'évaluation des activités de 03 ans au moins et le programme d'activités, procès-verbal de l'assemblée constitutive de l'ONG avec 04 exemplaires des statuts, dénomination avec les noms et les professions de ceux chargés de l'administration ou de la direction de l'ONG.

❖ **N.B.** Une ONG peut être unipersonnelle.

314 . Opinion publique

L'**opinion publique** est la manière de penser la plus répandue dans une société donnée, selon *Le Larousse*. C'est certainement pourquoi dans les démocraties modernes, les dirigeants et autres leaders politiques essaient de contrôler la situation en suivant ou en commandant des sondages d'opinion et des études scientifiquement menées pour déceler l'état d'esprit des citoyens. Cela permet de prévenir à certaines occasions des manifestations de rue donnant lieu à des débordements ou même des décisions impopulaires susceptibles de faire perdre les élections.

315 . Opposant

Un **opposant** est en règle générale, celui qui manifeste une position contraire.

En droit, un **opposant** est une personne qui conteste une décision de justice par exemple.

Sur le plan politique, il s'agit de celui qui manifeste plus ou moins ouvertement son désaccord contre le pouvoir en place.

316 . Opposition

L'**opposition** est l'acte par lequel on s'oppose à quelqu'un ou à quelque chose, ou encore la situation qui découle de cette action.

1 - En politique, l'**opposition** est l'ensemble des adversaires du pouvoir établi. On parle ainsi des partis d'opposition.

2 - Sur le plan civil, une **opposition à mariage** peut être formulée par une personne ayant qualité pour le faire (cf. art. 58 de l'ordonnance n°81/002 du 29 juin 1981) :

- le père, la mère, le tuteur pour les futurs époux mineurs ;

- le responsable coutumier en cas d'inceste ;

- l'époux d'une femme engagée dans un précédent mariage non dissous ;

- l'épouse d'un homme engagé dans un précédent mariage monogamique non dissous.

3 - On parle d'une **opposition à paiement** lorsque, sur le plan commercial, le tireur d'un chèque s'oppose à son paiement arguant par exemple d'un vol et en saisissant formellement la banque.

4 - En matière de justice civile et commerciale, l'**opposition** est une voie de recours permettant à une partie, absente et non représentée à un procès, de faire revenir l'affaire devant le même tribunal pour qu'elle soit de nouveau jugée.

❖ **N.B.** L'opposition n'est possible que pour les jugements rendus par défaut - le délai pour faire opposition est de 15 jours à compter de la signification du jugement - l'opposition annule le premier jugement - elle ne se fait qu'une seule fois et devant le tribunal qui a rendu le premier jugement par défaut.

5 - La **tierce opposition** est une voie de recours extraordinaire qui permet qu'une personne puisse faire réformer une décision judiciaire portant atteinte à ses droits ; la condition est que le tiers opposant soit concerné par la décision judiciaire et qu'il n'ait été ni régulièrement appelé ni représenté à l'instance.

318 . Ordonnancement

L'**ordonnancement** comme mandatement qui est son synonyme, est l'acte par lequel, en comptabilité publique, un gestionnaire de crédit ou un ordonnateur, après service fait, donne l'ordre de payer la dette de la structure qu'il dirige à un prestataire de services ou à un fournisseur.

319 . Ordres nationaux

Les **Ordres nationaux** sont, en plus des médailles diverses, les distinctions honorifiques qui ont cours en République du Cameroun, et décernées à l'occasion de la fête nationale du 20 mai de chaque année. Le Président de la République en est le Grand maître ; il statue en dernier ressort sur toutes les questions concernant les ordres et les médailles. Il préside le Conseil de l'ordre quand il le juge nécessaire.

Chaque ordre national comprend : un conseil présidé par le Grand chancelier des ordres nationaux et 10 autres membres pour statuer sur les propositions de nomination pour la première fois dans un ordre ou de promotion. Le grand chancelier et les autres membres de tous les conseils sont nommés par décret du Président de la République.

Les divers ordres nationaux sont les suivants : - l'ordre de la Valeur - les Palmes académiques - l'ordre du Mérite camerounais - l'ordre du Mérite agricole - l'ordre du Mérite sportif - la médaille de la Vaillance - la Médaille de la Force publique - la croix de la Valeur militaire.

- **L'ordre de la valeur du Cameroun**, qui vise à récompenser ceux qui se sont distingués positivement pendant au moins 20 ans dans leurs fonctions ou professions, est composé des grades ci-après : chevalier, officier, commandeur, grand Officier, grand Croix, grand Collier et grand Cordon (cf. article 18 de l'ordonnance n°72/24 du 30 novembre 1972 portant organisation des ordres nationaux et de la grande chancellerie de la République unie du Cameroun).

N.B. Le Président de la République porte de plein droit la dignité du grand Cordon de l'ordre de la Valeur qui lui est remis par le Grand chancelier des ordres nationaux lors de la cérémonie de prestation de serment, tandis que ce dernier porte l'insigne de grand collier de l'ordre de la Valeur.

Pour être promu à un grade supérieur, une certaine ancienneté du postulant est nécessaire : pour le grade d'Officier, il faut avoir passé au moins 5 ans dans le grade de Chevalier ; pour le grade de Commandeur, il faut une ancienneté d'au moins 3 ans dans le grade inférieur, et ainsi de suite.

Le cérémonial de réception prévoit la phrase rituelle suivante prononcée par le Ministre ou l'autorité administrative : « Au nom du Président de la République et en vertu des pouvoirs qui nous sont conférés, nous vous faisons ... » avant de donner l'accolade au récipiendaire.

Le brevet y relatif est délivré après le cérémonial public : il est signé par le Président de la République et contresigné par le secrétaire général de la grande chancellerie des ordres nationaux pour les grades de commandeur et de grand officier de l'ordre de la Valeur.

Pour les grades de chevalier et d'officier, leur brevet porte les signatures du secrétaire général de la grande chancellerie et du Grand chancelier des ordres nationaux.

- Les **palmes académiques**

Les **palmes académiques** qui visent à distinguer les enseignants méritants de tous ordres ont été organisées au Cameroun par le décret n°2014/0003/PM du 16 janvier 2014 fixant les modalités d'attribution des palmes académiques.

Les palmes académiques comprennent 03 grades : chevalier pour une ancienneté de 15 ans au moins, officier (05 ans au moins au grade de chevalier), commandeur (25 ans d'enseignement effectif et titulaire des distinctions de chevalier et d'officier des palmes académiques).

Pour y avoir droit, l'enseignant doit constituer un dossier, à déposer contre récépissé à la direction des ressources humaines pour le personnel des services centraux et à la délégation régionale de rattachement, comprenant : l'acte de recrutement, un extrait de casier judiciaire n°3 et une fiche-mémoire dûment remplie par le candidat.

- La **croix de la Valeur militaire**

La **croix de la Valeur militaire du Cameroun** est exclusivement réservée aux militaires de la gendarmerie nationale et des armées titulaires d'une citation pour fait d'armes gagné sur un théâtre d'opérations militaires.

Elle a été instituée par la loi n°2010/007 du 29 juillet 2010 et est attribuée par le chef des armées par décret, sur proposition du ministre de la Défense, à certains militaires qui se sont distingués particulièrement pour la défense de l'État afin de servir d'exemples.

- L'**ordre du Mérite camerounais** vise à distinguer les citoyens qui ont accompli pendant au moins 12 ans des activités positives pour le Cameroun. Cette distinction honorifique peut aussi être décernée aux étrangers ayant séjourné pendant au moins 5 ans sur le territoire camerounais ou qui ont rendu des services éminents à l'État du Cameroun.

L'ordre du Mérite camerounais comprend 03 classes par ordre de grandeur croissant (3e classe, 2e classe, 1re classe), en plus de la dignité du grand cordon du Mérite camerounais qui en est la plus haute distinction.

Il est dit à l'article 37 de l'ordonnance susvisée que : « Nul ne peut être admis dans l'ordre que comme titulaire de la médaille de 3e classe ». Et il faut une ancienneté de 04 ans pour une promotion à la 2e classe et de 05 ans pour passer de la 2e à la 1re classe.

La phrase rituelle de décoration est la suivante : « Au nom du Président de la République et en vertu des pouvoirs qui nous sont conférés, nous vous décernons le Mérite camerounais de ... » ou « ... nous vous élevons à la dignité de grand cordon du Mérite camerounais ».

- L'**ordre du Mérite agricole**

Le Mérite agricole vise « à récompenser les personnes ayant rendu des services marquants à l'agriculture et ayant contribué à promouvoir le développement agricole du pays ».

L'ordre du Mérite agricole comprend 03 grades par ordre de grandeur croissant : - chevalier - officier - commandeur. Pour en bénéficier, il faut jouir d'une expérience professionnelle de 10 ans au moins et avoir accompli des actions positives liées au développement agricole.

La promotion dans l'ordre se fait après une période de 05 ans dans le grade inférieur.

Le cérémonial de réception est le même que celui de l'ordre de la valeur.

- L'**ordre du Mérite sportif**

Le Mérite sportif vise à distinguer les personnes qui se sont distinguées en matière d'éducation physique ou de sports.

Cette distinction honorifique comprend 03 grades : - le Mérite sportif de 3e classe (médaille de Bronze) - Mérite sportif de 2e classe (médaille d'Argent) - Mérite sportif de 1re classe (médaille d'Or).

Le cérémonial de décoration s'apparente à celui de l'ordre du Mérite camerounais.

- La **médaille de la Vaillance**

La médaille de la Vaillance est une distinction destinée à récompenser les actes exceptionnels de bravoure accomplis par les forces publiques ou toute autre personne au cours des opérations de guerre ou de maintien de l'ordre.

Cette distinction peut être attribuée à titre individuel ou collectif.

Elle est remise lors des cérémonies officielles devant les troupes en position « l'arme sur l'épaule », avec ouverture de ban avant la décoration, et fermeture de ban après la décoration, par le clairon.

- La **médaille de la Force publique** est décernée aux forces de sécurité et le cas échéant aux forces supplétives ayant une ancienneté de 10 ans sans interruption, sans sanction.

Le cérémonial de décoration se déroule avec les troupes en position « l'arme au pied ». Le ban est ouvert par le clairon avant la décoration et fermé après celle-ci.

❖ **Comment obtient-on une distinction honorifique ?**

Contrairement aux médailles d'honneur du travail dont les mémoires de propositions sont remplis par les postulants eux-mêmes, en ce qui concerne les autres ordres nationaux, les propositions sont élaborées en principe, à l'insu du candidat. Les mémoires de propositions, qui sont des formulaires conçus par la grande chancellerie, sont remplis par les autorités publiques (chefs d'unités administratives et autres autorités ministérielles) avant d'être acheminés vers la grande chancellerie où siègent les divers conseils pour appréciation. Au cours de ce processus, les diverses hiérarchies donnent leur avis sur la proposition.

Le mémoire de proposition indique l'ordre dans lequel on propose le postulant, le grade, s'il s'agit d'une première nomination dans l'ordre ou d'une promotion (avancement au grade supérieur), l'identité et l'âge de la personne proposée, ses états de service, le nombre de propositions antérieures (éventuellement), le motif de la proposition. Ce mémoire doit être signé par le chef d'unité administrative (sous-préfet, préfet, gouverneur de région), le responsable de la structure utilisatrice et/ou le ministre compétent.

À titre ordinaire par exemple, pour qu'un enseignant d'université bénéficie d'une distinction honorifique, le doyen ou tout autre responsable hiérarchique doit présenter une proposition au recteur qui la valide et l'envoie au ministre de l'Enseignement supérieur. Ce dernier se charge de transmettre le formulaire avec son avis sur ladite candidature à la Présidence de la République pour faire statuer le conseil de l'ordre compétent le moment venu.

À ce mémoire produit en double ou triple exemplaire, sont joints l'extrait de casier judiciaire B2 (s'il ne s'agit pas d'un fonctionnaire) et le bordereau de situation fiscale (pour les opérateurs économiques).

N.B. En cas de plusieurs médailles, celles-ci se portent par ordre d'importance, de la plus grande à la plus petite, de la boutonnière vers l'épaule : ordre de la Valeur, ordre du Mérite camerounais, ordre de la Vaillance, ordre de la Force publique, etc.

320 . Organisation administrative

L'**organisation administrative** est l'ensemble des circonscriptions administratives qui divisent le Cameroun telles que définies par le décret présidentiel n°2008/376 du 12 novembre 2008 qui dénombre 10 régions, 58 départements et 360 arrondissements (le texte susvisé ayant rayé de la carte les districts qui de facto sont devenus des arrondissements).

Les circonscriptions administratives sont créées par décret du Président de la République ; elles sont par ordre de grandeur décroissant les régions, les départements, les arrondissements.

321 . Organisation judiciaire du Cameroun

L'**organisation judiciaire** est l'ensemble des juridictions qui sont chargées de rendre la justice au nom du peuple camerounais. Il s'agit des juridictions de droit commun (juridictions de droit traditionnel et juridictions de droit moderne) et des juridictions d'exception.

- **Juridictions de droit commun** : il s'agit des tribunaux et cours chargés de statuer sur des litiges entre personnes lorsqu'il n'est pas prévu des règles particulières.

1- Juridictions traditionnelles :

D'une manière générale, un tribunal de droit traditionnel s'appuie sur la coutume pour prendre ses décisions. Il s'agit pour la partie anglophone de : Alkaly courts et customary courts (cf. loi n°79/04 du 29 juin 1979 portant organisation des juridictions traditionnelles dans l'ex-Cameroun occidental).

Pour la zone francophone, les tribunaux de droit traditionnel (tribunaux coutumiers et des tribunaux de 1er degré) sont organisés par le décret n°69/544 du 19 décembre 1969 fixant l'organisation judiciaire et la procédure devant les juridictions traditionnelles du Cameroun oriental, modifié par le décret n°71/DF/607 du 3 décembre 1971.

• Un **tribunal coutumier** est créé par décret du Président de la République qui en fixe le siège et le ressort territorial ; il est composé d'un président et de deux assesseurs ayant voix délibérative. Le président est nommé par le ministre de la Justice. La compétence matérielle des tribunaux coutumiers porte exclusivement sur les différends d'ordre patrimonial.

• Un **tribunal de premier degré** est rattaché au tribunal de première instance. Sa compétence matérielle est plus étendue que celle des tribunaux coutumiers et porte sur les problèmes relatifs à l'état des personnes, à l'état civil, aux successions, aux droits immobiliers, etc.

Un tribunal de premier degré est composé d'un président nommé par arrêté du ministre de la Justice parmi les fonctionnaires en service dans le ressort du tribunal (cf. art. 7al. 2 du décret de 1969 susvisé) et de deux assesseurs ayant voix délibérative. En cas d'empêchement du président, il est remplacé d'office par le sous-préfet de l'arrondissement où siège le tribunal ou par l'adjoint au sous-préfet désigné par ce dernier.

N.B. Pour chacune de ces juridictions, le ministre de la Justice choisit 06 notables (assesseurs) sur une liste conjointe établie par le Préfet et le président du tribunal de première instance du ressort. Cette liste doit refléter la représentation équitable des coutumes locales.

❖ Un tribunal de droit traditionnel ne peut statuer que si toutes les parties en conviennent. Dans le cas contraire, les tribunaux de droit moderne sont compétents.

❖ Les Alkali courts appliquent les règles coutumières dans les différends où les musulmans sont impliqués tandis que les Customary courts connaissent des litiges intéressant exclusivement les non musulmans.

2- Juridictions modernes :

• Un **tribunal de 1re instance** est compétent pour connaître des litiges dont le montant de la créance est inférieur ou égal à 10 millions de francs CFA.

Il s'occupe également des délits, des contraventions de simple police, des crimes commis par un mineur sans complice ou coauteur majeur, des demandes de mise en liberté provisoire présentées par une personne poursuivie pour délit de droit commun.

Un tribunal de première instance est constitué d'une ou de plusieurs chambres : chambre civile, chambre commerciale, chambre sociale, chambre correctionnelle et de simple police, chambre des mineurs.

- Un **tribunal de grande instance** a une compétence départementale. En matière civile, commerciale et sociale, il tranche les litiges dont le montant de la créance est supérieur à 500 000 (cinq cent mille) francs CFA. Un tribunal de grande instance est constitué des mêmes chambres que le tribunal de première instance.

En matière pénale, il s'occupe des crimes et des délits connexes.

Les tribunaux de grande instance connaissent des demandes de mise en liberté provisoire formées par toute personne détenue et poursuivie pour des faits qualifiés de crimes par la loi pénale. Ils connaissent également des actions et procédures relatives à l'état des personnes, à l'état civil, au mariage, au divorce, à la filiation, à l'adoption et aux successions, sous réserve des compétences reconnues aux juridictions traditionnelles.

- Les **tribunaux administratifs** jugent le contentieux administratif concernant l'État, les collectivités territoriales décentralisées et les établissements publics administratifs. Les décisions de certaines associations privées assumant des missions de service public sont assimilées aux actes administratifs et relèvent de ce fait des tribunaux administratifs. Il est prévu un tribunal administratif dans chaque région jugeant en premier ressort ; la Cour suprême dispose d'une chambre administrative statuant en appel.

- Les **tribunaux régionaux des comptes** sont des juridictions inférieures des comptes. Il est prévu un tribunal des comptes par région dont le siège est au chef-lieu de région. Sa compétence matérielle est qu'il contrôle et statue sur les comptes publics des collectivités territoriales décentralisées et des établissements publics (cf. article 9 de la loi n°2006/017 du 29 décembre 2006 fixant l'organisation et le fonctionnement des tribunaux régionaux des comptes).

- La **cour d'appel** siège au chef-lieu de région ; et il est créé une cour d'appel dans chaque région. Elle est compétente pour statuer en appel sur les décisions rendues par les juridictions inférieures et les autres cours d'appel.

- La **Cour suprême** est la plus haute juridiction au Cameroun. Son siège est à Yaoundé, capitale du Cameroun.

Elle comporte plusieurs chambres : chambre judiciaire, chambre administrative, chambre des comptes, et statue sur les pourvois en cassation contre les décisions rendues par les juridictions inférieures. La Cour suprême peut se constituer en chambres réunies, en sections réunies ou en assemblée générale.

La Cour suprême joue le rôle du **Conseil constitutionnel** jusqu'à ce que celui-ci soit mis en place (cf. al. 4 de l'art. 67 de la Constitution).

- **Juridictions d'exception :** ce sont des juridictions particulières au regard de la qualité des justiciables et/ou de la nature des infractions dont elles connaissent.

- **Le tribunal militaire** est compétent pour connaître des infractions purement militaires prévues par le code de justice militaire, des infractions à la législation sur les armes de guerre et de défense, des cas de vol avec port d'armes à feu, des infractions commises par des personnes civiles dans un établissement militaire ayant soit occasionné des dommages aux équipements ou installations militaires, soit porté atteinte à l'intégrité physique d'un militaire, des infractions relatives aux insignes militaires tels que définis par les règlements militaires, et des infractions connexes à celles ci-dessus citées (cf. art. 7 de la loi n°2008/015 du 29 décembre 2008 portant organisation judiciaire militaire et fixant les règles de procédure applicables devant les tribunaux militaires).

Le ministère public y est assuré par un commissaire du gouvernement qui travaille sous les ordres du ministre de la Défense.

- Le **tribunal criminel spécial** est une juridiction spéciale prévue par la loi n° 2011/028 du 14 décembre 2011 portant création d'un tribunal criminel spécial, modifiée et complétée par la loi n°2012/011 du 16 juillet 2012. Sa particularité est qu'il a une compétence nationale et connaît de manière exclusive des dossiers « lorsque le préjudice est d'un montant minimum de 50 millions de francs CFA, des infractions de détournement de biens publics et des infractions connexes prévues par le code pénal et les conventions internationales ratifiées par le Cameroun ».

Son siège est à Yaoundé.

- La **Cour de sûreté de l'État** a été créée par la loi n°90/058 du 19 décembre 1990. Elle a son siège à Yaoundé et pour ressort l'ensemble du territoire national. Toutefois, elle peut tenir des audiences dans toute autre localité sur décision du Président de la République ou par délégation par le ministre de la Justice.

L'organisation de la Cour de sûreté de l'État est fixée par la loi n°90/060 du 19 décembre 1990 ; elle est compétente pour connaître des crimes et délits contre la sûreté intérieure et extérieure de l'État et des infractions connexes sauf pour les mineurs de 14 ans.

Elle rend des arrêts susceptibles d'opposition ou de pourvoi et non d'appel.

- La **Haute cour de justice** (prévue par l'article 53 de la Constitution) est compétente pour juger les actes accomplis par les personnalités suivantes dans l'exercice de leurs fonctions : le Président de la République, le Premier ministre et les membres du gouvernement et assimilés, et les autres hauts responsables publics en cas de complot contre la sûreté de l'État..

322 . Outrage

Un **outrage** désigne la « diffamation, l'injure ou la menace faite, soit par des gestes, paroles, ou cris proférés dans des lieux ouverts au public, soit par tout procédé destiné à atteindre le public » à l'endroit d'une personnalité (cf. art. 152, al.1 du code pénal).

Exemples : outrages au Président de la République (article 153 du code pénal) ; outrages aux corps constitués et fonctionnaires (art. 154 du code susvisé).

N.B. Le fait diffamatoire doit être faux pour qu'il soit considéré comme un outrage.

323 . Ouvrable (jour ...)

Un **jour** est dit **ouvrable** lorsque les activités professionnelles se déroulent normalement, c'est-à-dire un jour pendant lequel on travaille, par opposition à un jour **chômé***. Il y a 06 jours ouvrables par semaine.

P

324 . Palais (… de justice, … présidentiel)

1- Un **palais de justice** est un endroit où la justice est rendue. Par extension, ce terme désigne l'ensemble des personnes qui professionnellement fréquentent ces lieux ou les pratiques qui s'y développent.

2- Le **palais présidentiel** est le lieu où réside et travaille le Président de la République dans la capitale. Par extension, ce terme désigne tous les bâtiments prévus pour accueillir ou qui accueillent le Chef de l'État lors de ses tournées.

325 . Paraphe

Le **paraphe** est un signe identifiable apposé au bas ou en marge des renvois d'un document par une personne habilitée pour bien indiquer son approbation, ou que le document a été bel et bien vu et lu. Il est différent de la signature plus complète et semble souvent être son diminutif.

326 . Parlement (... des enfants)

1 - Le **Parlement** exerce le pouvoir législatif (voter les lois et contrôler l'action gouvernementale) à travers ses deux chambres que sont l'Assemblée nationale (dite chambre basse ou première chambre) et le Sénat (chambre haute ou deuxième chambre). Il est d'ailleurs dit que l'initiative des lois appartient concurremment au Président de la République et au Parlement (article 25 de la Constitution).

Ces deux chambres se réunissent en sessions ordinaires aux mêmes dates, en mars, juin et novembre de chaque année.

En matière d'adoption des textes de lois, les relations entre l'Assemblée nationale et le Sénat sont encadrées par l'article 30 de la Constitution : le texte adopté par l'Assemblée nationale est aussitôt transmis au Président du Sénat par le Président de l'Assemblée nationale. Le Sénat dispose d'un délai de 10 jours pour adopter le projet qui est aussitôt retourné au Président de l'Assemblée qui doit le transmettre dans les 48 heures au Président de la République. Les amendements apportés aux textes doivent être votés à la majorité simple des membres du Sénat.

2 - **Parlement des enfants** (voir **député junior***)

327 . Parlementaire

Un **parlementaire** est un membre du Parlement, c'est-à-dire un député à l'Assemblée nationale ou un sénateur. Le parlementaire bénéficie d'une **immunité dite parlementaire***.

328 . Parti politique

Un **parti politique** est une association dont les membres ont les mêmes opinions politiques et cherchent à conquérir le pouvoir pour mettre en application leurs idées. L'adhésion à tout parti politique est libre et nul ne peut appartenir à plus d'un parti politique ; de même, nul ne peut être inquiété en raison de son appartenance ou non à un parti politique (cf. article 3 de la loi n°90/056 du 19 décembre 1990 relative aux partis politiques).

N.B. Il est interdit aux personnels des forces armées et de la police en activité de service d'adhérer à tout parti politique.

Les conditions de création d'un parti politique sont les suivantes : un dossier à déposer auprès du gouverneur de région compétent contre récépissé comprenant, une demande timbrée indiquant le siège avec noms, adresse et fonctions de ceux qui sont chargés de la direction ou de l'administration du parti ; le bulletin du casier judiciaire n°3 des dirigeants ; le procès-verbal de l'assemblée constitutive en triple exemplaire ; l'engagement écrit avec signature légalisée de respecter les dispositions de l'article 9 de la loi susvisée ; un mémorandum sur le projet politique ou le programme politique du parti.

N.B. Le gouverneur dispose d'un délai de 15 jours pour transmettre le dossier au ministre de l'Administration territoriale.

La décision autorisant l'existence légale d'un parti politique est signée par le ministre de l'Administration territoriale ; en cas de silence de cette autorité pendant 03 mois à compter de la date du dépôt du dossier auprès des services du gouverneur, le parti est réputé avoir une existence légale.

329 . Passage clouté

Un **passage clouté** ou passage pour piétons est la portion de la chaussée d'une route matérialisée, permettant aux piétons de traverser la route en sécurité. Cet espace doit être respecté par les automobilistes qui sont tenus de ralentir pour laisser passer les piétons qui y sont engagés.

330 . Passeport (… diplomatique, … ordinaire, … de service, ... pour bétail)

Un **passeport** est un document officiel d'identification délivré par les autorités compétentes (chargées de l'émi-immigration) qui permet à son titulaire de se déplacer hors des frontières nationales, c'est-à-dire dans des pays étrangers. Il comprend les informations suivantes : le nom, le prénom, la nationalité, la date de naissance, le sexe, le lieu de naissance, la date de délivrance, la date d'expiration, le lieu de délivrance, la profession.

Il y a plusieurs types de passeports (cf. décret n° 2013/002 du 4 janvier 2013 fixant les conditions d'établissement des passeports) :

1 - Le **passeport diplomatique** (de couleur rouge) est délivré gratuitement par le ministère des Relations extérieures aux fonctionnaires internationaux bénéficiant du statut de diplomate, et aux membres du gouvernement et assimilés.

La demande d'un passeport diplomatique est accompagnée de : photocopie certifiée conforme, de l'acte de naissance, de la carte nationale d'identité, de l'acte de nomination ou d'intégration, de l'acte de mariage le cas échéant, de l'acte de naissance de l'enfant mineur ;

2 - Le **passeport ordinaire** (de couleur verte) est délivré à tout citoyen qui en fait la demande par le délégué général à la Sûreté nationale moyennant certains droits de timbre au cours en vigueur et sur présentation d'une photocopie certifiée conforme, de l'acte de naissance, de la carte nationale d'identité, de l'acte de mariage pour la femme mariée le cas échéant et de l'acte de naissance de l'enfant mineur.

Pour les Camerounais résidant à l'étranger, ils doivent déposer leur dossier de demande de passeport ordinaire auprès des chefs de mission diplomatique ou consulaire.

S'agissant d'un mineur, sa demande est introduite par l'un des parents ou, le cas échéant, par le tuteur légal (cf. article 13 du décret susvisé) avec en plus des pièces exigées, la photocopie de la carte nationale d'identité du demandeur et, selon le cas, de l'autorisation parentale légalisée de l'un des parents pour le voyage envisagé.

3 - Le **passeport de service** (de couleur marron) est gratuitement délivré aux fonctionnaires et aux agents publics en général qui doivent se rendre à l'étranger pour les missions officielles. Il est délivré à la demande du responsable du service de l'agent concerné pour les personnels n'ayant pas droit au passeport diplomatique.

Les pièces exigibles pour un passeport de service sont en plus de la demande : une photocopie certifiée conforme, de l'acte de naissance, de la carte nationale d'identité, de l'acte de mariage pour la femme mariée le cas échéant, une photocopie de l'ordre de mission ou d'affectation.

4 - Le **passeport pour bétail** est délivré par les responsables vétérinaires au propriétaire d'un troupeau d'animaux nomades. Il accompagne tout déplacement d'animaux et est présenté pour toutes séances de traitement ou de vaccination (cf. décret n°76/420 du 14 septembre 1976 portant réglementation de l'élevage, de la circulation et de l'exploitation du bétail, modifié par le décret n°86/755 du 24 juin 1986).

Ce document est devenu communautaire à travers la décision n°1/94-CEBEVIRHA-018-CE-29 du 16 mars 1994 autorisant la mise en circulation du passeport pour le bétail et du certificat international de transhumance et fixant les modalités d'utilisation ; texte adopté par le conseil des Chefs d'État de l'Union douanière et économique de l'Afrique centrale.

Le passeport pour bétail qui est la propriété du CEBEVIRHA/CEMAC est délivré contre une redevance et fait ressortir les éléments suivants : photo et identité du convoyeur, nombre d'accompagnateurs, carte professionnelle du propriétaire du bétail, pays d'origine, date et lieu de délivrance du passeport et destination finale du troupeau.

331 . Pâturage

Un **pâturage** est un terrain couvert d'herbes où on fait paître le bétail.

Conformément aux dispositions du décret n°78/263 du 03 septembre 1978, les conflits relatifs aux zones de pâturage sont réglés dans les unités administratives par une commission présidée par le sous-préfet territorialement compétent et comprenant : un représentant du service des domaines, un représentant du ministère de l'Agriculture, un représentant du ministère de l'Élevage, un représentant du service du cadastre, le chef traditionnel, le représentant des éleveurs.

332 . Péage routier

Le **péage routier** est une barrière fixe, instituée par le gouvernement sur certains axes routiers, dont le franchissement par tout véhicule est subordonné au paiement d'une somme d'argent contre un ticket. Le taux actuel de franchissement est de 500 francs CFA sauf pour les véhicules des forces de sécurité et de lutte contre l'incendie (cf. Loi de finances 1998/1999 en son article 12).

Tout franchissement frauduleux d'un poste de péage donne lieu au paiement par son auteur de l'équivalent de 6 tickets de 500 francs, soit une amende de 3000 francs.

333 . Pension alimentaire

La **pension alimentaire** est une obligation faite à un conjoint, un parent direct de s'occuper d'un époux, des ascendants ou descendants nécessiteux en exécution d'une décision de justice.

L'argent issu de la pension alimentaire peut servir pour la garde des enfants et leur éducation et/ou pour le compte personnel du conjoint, ou pour l'entretien des parents. Ne pas s'y conformer peut être réprimé par l'article 180 du code pénal.

L'**assistance judiciaire*** est accordée à une épouse sans ressources pour lui permettre de bénéficier de la pension alimentaire (cf. art. 22 du décret n° 76/521 du 09 novembre 1976 portant réglementation de l'assistance judiciaire).

334 . Pension de vieillesse

La **pension de vieillesse** est en général une somme versée périodiquement, soit par l'État, soit par un organisme, à une personne qui a atteint l'âge de la retraite et qui remplit les conditions exigées.

Au Cameroun, les retraites sont gérées par l'État pour les agents publics et par la Caisse nationale de prévoyance sociale pour les salariés des sociétés d'État (secteur parapublic) et du secteur privé.

- Dans cette gestion, on distingue les fonctionnaires qui remplissent toutes les conditions et bénéficient de la **pension d'ancienneté** et ceux qui bénéficient de la **pension proportionnelle.**

Quant aux agents publics relevant du code du travail, ils peuvent bénéficier de la **pension de vieillesse** pour ceux remplissant toutes les conditions fixées ; l'**allocation de vieillesse** à versement unique est accordée à ceux qui ne remplissent pas la condition d'ancienneté.

- Le régime privé géré par la CNPS prévoit également, mais avec des calculs différents, la **pension de vieillesse** et l'**allocation de vieillesse**.

335 . Permis (... de capture, ... de chasse, ... de collecte, ... environnemental)

Un **permis** est une autorisation délivrée par une autorité compétente aux personnes remplissant les conditions exigées.

Le ministère en charge de la faune délivre les permis de capture, de chasse, de collecte, etc.

1 - Le **permis de capture** est délivré à toute personne physique désirant capturer des animaux sauvages dans un but scientifique, commercial, d'élevage ou de détention.

2 - Le **permis de chasse** est accordé aux détenteurs réguliers d'armes (de chasse) chassant pour obtenir des trophées ou pour un but récréatif.

3 - Le **permis de collecte** vise à autoriser à procéder à la collecte des dépouilles des animaux sauvages des classes B et C à des fins commerciales ou non.

4 - Un **permis environnemental** est relatif à la collecte, au transport, au stockage et à la valorisation des déchets ; il est délivré par le ministre en charge des problèmes de l'environnement.

336 . Permis de conduire

Le **permis de conduire** est le certificat délivré par le service compétent du ministère des Transports à celui ou celle qui satisfait à un examen de conduire un engin à moteur ; par conséquent, nul ne peut être autorisé à conduire un véhicule s'il ne possède un permis de conduire en cours de validité. Il est interdit d'avoir plus d'un permis de conduire.

Il y a plusieurs catégories de permis de conduire dépendant de la qualité de l'engin à conduire :

- permis A pour les motocycles et les cyclomoteurs ;

- permis B pour les véhicules de tourisme, les véhicules d'au plus neuf places de transport non rémunéré de personnes, les véhicules de transport de biens dont le poids maximum autorisé n'excède pas 3 tonnes et demie ;

- permis C pour les véhicules de transport de biens dont le poids maximum est supérieur à 3500 kilogrammes ;

- permis D pour les automobiles de transport de personnes de plus de neuf places assises autorisées ;

- permis E pour la conduite des véhicules de la catégorie B, C ou D, attelés d'une remorque dont le poids maximum en charge excède 750 kilogrammes ;

- permis F valable pour la conduite d'un véhicule de catégorie B spécialement aménagé pour tenir compte de l'infirmité du chauffeur ;

- permis G pour la conduite des tracteurs et autres engins de travaux publics ;

- permis spéciaux : il s'agit d'une autorisation nécessaire pour le transport d'enfants, et du certificat de capacité, complémentaire du permis ordinaire.

Tout titulaire d'un permis de conduire perdu ou détérioré peut en obtenir un duplicata sur simple demande timbrée (avec deux photos 4x4 et frais de timbrage pour le duplicata) adressée au service compétent du ministère des Transports. La demande doit fournir tous les éléments permettant les recherches.

Quid du permis de conduire militaire, du permis de conduire étranger et du permis de conduire international ?

1- Un titulaire d'un permis de conduire délivré par l'autorité militaire aux conducteurs de véhicules de l'armée peut obtenir un permis de conduire correspondant dans le civil, sans subir un nouvel examen, après un délai de 2 ans à dater de la délivrance dudit permis militaire.

Le postulant doit adresser une demande timbrée au service compétent du ministère des Transports, avec le permis militaire, 4 photos 4x4, un certificat médical délivré par un médecin public, des frais pour droit de timbre à apposer au nouveau permis qui portera la mention « permis militaire converti en permis civil ».

2- Quant au titulaire d'un permis étranger délivré dans un pays signataire de la convention de Vienne du 19 novembre 1968, il dispose d'un délai de trois mois à compter de son entrée au Cameroun pour convertir son permis.

À cet effet, il lui faut produire les documents ci-après auprès du ministre des Transports : une demande timbrée, une copie certifiée conforme du permis étranger, une copie certifiée conforme du passeport ou de la carte de séjour, un certificat médical signé d'un médecin public, les frais pour droits de timbre.

3- Tout Camerounais qui désire obtenir un permis de conduire international doit adresser une demande timbrée au ministre des Transports accompagnée d'une copie certifiée conforme du permis de l'intéressé, de son passeport assorti des visas nécessaires, de 4 photos 4x4 avec frais de timbrage au taux en cours.

La validité de ce permis est d'un an renouvelable sur présentation d'un dossier comprenant une demande timbrée, l'ancien permis, le certificat médical et les frais de timbrage.

❖ **N.B.** La conduite sans permis correspondant, en état d'ivresse ou d'intoxication manifeste, en excès de vitesse, le délit de fuite après un accident de circulation, le non-respect des barrières de circulation, peuvent entraîner la saisie du permis de conduire par l'agent verbalisateur, en échange d'une attestation de saisie.

Quant à la décision de retrait ou de suspension du permis de conduire, elle est prononcée par une commission spéciale présidée par le délégué régional des transports. Cette commission comprend le procureur de la République, le commandant de la légion de gendarmerie, le délégué régional de la sûreté nationale, et le chef du service des transports assure le secrétariat de ses travaux (cf. Décision n°00468/D/MINT/DTT/SDCR du 1er septembre 2000 portant organisation de la commission provinciale de suspension et de retrait du permis de conduire). Elle examine les procès-verbaux dressés par la police ou la gendarmerie.

Le mis en cause peut se faire assister à la session de la commission spéciale par toute personne de son choix. Il peut, en cas de décision défavorable, engager un recours hiérarchique auprès du ministre des Transports.

La suspension d'un permis de conduire ne peut dépasser 2 ans.

337 . Permis (... de construire, ... de démolir, ... d'implanter, ... de lotir)

Les divers documents administratifs relatifs à l'urbanisme et à l'occupation du sol sont délivrés par le maire territorialement compétent conformément aux dispositions de la loi n°2004/003 du 21 avril 2004 régissant l'urbanisme au Cameroun et le décret n°2008/0739/PM du 23 avril 2008 fixant les règles d'utilisation du sol et de la construction.

1 - Le **permis de construire** autorise la construction d'un bâtiment.

L'obtention d'un permis de construire est conditionnée par la présentation d'un dossier comprenant : une demande timbrée établie sur formulaire spécial fourni par l'Administration, un certificat d'urbanisme délivré par le maire territorialement compétent, un certificat de propriété datant de moins de 06 mois, un devis descriptif et quantitatif des travaux à réaliser avec plans d'assainissement, un plan de masse et de situation visé par le service du cadastre, une quittance de paiement des frais cadastraux.

2 - Le **permis d'implanter** peut être délivré par le maire pour des constructions non éligibles à la procédure du permis de construire qui sont sommaires, précaires et temporaires. Il s'obtient sur présentation d'une demande timbrée sur formulaire spécial, un certificat d'urbanisme, une attestation de jouissance paisible signée du chef de quartier du lieu de situation de l'immeuble et de deux riverains, un plan et un devis sommaire de la construction projetée.

Au-delà de 02 ans, le permis de construire ou d'implanter est périmé si les constructions envisagées ne sont pas exécutées (cf. article 29 du décret susvisé).

3 - Le **permis de démolir** est exigé à toute personne physique ou morale qui souhaite démolir tout ou partie d'un bâtiment, quel que soit son usage. Le dossier constitué à cet effet comprend : une demande timbrée, le plan de situation de l'immeuble le plan de masse des constructions à démolir ou à conserver.

338 . Permis de port d'arme

Le **permis de port d'arme** est le document qui permet au propriétaire d'une arme acquise par toute voie légale de la détenir ou d'en faire usage. Il s'agit d'un document signé par l'autorité ayant formellement signé l'autorisation d'achat ou de cession (voir **autorisation d'achat d'arme***).

En cas de nouvelle acquisition, le dossier de demande d'autorisation de port d'arme est constitué par une demande à laquelle il est joint la facture de l'arme achetée, et des photos 4x4 de l'acheteur.

En cas de cession d'arme, il est obligatoirement joint au dossier le permis d'acquisition et de port d'arme du cédant à adresser au ministre de l'Administration territoriale pour compétence.

Un étranger en visite au Cameroun, détenteur légal d'une arme, en cas de sortie du territoire national pour une durée supérieure à 06 mois, peut déposer celle-ci auprès de l'autorité administrative contre récépissé (cf. article 19 du décret n°73/658 du 22 octobre 1973 réglementant l'importation, la vente, la cession, la détention et le port des armes à feu et des munitions).

339 . Perquisition

Une **perquisition** est une mesure légale visant à rechercher, auprès d'une personne poursuivie ou soupçonnée, tout écrit, effet ou objet utile à la manifestation de la vérité.

La perquisition et la saisie qui s'ensuit sont faites par les officiers de police judiciaire avec mandat du parquet territorialement compétent. Toutefois, en cas de **flagrant délit***, l'officier de police judiciaire peut agir sans mandat.

Toute perquisition ou saisie est opérée en présence, du maître des lieux, du détenteur des biens ou de leurs représentants ainsi que de deux témoins parmi les présents ou les voisins.

En cas d'urgence et en l'absence du maître des lieux, du détenteur des biens ou de leurs représentants, le procureur de la République peut ordonner par écrit la perquisition qui doit s'opérer en présence des témoins ou d'un autre officier de police judiciaire (cf.art.93 du code de procédure pénale).

Toute perquisition dans un lieu privé ne peut avoir lieu entre 18 heures et 06 heures du matin.

Une perquisition n'est pas une **violation de domicile***.

340 . Personne handicapée (carte nationale d'invalidité)

Une **personne handicapée,** au regard de la loi camerounaise, est toute personne qui est incapable d'assurer par elle-même tout ou partie des nécessités d'une vie individuelle ou sociale normale ; bref, qui est victime d'un handicap (accidentel ou congénital) qui peut être moteur, visuel, auditif, mental, etc. (Voir aussi **œuvre sociale privée***).

Une **carte nationale d'invalidité** est un document d'identification d'une personne handicapée de nationalité camerounaise délivré par le ministère des Affaires sociales. La personne handicapée indigente et titulaire d'une carte nationale d'invalidité a droit au bénéfice d'une prise en charge totale ou partielle par l'État, auprès des institutions spécialisées et des formations sanitaires publiques ou privées pour sa réadaptation médicale et sa rééducation fonctionnelle (art. 22 de la loi) ; elle a également droit aux mesures préférentielles dans les transports publics et privés (art. 35).

Pièces à fournir pour l'obtention d'une carte d'invalidité dont la validité est de 10 ans :

- une demande non timbrée au ministre des Affaires sociales ;
- un certificat médical d'invalidité établi par un médecin public ;
- un certificat de domicile ;
- une photocopie de la carte nationale d'identité (ou de l'acte de naissance pour les mineurs) ;
- deux photos 4x4 ;
- une photo entière faisant ressortir le handicap s'il est moteur.

341 . Pesage routier

Le **pesage routier** est une opération technique visant à protéger le patrimoine routier et destinée à contrôler la conformité des normes liées au poids total autorisé du véhicule et à la charge de l'essieu, pour tout véhicule dont le poids total est supérieur à 3,5 tonnes.

Cette opération obligatoire est effectuée au niveau des postes fixes ou mobiles de pesage installés sur certains axes routiers.

Tout chauffeur d'un véhicule en surcharge est astreint au paiement d'une amende à raison de 50 000 francs par tonne excédentaire. Pour tout refus de conduire le véhicule à la pesée, l'amende est de 500 000 francs pour le propriétaire du véhicule, avec le retrait du permis du chauffeur. Le paiement de l'amende est assorti d'une lettre d'avertissement au transporteur ; et la délivrance de 02 lettres d'avertissement donne lieu au retrait de la carte de transport public du véhicule en cause (cf. al. 2 et 3 de l'article 12 de la loi n°96/07 du 08 avril 1996 portant protection du patrimoine routier).

Le véhicule en excédent de poids peut être délesté de son surplus de poids aux frais du propriétaire. Les produits ainsi entreposés sont sous la responsabilité de leur propriétaire.

342 . Pharmacien (... **en clientèle privée**)

Un **pharmacien en clientèle privée** est celui qui a obtenu une autorisation d'ouvrir une officine de vente de médicaments délivrée par le conseil de l'ordre des pharmaciens sur la base d'un dossier déposé en double exemplaire contre récépissé. La décision du conseil doit être soumise à l'approbation du ministre de la Santé publique, autorité de tutelle (cf. article 7 de la loi n° 90-035 du 10 août 1990 portant exercice et organisation de la profession de pharmacien). En cas de rejet du dossier de demande d'agrément, le conseil de l'ordre doit motiver sa décision.

Sauf convention de réciprocité, un pharmacien de nationalité étrangère ne peut exercer à titre privé au Cameroun.

N.B.

1) Un pharmacien ne peut être propriétaire ou copropriétaire que d'une seule officine.

2) Le pharmacien doit habiter la localité où son officine est implantée.

343 . Piste à bétail

Une **piste à bétail** est une voie empruntée pour l'acheminement du bétail des zones d'élevage vers les centres de commercialisation, les zones de transhumance ou d'autres zones de production. Les couloirs de transhumance sont aussi assimilés aux pistes à bétail.

Une piste à bétail mesure en largeur 25 mètres de part et d'autre de l'axe central ; elle est créée par arrêté du ministre de l'Élevage. Elle peut longer une chaussée existante, voire l'emprunter en cas d'obstacle (cf. article 6 du décret n°76/420 du 14 septembre 1976 portant réglementation de l'élevage, de la circulation et de l'exportation du bétail).

344 . Point franc industriel

Un **point franc industriel** est une aire géographique qui correspond à l'implantation d'une entreprise, avec clôture et accès contrôlé selon les mêmes spécifications qu'en **zone franche industrielle***. L'entreprise Proleg du groupe Fotso basée à Bandjoun en est un exemple.

Les produits issus des zones franches et des points francs industriels ne peuvent être vendus sur le marché local que sous certaines conditions définies par la loi et sous le contrôle de l'office des zones franches industrielles.

345 . Point sensible

Un **point sensible** est, en matière de sécurité, une « installation d'intérêt général dont l'importance justifie la mise en œuvre des mesures, selon le cas, de sécurité, de protection ou de défense ». Les installations d'intérêt général sont des établissements, des ouvrages ou en général des installations ayant une importance majeure pour le fonctionnement de l'État et la vie des populations pour qu'elles constituent des cibles pour tout agent déstabilisateur. Ex. : ponts, centrales électriques, etc.

Il y a des points sensibles d'intérêt national et des points sensibles d'intérêt local ; leur classification est établie par les responsables chargés des problèmes de sécurité.

Les points sensibles doivent faire l'objet des mesures de sécurité et de protection incombant aux autorités civiles avec le concours des forces de police et de gendarmerie. Leur défense quant à elle revient aux autorités militaires (cf. loi n°67/LF/9 du 12 juillet 1967 portant organisation générale de la défense et le décret n°68/DF/7 du 15 janvier 1968 tendant à renforcer la protection des installations civiles d'importance vitale).

346 . Police (... administrative, ... judiciaire, ... municipale)

Par « **police** », on entend, tantôt le pouvoir de police, tantôt les services de police (autorités et personnels), c'est-à-dire les personnels du corps de la sûreté nationale sous la coordination du délégué général à la Sûreté nationale.

Ces services font partie des forces de sécurité et de maintien de l'ordre au même titre que les personnels de la gendarmerie territoriale. Ils peuvent être de première catégorie, donc chargés du maintien de l'ordre préventif, dans les commissariats de sécurité publique ou dans les postes de police, ou de deuxième catégorie dans les groupements mobiles d'intervention. Ils peuvent aussi évoluer en civil dans les commissariats spéciaux pour les missions de renseignements généraux.

1 - La **police administrative** est une forme d'intervention exercée par certaines autorités étatiques visant à assurer l'ordre public en prenant de façon préventive des mesures. Elle est exercée par des autorités gouvernementales, préfectorales et municipales et peut constituer des limitations aux libertés des individus.

On distingue la police administrative générale chargée de façon préventive du maintien de la sécurité, de la tranquillité et de la salubrité publiques, des polices administratives spéciales. Ces dernières s'occupent des domaines spécialisés : par exemple, les établissements classés, les épizooties, les explosifs, etc.

2 - La **police judiciaire** est l'ensemble des personnels qui servent à traquer tous ceux qui violent la loi. Celle-ci est assurée par des officiers et agents de police judiciaire qui travaillent sous le strict contrôle du procureur de la République territorialement compétent.

La police judiciaire peut être d'ordre général en ce sens qu'elle est assurée par les gendarmes et policiers compétents ou spécialisée. Dans cet autre cas, elle est contrôlée par des officiers de police judiciaire à compétence spéciale à l'instar des responsables du ministère de la Forêt et de la Faune, du ministère des Travaux publics, par exemple. D'une manière générale, la police judiciaire est répressive. Elle est notamment chargée de : - constater les infractions, d'en rassembler les preuves, d'en rechercher les auteurs et complices et, le cas échéant de les déférer au parquet - d'exécuter les commissions rogatoires des autorités judiciaires - de notifier les actes de justice - d'exécuter les mandats et décisions de justice.

3 - La **police municipale** a pour objet d'assurer le bon ordre, la sûreté, la tranquillité, la sécurité et la salubrité publiques dans une commune (cf. article 87 de la loi n° 2004/018 du 22 juillet 2004 fixant les règles applicables aux communes). Elle est exercée par le maire sous le contrôle du représentant de l'État par voie de règlements qui sont des décisions et arrêtés municipaux. Elle s'occupe par exemple de l'organisation de la

circulation routière dans une ville ou la démolition des bâtiments menaçant ruine.

L'application ou le contrôle du respect de ces normes peuvent être confiés aux agents municipaux (service d'hygiène municipale) ou aux agents de sécurité de l'État (policiers et gendarmes) en attendant la mise en place d'un corps spécialisé de police municipale au Cameroun.

La création d'une police municipale est autorisée par délibération du conseil municipal qui en fixe les attributions, les moyens et les règles de fonctionnement. Cette délibération doit être au préalable soumise à l'approbation du ministre en charge des collectivités territoriales.

347 . Polygamie

La **polygamie** est une forme de mariage qui consiste pour un homme à prendre plusieurs épouses. Toutefois, interdiction est faite à une femme de contracter mariage avec plusieurs hommes ou de se remarier si le premier mariage n'est pas dissous (voir **bigamie***).

❖ **N.B.** Mention du régime polygamique ou monogamique doit être portée sur l'acte de mariage au moment de sa célébration.

348 . Portefeuille (… ministériel, ministre sans …)

1- Un **portefeuille ministériel** est un ensemble de structures relevant d'un département ministériel. Par exemple, le ministère des Transports peut aussi être dénommé le « portefeuille des Transports».

2- Un **ministre sans portefeuille** est un membre du gouvernement qui n'est pas à la tête d'un département ministériel. L'acte de nomination le spécifie d'ailleurs.

349 . Poursuite (… judiciaire, agent de …)

1- Par **poursuite judiciaire,** on entend toutes les actions accomplies par le ministère public, la victime d'une infraction ou toute autre personne morale chargée de saisir les juridictions répressives compétentes afin d'obtenir la condamnation du délinquant.

2 - Un **agent de poursuite** est un personnel des services financiers chargé de traquer les mauvais contribuables pour les inviter à payer leurs impôts et taxes à l'État.

350 . Pouvoir discrétionnaire

Le **pouvoir discrétionnaire** est une compétence qui confère à une autorité une possibilité d'appréciation très étendue dans sa prise de décision. À titre d'illustration, on parle du pouvoir discrétionnaire du Président de la République par rapport aux nominations aux hautes fonctions de l'État.

Le pouvoir discrétionnaire se distingue de la **compétence liée***.

351 . Préfecture

La **préfecture** représente les bureaux dans lesquels travaillent le Préfet et ses collaborateurs immédiats, à savoir les adjoints préfectoraux, les chefs de services et de bureaux, et autres agents. Elle est située au chef-lieu du département.

352 . Préfet (... de département, ... des études)

1 - Un **préfet** est un haut fonctionnaire nommé par décret du Président de la République à la tête d'une unité territoriale appelée département. Travaillant sous les ordres d'un gouverneur, c'est un chef d'unité administrative qui coordonne les activités des sous-préfets et des chefs de services techniques placés sous son autorité et assure la tutelle des collectivités territoriales décentralisées. Il est le dépositaire de l'autorité de l'État dans son territoire de compétence et à ce titre entre autres, il représente le Chef de l'État et tout le gouvernement à l'exception du garde des Sceaux pour l'exercice de la justice.

Sur le plan réglementaire, il signe des arrêtés et des décisions (cf. décret n° 2008/377 du 12 novembre 2008 fixant les attributions des chefs de circonscriptions administratives et portant organisation et fonctionnement de leurs services).

2 - Un **préfet des études** est un responsable chargé des enseignements et de la discipline dans un établissement privé au même titre qu'un censeur dans un lycée public.

353 . Premier ministre

Le **Premier ministre** est le chef du gouvernement nommé par le Président de la République et chargé de la mise en œuvre de la politique de la nation définie par le Chef de l'État. Il dirige l'action gouvernementale : l'impulsion, l'animation et le contrôle dans les secteurs relevant de sa compétence. Il préside les conseils de cabinet qui rassemblent les membres du gouvernement.

Il signe des décrets, arrêtés, décisions pour les secteurs d'activités relevant de sa compétence.

354 . Président de la République

Le **Président de la République** est le chef de l'État dans une République. Au Cameroun, il est élu au suffrage universel dans un scrutin uninominal à un tour pour un mandat de 7 ans renouvelable (cf. art. 6 de la Constitution) et représente l'État dans tous les actes de la vie publique. Sur le plan de la répartition des pouvoirs, il est le chef de l'exécutif. À ce titre, il nomme le Gouvernement ; il est le chef des armées ; il préside le conseil supérieur de la magistrature ; il nomme aux emplois civils et militaires.

L'initiative des lois lui appartient autant qu'au Parlement. Il est aussi chargé de la **promulgation des lois***.

Lorsque les circonstances l'exigent ou en cas de péril grave, il peut proclamer par décret l'état d'urgence ou d'exception et prendre toutes mesures qui s'imposent (cf. art.9 de la Constitution).

355 . Prescription

La **prescription** est, sous certaines conditions bien définies, un délai fixé par les textes à partir duquel un droit peut être acquis ou éteint. (Ex. : À la CNPS, la prescription pour la pension de retraite est de 5 ans à partir du jour où les conditions de son attribution ont été réunies).

On parle de prescription de l'action (publique ou civile) et de prescription de la peine.

- La **prescription de l'action publique** : délai au terme duquel, l'auteur d'une infraction ne peut plus faire l'objet de poursuites. Elle est de 10 ans en cas de crime, de 3 ans en cas de délit, et d'un an en cas de contravention.

- Pour ce qui est de la **prescription de l'action civile**, elle est en principe de 30 ans, et obéit aux délais sus évoqués si l'action civile est relative respectivement au crime, délit, contravention.

- La **prescription de la peine** (cf. article 67 du code pénal) est le délai au terme duquel, le condamné par contumace, ne peut plus purger sa peine. Elle est de 20 ans en matière de crime, de 5 ans en matière délictuelle, et de 2 ans en matière contraventionnelle.

356. Presse (... audiovisuelle et **parlée, ... écrite)**

La **presse** est l'ensemble des méthodes utilisant le son, l'image ou l'écrit pour transmettre des informations et des idées de toute nature. La communication sociale est réglementée au Cameroun par la loi n°90/052 du 19 décembre 1990 sur la liberté de communication sociale. Tout organe de presse doit avoir un directeur de publication.

1 - La **presse audiovisuelle** désigne les entreprises de radiodiffusion sonore et de télévision qui doivent fonctionner sous licence en ce qui concerne les établissements privés.

Aucune personne physique ou morale ne peut avoir plus d'une entreprise de communication sociale.

L'article 60 de la loi susvisée traite des infractions en matière de communication sociale.

2 - La **presse écrite** est de publication libre. Toutefois, toute personne désireuse de créer un organe de presse écrit est tenue, préalablement à la première publication, d'en faire une déclaration écrite au préfet du département territorialement compétent ; la déclaration timbrée et signée du directeur de publication doit mentionner : le titre de l'organe de presse et sa périodicité - son siège - les noms du ou des propriétaires - les noms du directeur de publication et les noms des membres de l'équipe composée d'au moins 03 journalistes (cf. art.7 de la loi sur la communication sociale).

Avant chaque parution, tout organe de presse écrit doit faire l'objet d'un double dépôt (deux exemplaires signés du numéro du journal), administratif auprès du préfet et judiciaire auprès du procureur de la République territorialement compétents.

Le dépôt légal quant à lui s'opère auprès du service des archives nationales au ministère des Arts et de la Culture après parution en quatre exemplaires signés du directeur de publication.

357 . Preuve

Une **preuve** est un élément visant à établir la véracité d'une allégation ou d'une accusation devant le tribunal. C'est la personne qui accuse qui doit apporter la ou les preuves de son accusation. La preuve peut être faite par écrit (acte authentique ou sous seing privé), par témoin, par aveu, par serment ou par présomption.

L'article 168 du code pénal réprime la suppression ou la fabrication de preuves en vue d'influencer une procédure judiciaire au même titre que le **faux témoignage** visé par l'article 164 du code pénal.

358 . Prévenu

Un **prévenu** est une personne qui, après inculpation du juge d'instruction, doit comparaître pour des faits qualifiés de délit ou de contravention. Le prévenu, comme l'accusé, en ce qui concerne les crimes, bénéficie de la présomption d'innocence.

359 . Prise de vue photographique

Une **prise de vue photographique** est tout moyen d'enregistrement d'images à l'aide d'une caméra.

Les prises de vues photographiques sont libres sur toute l'étendue de la République du Cameroun, sous réserve du respect de la moralité publique et des bonnes mœurs.

Toutefois, pour des raisons d'ordre sécuritaire, certains points du territoire national tels que les palais présidentiels, les installations militaires, les zones industrielles, les ports et aéroports et tout autre **point sensible***, ne doivent être filmés que sur autorisation spéciale du ministre en charge des questions de communication.

Aussi, certaines prises de vues susceptibles d'exploitation commerciale peuvent être subordonnées au paiement d'une taxe spéciale.

Les prises de vues aériennes doivent être autorisées par le ministre en charge de la communication après avis d'une commission interministérielle prévue à cet effet (cf. article 2 du décret n°74/179 du 07 mars 1974 portant réglementation des prises de vues photographiques). La demande y afférente doit comporter les éléments suivants : les renseignements d'état civil du requérant, la liste de toutes les personnes appelées à participer aux prises de vues, les itinéraires et calendrier des prises de vues avec indication des régions à photographier, les techniques utilisées, les noms des firmes ou laboratoires chargés du traitement technique des photos.

360 . Prison

Une **prison** est un établissement pénitentiaire créé par arrêté du ministre en charge de l'administration pénitentiaire (en l'occurrence le ministre de la Justice) visant à accueillir les personnes en garde à vue, en attente de jugement, ou condamnées à une peine privative de liberté. De par leur organisation, il y a plusieurs catégories de prisons : les prisons centrales, les prisons principales, les prisons secondaires.

Toutefois, des centres pénitentiaires (ou prisons) selon la nature de leurs activités peuvent être aménagés dans le ressort de certaines circonscriptions administratives : les prisons d'orientation ou de sélection aux chefs-lieux de région, les centres de relégation pour les prisonniers récalcitrants ou étant sous le régime de travail et de réforme sociale, les prisons de production pour des travaux économiques des détenus, les « prisons écoles » destinées à la formation des détenus et des mineurs, les prisons spéciales pour femmes ou pour mineurs.

Chaque établissement pénitentiaire ou prison est dirigé par un régisseur assisté d'un adjoint et de plusieurs collaborateurs.

361 . Privilège (… de juridiction, … du trésor)

1 - Le **privilège de juridiction** est la faveur accordée par la loi à certaines personnes exerçant des fonctions particulières et étant poursuivies devant les tribunaux pour qu'elles soient jugées hors de leur zone de compétence. Celui-ci est accordé aux chefs de circonscriptions administratives, aux officiers de police judiciaire (cf. art. 634 du code de procédure pénale).

2 - Le **privilège du trésor** est le droit de préférence accordé à l'État pour le recouvrement de ses créances, impôts et autres. Les huissiers, greffiers, commissaires-priseurs, notaires, syndics de faillite, etc., ne peuvent remettre aux ayants droit, créanciers et autres personnes les sommes déposées qu'en justifiant du paiement des sommes dues à l'État et aux structures publiques bénéficiant du privilège du Trésor (cf. art. 298 du code général des impôts). À titre d'exemple, le Crédit foncier du Cameroun, la Société de recouvrement du Cameroun, bénéficient de par la loi du privilège du Trésor.

362 . Procès-verbal

Un **procès-verbal** est un document authentique faisant ressortir un événement, une situation ou les faits tels qu'ils existent ou se sont produits.

Il est utilisé pour déterminer les conditions de passation de service entre responsables dans l'administration ou de tenue d'un conseil d'administration ou d'assemblée de société ; on dit alors qu'il s'agit d'un procès-verbal (p.v.) administratif.

Il est judiciaire lorsqu'il est établi par un personnel assermenté pour déterminer les conditions de commission d'un accident, d'une audition, d'un constat, de vérification, de carence, etc., et fait foi lors des procès puisqu'authentifié par les parties.

363 . Procuration

Une **procuration** est un écrit par lequel une personne donne à une autre mandat de faire une chose en son nom.

Pour plus de crédibilité, une procuration doit être rédigée par un notaire. Toutefois, il y a des procurations simples avec signature légalisée du mandant.

364. Procureur (… de la République, … général)

Le **procureur** est le titre du magistrat qui représente le ministère public au procès. Il est sous les ordres du ministre de la Justice.

1- Le **procureur de la République** officie au niveau des tribunaux d'instance et dirige le parquet d'instance. Il est assisté de substituts qui sont ses adjoints.

2- Le **procureur général** dirige le parquet général au niveau de la cour d'appel. Il est assisté d'attachés, de substituts et d'avocats généraux.

3- Au niveau de la Cour suprême, il s'agit également du **procureur général près la Cour suprême** qui est secondé par de hauts magistrats appelés avocats généraux.

365 . Promulgation

La **promulgation** est l'acte par lequel le Président de la République atteste l'existence et la régularité de la loi, en ordonne la publication et la mise en exécution.

La formule est en principe la suivante : « Le Parlement a adopté, le Président de la République promulgue la loi dont la teneur suit…

La présente loi sera exécutée comme loi de la République

Fait à Yaoundé, le (date) ».

La date de la promulgation marque ainsi la date même de la loi.

Toutefois, si à l'expiration du délai de promulgation (15 jours à compter de la transmission) la loi n'est pas promulguée, ou si le Président de la République ne formule aucune demande de relecture ou s'il n'en saisit pas le Conseil constitutionnel, le Président de l'Assemblée nationale peut constater la carence et se substituer au Président de la République en promulguant la loi (cf. art. 31 de la Constitution).

366 . Propriété intellectuelle

La **propriété intellectuelle** est l'ensemble des droits dont dispose un auteur d'une œuvre d'esprit ou d'une invention brevetée pour la protéger contre tout usage non autorisé par un tiers. Elle regroupe donc la propriété littéraire et artistique, et la propriété industrielle.

Toute reproduction même partielle d'une œuvre sans l'autorisation préalable de son auteur ou des ayants droit est un acte répréhensible.

Afin d'endiguer efficacement la contrefaçon, l'État du Cameroun a souscrit aux mécanismes collectifs de protection de la propriété intellectuelle mis en place dans le cadre de l'accord de Bangui du 02 mars 1977 créant l'OAPI (Organisation africaine de la propriété intellectuelle) dont le siège est à Yaoundé.

Cet organisme comprenant 16 États africains couvre : les brevets d'invention, les marques de produits et de services, les noms commerciaux, les appellations d'origine, les œuvres littéraires et artistiques ...

Pour les atteintes à la propriété intellectuelle, voir **contrefaçon***.

367 . Protection (... des animaux, ... civile)

La **protection** est « l'action de mettre à l'abri de ce qui peut nuire ou de ce qui peut représenter un danger ».

1 - La **protection des animaux** vise par des moyens légaux à leur donner un statut privilégié pour des raisons d'intérêt scientifique ou de préservation des espèces.

Les animaux protégés sont classés en trois classes :

- Classe A

Un animal de classe A est entièrement protégé et ne peut être abattu en aucun cas. Toutefois, sa capture ou sa détention peut être autorisée par les autorités compétentes en charge de la faune.

- Classe B

Un animal de classe B bénéficie d'une protection, mais peut être chassé, capturé ou abattu après l'obtention d'un **permis de chasse***.

- Classe C

Un animal de classe C est partiellement protégé et sa capture ou son abattage sont réglementés par acte du ministre en charge de la faune.

2 - La **protection civile** est l'ensemble des mesures et services prévus pour prévenir et gérer les catastrophes et les risques de toutes sortes à travers le territoire national. Elle est coordonnée au niveau central du gouvernement par le ministère de l'Administration territoriale et de la Décentralisation avec une direction de la protection civile.

L'emploi des moyens de la protection civile est laissé à l'appréciation des autorités administratives. En cas de besoin, l'action de l'armée, de la gendarmerie et de la police peut être requise.

Les fautes et infractions commises par les personnels utilisés dans le cadre de la protection civile relèvent en temps normal des organes disciplinaires des corps d'origine de ces personnels et des juridictions de droit commun (cf. art. 10 de la loi n° 86/016 du 06 décembre 1987 portant réorganisation de la protection civile).

L'article 11 de la même loi punit celui qui, faisant l'objet d'une réquisition régulière, s'abstient ou refuse, sans raison de santé valable, de remplir les tâches à lui confiées en matière de protection civile. Les peines sont l'emprisonnement de 1 mois à 2 ans et/ou une amende de 25 000 à 500 000 francs. Les mêmes peines sont susceptibles d'être infligées à toute personne qui porte entrave à l'exécution des tâches de protection civile.

368 . Protocole (... d'accord)

Le terme protocole a 3 acceptions principales :

1 - Sur le terrain diplomatique et d'organisation des cérémonies, le **protocole** est l'ensemble des règles observables en matière de préséance lors des cérémonies officielles. Au Cameroun, le texte en vigueur est le décret n°76/424 du 16 septembre 1976 fixant les règles de protocole à observer en matière de cérémonies publiques, préséances, honneurs civils et militaires.

2 - Un **protocole** peut aussi être le procès-verbal d'une conférence ou d'un congrès international.

3 - Un **protocole** peut aussi désigner des conventions internationales jointes à un traité principal.

4 - Un **protocole d'accord** est un document d'entente signé entre deux parties aux négociations.

369 . Pseudonyme

Un **pseudonyme** est un faux nom que la personne se donne à elle-même, contrairement au **surnom*** qui est donné par des tiers. Cette pratique est assez courante chez les artistes et les écrivains. D'ailleurs, on peut se servir d'un pseudonyme dans les rapports et les actes d'intérêt privé, sous réserve des cas de fraude.

Le pseudonyme est protégé en tant que création de l'esprit.

370 . Publication

La **publication** est une procédure qui vise à porter à la connaissance du grand public un texte ou une information pour que nul n'en ignore :

1 - Il peut s'agir d'un acte législatif ou réglementaire. Dans ce cas, la procédure se fait normalement à travers le journal officiel (cf. ordonnance n°72/11 du 26 août 1972 relative à la publication des lois, ordonnances, décrets et actes réglementaires et le décret n°77-4 du 06 janvier 1977 portant réglementation de la publication des actes au journal officiel de la République unie du Cameroun).

Toutefois, la procédure d'urgence permet qu'un texte lu à la radio par exemple soit immédiatement exécutoire, sauf disposition contraire.

2 - La publication peut aussi être une procédure légale à durée déterminée visant à informer les tiers qui auraient un intérêt dans un dossier. Celle-ci se fait au journal officiel ou par voie d'affichage (ex. : le mariage civil doit être annoncé pendant 30 jours avant sa célébration ; le changement de nom exige 6 mois de publicité ; l'immatriculation de terrain peut être effectuée après 30 jours de publicité, etc.)

371 . Pupille (... de la nation)

1 - Une **pupille** est un orphelin mineur placé sous la garde d'un tuteur.

2 - Une **pupille de la nation** est un enfant devenu orphelin à la suite d'un événement malheureux relatif à la sauvegarde des institutions de la

République ou ayant perdu parent ou soutien familial des suites d'une guerre et adopté par l'État. La qualité de pupille de la nation est accordée par le président du tribunal de grande instance.

L'État doit assurer l'éducation, l'encadrement moral et matériel des enfants « pupilles de la nation » jusqu'à leur majorité conformément aux dispositions de la loi n°84/04 du 04 juillet 1984 fixant les conditions d'adoption et de tutelle des pupilles de la nation.

Q

372 . Questeur

Un **questeur** est un membre du bureau du Parlement chargé des questions financières et matérielles. À cet effet, il prépare le projet de budget et le soumet au bureau de la chambre avant son examen par la commission des finances et du budget ; il assure le contrôle des finances et émet des avis sur les engagements des dépenses de la chambre. À ce titre, l'agent comptable est tenu de lui fournir tous les documents et pièces nécessaires à l'exercice de ce contrôle.

373 . Questions au gouvernement

Les **questions au gouvernement** sont une pratique parlementaire qui consiste à interroger le gouvernement sur son action. C'est une manifestation du contrôle de l'activité gouvernementale par le Parlement tel que prévu par l'article 35 de la Constitution. Elles peuvent être orales ou écrites ; une séance par semaine leur est réservée en priorité au cours de chaque session ordinaire.

374 . Quotient électoral

Le **quotient électoral** est le diviseur qui permet, dans un système de répartition proportionnelle des sièges dans un scrutin de liste, d'attribuer à chaque liste le nombre de sièges qui lui revient par rapport aux suffrages exprimés en sa faveur dans une circonscription électorale donnée, au cas où aucune liste n'a obtenu la majorité absolue des voix (c'est-à-dire la moitié des suffrages exprimés plus une voix).

Il s'obtient en divisant le nombre total des voix exprimées par le nombre de sièges à pourvoir.

Cependant, les listes ayant obtenu moins de 5% des suffrages exprimés sont exclues de cette répartition (cf. art. 172 al.3 de la loi n°2012/001 du 19 avril 2012 portant code électoral).

R

375 . Rappel (lettre de ..., ... à l'ordre, ... sous les drapeaux)

1 - Une **lettre de rappel** est, en diplomatie, l'acte par lequel l'État met fin aux fonctions d'un diplomate dans son pays d'accueil. Elle est l'opposée de la lettre de créance qui plutôt accrédite.

2 - Un **rappel à l'ordre** est une mesure disciplinaire consistant en un avertissement formel adressé par la hiérarchie à un personnel fautif. Il s'agit d'une mise en garde intimant l'ordre à un personnel d'assumer ses fonctions conformément aux textes en vigueur et aux engagements pris.

3 - Le **rappel sous les drapeaux** est la mobilisation de nouveau sur ordre du chef des armées, des personnels militaires déjà à la retraite en cas de crise grave menaçant les institutions ou l'intégrité du pays conformément aux dispositions des décrets n°2004/056 du 23 mars 2004 et n°2004/059 du 23 mars 2004 portant organisation respectivement de la réserve mobilisable des personnels militaires non officiers et officiers des forces de défense.

Ce rappel peut être effectif pendant une période de 03 ans non renouvelable, à compter de la date de mise à la retraite ou de la démission conformément à la réglementation.

376 . Rature

Une **rature** est, dans un document, une surcharge ou une biffure d'un mot qu'on a mal écrit ou qu'on n'aurait pas dû écrire.

N.B. Il est strictement interdit de raturer un mot dans un document d'état civil : en cas d'erreur constatée, la rectification se fait en marge, séance tenante, au moment de l'établissement de l'acte sous peine de nullité et signée par l'officier et le secrétaire s'il s'agit des actes de naissance et de décès, et contresignée par les parties pour ce qui est des actes de mariage (cf. art. 13 de l'ordonnance n°81/002 du 29 juin 1981).

377 . Rébellion

La **rébellion** est la résistance ou l'incitation avec violence ou non à (s'opposer) « l'application des lois, règlements et ordres légitimes venant de l'autorité publique » (cf. art. 157 du code pénal).

Le législateur a distingué les cas de rébellion et les peines encourues varient en conséquence : rébellion par quelque moyen que ce soit, avec violence ou voies de fait, 3 mois à 4 ans d'emprisonnement ; rébellion avec arme, 1 à 5 ans d'emprisonnement.

378 . Recel

Le **recel** est une infraction qui consiste, soit à détenir, soit à disposer d'un bien volé tout en étant conscient de son origine douteuse, soit à cacher un malfaiteur ou ses complices (cf. articles 100 et 324 du code pénal).

379 . Receleur

Un **receleur** est un délinquant auteur de **recel***. Il subit les mêmes peines que l'auteur principal du vol.

Il n'y a pas de recel entre époux (cf. al.2 de l'art. 100 susvisé).

380 . Reconnaissance d'enfant

La **reconnaissance** ou **légitimation d'un enfant** est l'acte par lequel un homme fait valoir auprès des autorités publiques qu'il est le père d'un enfant alors qu'il n'est pas marié à sa mère.

Cette opération peut se faire selon les délais et les conditions fixés : auprès de l'officier d'état civil au moment de l'établissement de l'acte de naissance, ou sur ordre du procureur de la République compétent, ou enfin par décision du tribunal.

1 - La reconnaissance peut être faite, avec le consentement de la mère, par déclaration du prétendu père auprès de l'officier d'état civil territorialement compétent dans les 90 jours qui suivent la naissance de l'enfant. Le père doit être accompagné de 2 témoins (cf. art. 44 de l'ordonnance n°81/002 du 29 juin 1981, modifiée et complétée par la loi n°2011/011 du 06 mai 2011).

2 - Passé ce délai, s'il est saisi, le procureur de la République territorialement compétent peut ordonner la reconnaissance de l'enfant dans les six mois de la naissance (cf. art. 32(nouveau) de la loi 2011/011 du 06 mai 2011).

3 - Au cas où ces deux précédentes étapes n'auraient pas été suivies, le prétendu père peut saisir le tribunal par une requête avant la majorité de l'enfant.

De même, l'enfant majeur (dans le délai d'un an à compter de sa majorité) peut saisir le tribunal pour une action en quête de paternité (cf. art. 46 de l'ordonnance de 1981).

Le tribunal saisi doit couvrir le centre d'état civil où la naissance aurait dû être déclarée.

381 . Reconstitution

La **reconstitution** est, en matière d'état civil, la procédure qui consiste, à travers le tribunal compétent, à faire établir de nouveau un acte d'état civil en cas de perte, de destruction de registre ou lorsque la déclaration n'a pas pu être faite dans les délais prévus par la loi (cf. articles 22 à 24 de l'ordonnance n°81/002 du 29 juin 1981 portant organisation de l'état civil et diverses dispositions relatives à l'état des personnes physiques).

382 . Recours (... contentieux, ... gracieux, ... hiérarchique)

Un **recours** est une requête adressée à une autorité pour que cette dernière répare un tort dont on se sent victime :

1 - Le **recours contentieux** s'accomplit devant un juge qui doit trancher un différend entre des parties. Il est la dernière étape après le recours gracieux préalable.

2 - Le **recours gracieux** est adressé à l'autorité ayant pris une décision qu'on veut voir annuler. Il est préalable au recours contentieux.

3 - Le **recours hiérarchique** est adressé à l'autorité au-dessus de celle qui a pris une décision défavorable pour qu'elle intervienne en faveur de celui qui a formulé le recours.

383 . Récusation

La **récusation** est un acte par lequel un plaideur refuse d'être jugé par ou en présence d'un juge donné. Dans le cas d'une suite favorable à une récusation, le jugé récusé est dessaisi du dossier qui est immédiatement confié à un autre magistrat du même tribunal. Ainsi, lorsque la suspicion porte sur l'ensemble d'un tribunal ou cour, l'autorité judiciaire compétente peut, à la demande du requérant, ordonner le **renvoi** à une autre juridiction de même rang.

Les causes de la récusation d'un magistrat sont les suivantes (cf. article 591 du code de procédure pénale) :

- « si lui-même ou son conjoint est parent, tuteur ou allié de l'une des parties jusqu'au degré d'oncle, neveu, cousin germain et cousin issu du cousin germain inclusivement ;

- si lui-même ou son conjoint est employeur, employé de l'une des parties, héritier présomptif, donataire, créancier, débiteur ou une personne qui mange habituellement à la même table que l'une des parties, administrateur de quelque établissement ou société partie de la cause ;

- s'il a déjà connu la procédure ou s'il a été arbitre, conseil ou témoin ;

- si lui-même ou son conjoint a un procès devant être jugé par l'une des parties ;

- s'il y a eu entre lui-même et son conjoint et l'une des parties, toute manifestation d'amitié ou d'hostilité pouvant faire douter de son impartialité ».

N.B. Aucun magistrat du parquet ne peut être récusé (cf. article 592 du code de procédure pénale).

Tout magistrat du siège qui sait qu'il existe en sa personne une des causes de récusation ci-dessus énumérées ou qui estime qu'il a de bonnes raisons de s'abstenir de connaître d'une affaire doit en informer son supérieur hiérarchique.

La demande en récusation faisant ressortir, les moyens évoqués et les justifications ainsi que l'identité des magistrats mis en cause, est adressée au président de la cour d'appel lorsqu'elle vise un magistrat de la cour d'appel autre que le président ou un magistrat d'un tribunal du ressort.

La demande en récusation est adressée au président de la Cour suprême lorsqu'elle vise le président d'une cour d'appel ou un membre de la Cour suprême autre que le président.

Une copie de la demande en récusation est également adressée par le requérant au magistrat concerné.

384 . Référé

Le **référé** est une procédure judiciaire qui vise, pour le requérant, à obtenir une décision urgente et provisoire dans l'optique de sauvegarder un intérêt pressant.

Il s'agit d'une procédure simplifiée et la décision rendue selon cette procédure s'appelle aussi référé.

385 . Référence

Une **référence** est, en rédaction administrative, un ou des documents (textes, correspondances, etc.) antérieurs ayant trait au sujet traité dans une note ou lettre. Le mot référence s'écrit en abrégé « Réf. » et est mentionné en haut, au-dessus de « Objet » dans la pratique camerounaise.

386 . Réforme du mobilier de l'État

La **réforme** est une forme d'aliénation des biens durables de l'État, en vue de les sortir des écritures comptables, c'est-à-dire qu'ils ne fassent plus partie du patrimoine de l'État parce qu'abîmés ou vétustes, donc inutilisables. Cette opération a pour but la démolition, la destruction ou la vente aux enchères publiques desdits matériels qui peuvent être des véhicules, des meubles et autres.

L'initiative de la réforme incombe à l'ordonnateur matières utilisateur des matériels à réformer, c'est-à-dire le responsable en chef des administrations des forces armées et police, des administrations civiles, des organismes subventionnés, des établissements publics et parapublics, des collectivités territoriales décentralisées, des projets sur financements intérieurs ou extérieurs. La demande est ainsi adressée au ministre en charge de la protection du patrimoine de l'État (ministre des Domaines, du Cadastre et des Affaires foncières).

387. Référendum

Un **référendum** est une consultation exceptionnelle sur un sujet de grande importance dans la vie d'un État par laquelle les citoyens en âge de voter se prononcent par « oui » ou par « non ».

C'est le Président de la République qui, après consultation du président du Conseil constitutionnel, des présidents de l'Assemblée nationale et du Sénat, peut soumettre au référendum, tout projet de réforme de grande importance relevant normalement du domaine de la loi.

Les conditions d'organisation d'un référendum sont traitées par les articles 197 à 213 de la loi n°2012/001 du 19 avril 2012 portant code électoral.

Le Cameroun a connu plusieurs référendums dans son histoire politique dont les plus marquants sont : celui du 11 février 1961 qui a consacré la perte de la partie nord de la zone anglophone rattachée au Nigeria voisin ; et le référendum du 20 mai 1972 qui a marqué l'unification des deux Cameroun (anglophone et francophone) avec l'adoption d'une nouvelle Constitution.

388 . Régime matrimonial

Le **régime matrimonial** entre époux est le statut qui gouverne leurs biens et intérêts pécuniaires entre eux et envers les tiers, pendant le mariage et le cas échéant au moment de sa dissolution.

Lors de la célébration du mariage, les futurs époux doivent spécifier devant l'officier d'état civil leur régime matrimonial : communauté ou séparation des biens.

389 . Région (administrative)

Une **région** est une unité administrative (comprenant plusieurs départements) ayant à sa tête un gouverneur de région.

La transformation des provinces en régions a été consacrée par le décret présidentiel n°2008/376 du 12 novembre 2008 portant organisation administrative de la République du Cameroun (voir **organisation administrative***).

Quant aux régions (collectivités territoriales décentralisées) prévues à l'article 55 de la loi n°96/06 du 18 janvier 1996 portant révision de la Constitution, elles ne sont pas encore opérationnelles.

390 . Régisseur (… de prison, … de recettes)

Un **régisseur** est une sorte d'administrateur chargé de la gestion des ressources de la structure dont il a la charge.

1 - Un **régisseur de prison** est un haut responsable chargé de la direction générale et du contrôle d'un pénitencier. Il est nommé par arrêté du ministre de la Justice et a sous ses ordres les chefs de service et de bureau, sans omettre les gardiens de prison et autres personnels en charge de la gestion de l'établissement pénitentiaire.

2 - Un **régisseur de recettes** est un personnel spécialement nommé par le ministre en charge des finances pour collecter les recettes de l'État dans le cadre des régies des recettes, dans les hôpitaux, les centres zootechniques, etc.

391 . Registre du commerce

Le **registre du commerce et du crédit mobilier** en abrégé RCCM est tenu par le tribunal de grande instance en matière commerciale et permet de recenser les commerces, les sociétés et les groupements d'intérêt économique installés dans le ressort dudit tribunal. Le registre constitue un moyen de publicité qui permet à toute personne de s'informer, avant de traiter avec un commerçant, de sa qualité et de son statut juridique. Le RCCM doit porter mention de tous les éléments de la situation juridique et de l'activité commerciale de l'assujetti que les tiers ont intérêt à connaître. Une société ne peut prendre la dénomination d'une autre société déjà immatriculée au RCCM (cf. art. 16 de l'Acte uniforme OHADA relatif au droit des sociétés et GIE du 30 janvier 2014).

Les effets de l'immatriculation au RCCM : elle crée à l'égard de toute personne physique la présomption de qualité de commerçant avec des droits et des obligations ; celui-ci peut se prévaloir de cette qualité à l'égard des tiers et de l'Administration. Toutefois, le défaut d'immatriculation ne prive pas celui qui accomplit les actes de commerce de la qualité de commerçant : il est commerçant de fait.

Pour les personnes morales (sociétés commerciales, GIE), elles acquièrent la personnalité juridique avec l'immatriculation.

Les modifications des statuts (changement dans l'état civil, de l'activité, des statuts) sont également reçues au RCCM.

La personne qui cesse son activité doit demander sa radiation du RCCM.

392 . Registres d'état civil

Il y a 3 types de **registres d'état civil** correspondant aux trois situations que sont : -1) les naissances, adoptions, légitimations, reconnaissances et naturalisations - 2) les mariages - 3) les décès.

Les registres d'état civil doivent être utilisés en triple pour chaque cas afin de permettre la ventilation des feuillets. Ces registres doivent être préalablement cotés et paraphés par le président du tribunal de première instance territorialement compétent, avant leur mise en service.

En fin d'année (au 31 décembre), ces mêmes registres sont arrêtés et clos par le secrétaire et officier d'état civil avant d'être envoyés dans les 15 jours au procureur de la République du ressort pour visa et oblitération des feuillets non utilisés. Dans les 3 mois après accomplissement des formalités ci-dessus, le procureur de la République envoie un exemplaire de chaque registre au délégué du gouvernement ou au maire en ce qui concerne les centres principaux, et au maire du centre principal de rattachement en ce qui concerne les centres secondaires. Le 2e registre est transmis au bureau national de l'état civil. Le 3e est classé en souche au greffe du tribunal (cf. article 18 de la loi n°2001/011 du 06 mai 2011 modifiant et complétant certaines dispositions de l'ordonnance n°81-02 du 29 juin 1981 portant organisation de l'état civil et diverses dispositions relatives à l'état des personnes physiques).

393 . Réhabilitation

La **réhabilitation** est la mesure par laquelle, un individu recouvre sous certaines conditions, ses droits après les avoir perdus lors de sa condamnation. Celle-ci peut être accordée de droit après un certain délai ou demandée en justice (cf. art. 69 à 73 du code pénal).

N.B. Les conditions de la réhabilitation sont les suivantes : - la peine prononcée doit avoir été entièrement exécutée, remise par grâce présidentielle ou faisant l'objet de **prescription*** - le condamné doit avoir payé tous les frais réclamés ainsi que les indemnités allouées aux parties civiles - un certain délai doit s'être écoulé sans que le demandeur ait connu une nouvelle condamnation.

394 . Religion

Une **religion** ou association cultuelle est l'ensemble des croyances relatives au divin. Bien que la loi constitutionnelle indique dans son préambule que «la liberté de culte et le libre exercice de sa pratique sont garantis», la loi n°90/053 du 19 décembre 1990 portant sur la liberté d'association encadre la création des associations religieuses dans notre pays (cf. article 22 à 31 de ladite loi).

La procédure en la matière prévoit que seules les associations religieuses préalablement autorisées par décret du président de la République signé après avis du ministre de l'Administration territoriale et de la Décentralisation, peuvent mener leurs activités. D'ailleurs, les comptes et la liste des membres dirigeants des associations religieuses autorisées sont présentés sur réquisition à ce membre du gouvernement.

Une liste des associations religieuses autorisées à exercer au Cameroun est tenue au ministère de l'Administration territoriale et de la Décentralisation.

395 . Retraite (... par anticipation)

1 - La **retraite** correspond à une cessation obligatoire d'activité professionnelle soit pour âge, soit pour une raison médicale. L'âge de départ à la retraite varie selon les corps de métiers. Dans la fonction publique, le président de la République peut décider de retarder l'échéance de départ à la retraite d'un agent public en lui octroyant un acte de prorogation d'activité.

2 - La **retraite par anticipation** est la possibilité offerte à tout fonctionnaire sur sa demande, d'accéder à la retraite avant l'âge requis. Le personnel admis à la retraite dans ces conditions peut bénéficier entre autres d'une indemnité d'installation pouvant aller de 6 à 24 mois de traitement indiciaire brut.

396 . Réunion publique

Une **réunion publique** est, selon la loi, une réunion se tenant à un lieu public ou ouvert au public. Bien que la tenue des réunions soit libre, il importe que les organisateurs en fassent au préalable une déclaration auprès du sous-préfet territorialement compétent au moins 03 jours francs avant la date prévue de la réunion. Le sous-préfet est tenu de délivrer un récépissé aux organisateurs de la réunion.

Il peut tout aussi interdire la réunion par décision et la notifier aux organisateurs.

En cas de silence de l'administration, la déclaration de réunion est considérée comme acceptée.

Des sanctions sont prévues pour réprimer tous ceux qui violent la loi relative aux manifestations et réunions publiques (article 9 de la loi n°90/056 du 19 novembre 1990).

397 . Réquisition (administrative)

Une **réquisition** est l'opération de la puissance publique par laquelle une autorité civile ou militaire, conformément à la loi (loi n°68-LF-4 du 11 juin 1968 portant organisation du régime des réquisitions), impose à une personne physique ou morale l'accomplissement de certaines prestations pour des raisons d'utilité publique. Il s'agit d'un ordre écrit signé de l'autorité requérante, avec un récépissé des biens reçus le cas échéant.

S'agissant d'une réquisition militaire, elle vise à pallier au profit des forces de défense l'insuffisance de leurs moyens ordinaires ; dans le même sens, une réquisition civile concourt à assurer les besoins des pouvoirs publics dans le cadre de la défense et en cas de calamité ou de grave accident.

D'une manière générale, le droit de réquisition est ouvert par le décret du Président de la République constatant une situation sécuritaire exceptionnelle (mise en garde, état d'urgence, mobilisation partielle ou générale, état d'exception). Toutefois, dans le cas des calamités naturelles, les chefs de circonscriptions administratives et les responsables des forces de sécurité peuvent requérir les personnes et les moyens nécessaires à l'organisation des secours. Le prix à payer, le cas échéant, dans le cadre de la réquisition, est supporté par l'État et non par l'autorité requérante.

La réquisition (civile ou militaire) est un acte administratif unilatéral qui fait abstraction tant du consentement du prestataire que de son accord sur le prix des prestations. Elle produit ses effets à l'égard du prestataire, de l'administration requérante, du bénéficiaire et des tiers (cf. art. 9 de la loi susvisée). (Voir également **protection civile***).

Est puni d'un emprisonnement de 01 à 06 mois et d'une amende égale au double de la valeur de la chose requise, tout individu qui, faisant l'objet d'une réquisition régulière, s'y refuse. En temps de guerre, la peine est doublée (al. 4 de l'article 10 de la loi susvisée).

398. Réquisition des forces

La **réquisition des forces** est l'ordre formel donné par l'autorité civile au commandant des troupes pour que ce dernier puisse résoudre un problème de maintien de l'ordre.

Il y a 3 types de réquisitions : **réquisition générale** (sans l'usage de la force), **réquisition particulière** (avec l'usage de la force, mais sans armes), **réquisition spéciale** qui comporte l'usage des armes.

399. Résidence

La **résidence** est le lieu où une personne vit réellement. Celle-ci peut parfois coïncider avec le domicile.

Pour certaines autorités publiques (comme les autorités préfectorales), l'occupation de la résidence officielle est d'astreinte, donc obligatoire.

S

400 . Salaire (SMIG)

1 - Le **salaire** est la rémunération du travailleur en échange du travail effectué ou devant être effectué, ou encore pour services rendus ou devant être rendus (cf. art. 61 de la loi n°92/007 du 14 août 1992 portant code du travail).

Les composantes du salaire sont : le salaire de base et les accessoires qui varient d'une structure à une autre. Ce sont par exemple les gratifications, les primes, les pourboires, les commissions et les avantages en nature qui sont régis par l'arrêté n° 19/MTLS du 27 mai 1969 fixant la composition de la ration journalière de vivres fournis aux travailleurs et sa valeur de remboursement.

2 - Le **SMIG** est l'acronyme de « salaire minimum interprofessionnel garanti » : il s'agit de la limite établie par l'État en dessous de laquelle il est interdit de fixer le salaire d'un employé quelle que soit la branche d'activité. Au Cameroun, le SMIG est de 36 270 francs CFA depuis juillet 2014 (cf. décret n°2014/2217/PM du 24 juillet 2014). Son non-respect est sanctionné par l'alinéa 12 de l'article R 370 du code pénal.

401 . Sceau (... de l'État, garde des ...)

Un **sceau** est un cachet officiel détenu par une autorité publique dont l'apposition sert à authentifier un acte ou une décision.

La fabrication des sceaux par les particuliers est réglementée (cf. décret n°82-130 du 19 mars 1982 fixant les modalités de fabrication des tampons à encre grasse en caoutchouc).

1 - Le **sceau de l'État** du Cameroun a été établi par la Constitution du 1er septembre 1961 (loi n°61-24 du 1er septembre 1961 portant révision constitutionnelle ...). Il se présente sous la forme d' « une médaille circulaire en bas-relief de 46 centimètres de diamètre, présentant à l'envers et en son centre le profil d'une tête de jeune fille tournée à dextre vers une branche de caféier à deux feuilles et jouxtée à senestre

par cinq cabosses de cacao avec en exergue, sous l'arc supérieur : « République ... du Cameroun » ».

2 - Le ministre de la Justice est celui qui garde le sceau de l'État ; d'où son appellation de **garde des Sceaux**.

402 . Scellés (pose de ..., bris de ...)

Les **scellés** sont un dispositif composé d'une bande d'étoffe ou de papier fixé au moyen d'un cachet de cire portant l'empreinte d'un sceau officiel sur un bien à sauvegarder ou sur un local dont on veut rendre l'accès impossible.

1 - La **pose des scellés** peut être effectuée sur ordre d'une autorité administrative, d'une autorité judiciaire ou fiscale.

2 - Le **bris des scellés** constitue un délit réprimé par l'article 191 du code pénal.

403 . Secrétariat général (... de ministère, ... de la Présidence de la République, ... des services de gouverneur)

Le **secrétariat général** d'une structure est généralement chargé d'assurer la gestion administrative de celle-ci sous la coordination de son exécutif.

1 - Le **secrétariat général de ministère** a été institué au Cameroun en 1965 en remplacement des cabinets ministériels (cf. décret n°65-DF-210 du 21 mai 1965 portant suppression des cabinets ministériels et créant dans chaque ministère un poste de secrétaire général). Toutefois, un ministère comme celui chargé des Relations avec les assemblées n'a pas de secrétariat général.

Le secrétariat général est dirigé par un secrétaire général qui est un haut fonctionnaire nommé par décret présidentiel. Son rôle est d'assurer, sous l'autorité du ministre, la coordination des activités de l'administration centrale et des services déconcentrés (le cas échéant) du ministère concerné.

En cas d'empêchement du secrétaire général, le ministre désigne un directeur, inspecteur général ou un autre responsable de haut niveau pour assurer l'intérim.

2 - Le **secrétariat général de la présidence de la République** est animé par un haut responsable nommé par décret du Président de la République. Il est le principal collaborateur du Chef de l'État sur le plan

de la gestion administrative de l'État et a généralement rang de ministre ou ministre d'État. Il dispose sous son autorité d'un groupe de hauts fonctionnaires : attachés, chargés de mission, conseillers techniques, etc.

3 - Le **secrétariat général des services du gouverneur de région** est animé par un haut fonctionnaire nommé par décret présidentiel et ayant rang et prérogatives de préfet. En cas d'empêchement ou d'absence du gouverneur, il le supplée de droit.

404 . Secret (... bancaire, ... défense, ... professionnel)

Un **secret** est une chose ou situation connue de peu de personnes et qui ne doit pas être révélée.

1 - Le **secret bancaire** est l'obligation de confidentialité à laquelle sont tenus les établissements de crédit par rapport aux actes qu'ils posent dans l'exercice de leur profession, aux informations et faits dont ils ont connaissance sur leurs clients qu'ils doivent préserver.

Le secret bancaire peut concerner entre autres, le niveau des avoirs déposés à la banque ou dans l'établissement de crédit, le montant des revenus, les opérations réalisées par un client.

Cette obligation concerne également toute personne qui a eu à participer, à la direction, à la gestion, au contrôle ou à la liquidation d'un établissement de crédit (cf. article 4 de la loi n°2003/004 du 21 avril 2003 relative au secret bancaire).

Il convient de préciser que l'obligation du respect du secret bancaire ne peut être opposée à une autorité publique dans l'exercice de ses fonctions, notamment les magistrats et les officiers de police judiciaire dans le cadre d'une procédure pénale, les services de sauvegarde de la fortune publique ou les responsables du fisc conformément aux dispositions du code général des impôts.

De même, cette disposition peut être levée par voie judiciaire s'agissant du tuteur d'un mineur ou d'un majeur incapable, d'un curateur, du mandataire d'un client ou avec un conjoint disposant des pouvoirs de représentation légale ou dans le cadre d'un compte commun.

2 - Le **secret-défense** est le devoir absolu de réserve pour toute information intéressant la sécurité et l'intégrité du pays. Même les parlementaires dans leur action de contrôle du gouvernement ne peuvent interroger ce dernier sur des questions frappées du sceau de « secret-défense » (cf. article 35 de la Constitution).

3 - Un **secret professionnel** est la discrétion absolue à laquelle sont tenues certaines professions vis-à-vis de leur clientèle ou de leur employeur, exception faite des informations livrées aux autorités publiques dans le cadre des enquêtes officielles (cf. article 310 du code pénal).

405 . Sécurité (… publique, … routière, ... sociale)

La **sécurité** est, d'une manière générale, l'absence de risque, de danger.

1 -La **sécurité publique** est la protection des citoyens dans leurs activités publiques ou privées. Un commissariat de sécurité publique est un service déconcentré de la délégation générale à la Sûreté nationale ; il est dirigé par un fonctionnaire de police, se situe au chef-lieu d'arrondissement ou de département et peut comprendre un ou plusieurs postes de police.

2 - La **sécurité routière** est l'ensemble de mesures mises en place par les pouvoirs publics en vue de prévenir ou de limiter les risques d'accidents de circulation routière. C'est le ministère en charge des questions de transport qui s'occupe de la prévention routière au Cameroun.

3 - La **sécurité sociale** est une forme d'organisation de la société qui, moyennant des contributions diverses, garantit les citoyens contre certains risques, notamment la maladie, les accidents de travail, la vieillesse, etc.

Au Cameroun, la sécurité sociale est gérée par la Caisse nationale de prévoyance sociale pour les travailleurs du secteur privé et parapublic, tandis que les agents publics sont pris en charge par le ministère des Finances.

406 . Sénat

Le **Sénat** a été institué au Cameroun par la révision constitutionnelle du 18 janvier 1996 (loi n°96-06 du 18 janvier 1996) en son article 20.

Cette institution qui représente les collectivités territoriales décentralisées comprend par région 10 sénateurs dont 07 élus et 03 nommés par le Président de la République.

Les sénateurs nommés ou élus dont la durée du mandat est de 05 ans doivent avoir 40 ans révolus à la date de l'élection ou de la nomination.

Le Président du Sénat est la 2e personnalité de l'État ; il est susceptible de succéder au Président de la République en cas de vacance du pouvoir. Dans ce cas, il est chargé d'organiser l'élection présidentielle à laquelle il ne peut se présenter (cf. al. 4 de l'article 6 de la loi susvisée).

Les premières élections au Sénat du Cameroun ont eu lieu le 14 avril 2013 par un scrutin semi-direct des conseillers municipaux aux chefs-lieux des départements.

407 . Séparation (... de corps)

La **séparation** est l'éloignement de deux personnes.

La **séparation de corps** est la mesure provisoire prise par un juge pour éloigner l'un de l'autre, deux conjoints dont les liens affectifs sont fragilisés. C'est une mesure qui précède souvent le divorce.

408 . Séquestre (administration ..., ... conventionnel, ... judiciaire)

Un **séquestre** est une catégorie de dépôt qui consiste, à confier auprès d'un tiers, la garde, soit d'un objet litigieux (jusqu'au règlement du litige), soit d'une chose offerte en garantie par un débiteur.

1 - Une **administration séquestre** peut provisoirement gérer un établissement d'enseignement privé par exemple. Il s'agit de la volonté des pouvoirs publics, en cas de défaillance constatée dans sa gestion, de prendre une mesure visant à ne pas léser les clients de ladite structure en la confiant à un administrateur séquestre.

2 - Un **séquestre conventionnel** est celui qui résulte d'un accord entre parties.

3 - Un **séquestre judiciaire** est celui qui est décidé par la justice, soit d'office, soit avec le consentement des parties.

409 . Serment

Un **serment** est dans un sens général, une promesse avant l'accomplissement d'un acte, ou l'engagement solennel pris par une autorité, un agent ou les membres de certaines professions de remplir fidèlement les devoirs de leurs charges.

Ainsi prêtent serment avant leur entrée en fonction : le Président de la République (cf. article 140 de la loi n°2012/001 du 19 avril 2012 portant code électoral), les magistrats, les officiers de police judiciaire à compétence spéciale, les médecins et infirmiers, les avocats et huissiers de justice, les agents d'hygiène dans les municipalités (cf. article 92 de la loi n° 2004/ 018 du 22 juillet 2004 fixant les règles applicables aux communes).

410 . Service d'hygiène

Dans une municipalité, le **service d'hygiène** est créé par le magistrat municipal pour assurer la police sanitaire dans la commune. Ce service est généralement coiffé par un fonctionnaire formé en génie sanitaire et mis à la disposition de la municipalité par le ministère de la Santé publique. Cet agent public prête serment avant son entrée en fonction.

411 . Session (... extraordinaire, ... ordinaire, ... de plein droit)

Une **session** est une période au cours de laquelle une assemblée délibérante peut, de par la loi, tenir ses séances pour exercer ses attributions.

1 - Une **session ordinaire** est celle qui est prévue aux mêmes périodes déterminées par la loi. À titre d'exemple, les chambres de l'Assemblée nationale et du Sénat se réunissent chaque année en 3 sessions ordinaires d'une durée maximum de 30 jours chacune, en juin, novembre et mars (cf. al. 3 de l'article 14 de la Constitution). S'agissant des communes, le conseil municipal se réunit en session ordinaire 1 (une) fois par trimestre pendant une durée maximale de 07 jours.

2 - Une **session ordinaire** est dite **de plein droit** lorsqu'elle est imposée par la loi et qu'il y a obligation pour tous de s'y conformer. C'est le cas par exemple de la session de l'Assemblée nationale ou du Sénat au cours de laquelle le président et les membres du bureau sont élus au début de chaque législature. Les conseils municipaux tiennent également chacun une session de plein droit en début de mandat au cours de laquelle sont élus les exécutifs municipaux. Cette session est convoquée par le représentant de l'État le 2e mardi suivant la proclamation des résultats.

3 - Une **session extraordinaire** est celle qui est convoquée dans l'intervalle des sessions ordinaires pour débattre des situations d'urgence. Pour l'Assemblée nationale, la session extraordinaire est convoquée à la demande du Président de la République ou d'un tiers de ses membres et porte sur un ordre du jour bien déterminé. Elle ne peut excéder 15 jours (cf. article 16 al. 3 de la Constitution)

412 . Signalisation routière

La **signalisation routière** est l'ensemble des moyens matériels et humains mis en place par les pouvoirs publics pour assurer une utilisation harmonieuse des voies de communication routière par les usagers. Il peut s'agir de la signalisation horizontale, de la signalisation verticale, ou des agents de prévention routière.

1 - La **signalisation horizontale** est constituée des marques visibles sur la route, à même le sol (ex. : **passage clouté***, ligne continue ou discontinue, etc.).

2 - La **signalisation verticale** placée au-dessus du sol est constituée des panneaux, des feux, bornes et balises.

L'action des agents de sécurité routière sur le terrain prévaut sur les indications figées des panneaux et autres signalisations routières.

413 . Signature (délégation de ...)

La **signature** est un signe habituellement reconnu par lequel une personne ou une autorité affirme être l'auteur d'une correspondance ou d'un document.

Pour une autorité, la signature d'un document ou d'un acte se fait dans le cadre d'une compétence formellement établie.

Dans le cadre d'une structure organisée, la **délégation de signature** est l'autorisation accordée à un collaborateur de signer des documents limitativement énumérés sous le contrôle de l'autorité délégante.

N.B. Une lettre sans signature n'a aucune valeur juridique.

414 . Silence

Le **silence** est généralement considéré comme une absence de réponse de l'Administration à une requête dont elle a été saisie.

Il y a des cas où le silence de l'Administration vaut acceptation, c'est-à-dire représente une réponse positive à la demande formulée. Par exemple, pour une déclaration d'association, le silence de l'Administration pendant les délais impartis vaut acceptation (cf. al. 3 de l'art. 7 de la loi n°90/053 du 19 décembre 1990 sur la liberté d'association).

Ce principe doit cependant être expressément stipulé dans le texte, car en droit, « qui ne dit mot ne consent pas forcément ».

415 . Société commerciale

Une **société commerciale** a pour objet d'affecter des biens en numéraire ou en nature, de l'industrie, en vue de partager les bénéfices ou dans le but de profiter de l'économie qui peut en résulter (cf. art. 4 de l'Acte uniforme OHADA relatif au droit des sociétés commerciales et du GIE adopté le 30 janvier 2014).

Une société peut être créée par deux ou plusieurs personnes sous forme de contrat devant notaire après les formes de publicité d'usage.

Une société commerciale peut également être créée sous forme d'un acte écrit par une seule personne appelée « associé unique » (cf. art. 5 de l'acte susvisé).

Selon le traité OHADA, les sociétés suivantes sont commerciales en raison de leur forme et quel que soit leur objet : société en nom collectif, société en commandite simple, société à responsabilité limitée, société anonyme, société par actions simplifiées.

La création se fait par adoption des statuts sous forme de signature d'un contrat devant notaire ou la signature de l'acte de volonté d'une seule personne en cas d'associé unique.

La dissolution se fait sous la même forme que la création.

La société peut prendre fin (cf. article 200 de l'Acte uniforme ci-dessus visé) :

1°) par l' expiration du temps pour lequel elle a été constituée ;

2°) par la réalisation ou l'extinction de son objet ;

3°) par l' annulation du contrat de société ;

4°) par décision des associés par rapport aux conditions prévues pour modifier les statuts ;

5°) par la dissolution anticipée prononcée par la juridiction compétente, à la demande d'un associé pour justes motifs, notamment en cas d'inexécution de ses obligations par un associé ou de mésentente entre associés empêchant le fonctionnement normal de la société ;

6°) par l'effet d'un jugement ordonnant la liquidation des biens de la société ;

7°) par toute autre cause prévue par les statuts.

416 . Subvention

Une **subvention** est une aide financière versée par les pouvoirs publics en faveur d'une œuvre ou d'un organisme public ou parapublic. Les sommes versées dans le cadre d'une subvention sont des fonds publics.

417 . Succession

Une **succession** est le fait pour une personne de prendre la place d'une autre, ou surtout la transmission légale ou testamentaire à une ou plusieurs personnes vivantes d'un patrimoine ou biens laissés par une personne décédée.

La **succession légale** ou « ab intestat » est celle qui est réglée par la loi.

La **succession testamentaire** est réglée en partie ou en totalité par le testament élaboré par le de cujus.

(Voir **jugement d'hérédité***)

418 . Suffrage (... universel, ... restreint, ... valablement exprimé)

Un **suffrage** est un vote émis, une voix lors d'une élection. C'est un choix expressément exprimé par un électeur, différent d'un **vote blanc*** ou d'un **bulletin nul***. L'ensemble des votes émis en faveur d'un candidat ou d'une liste à l'occasion d'une élection est donc le nombre de suffrages valablement exprimés en faveur de ce candidat ou de cette liste.

1 - Le **suffrage universel** est un système électoral où tout le monde peut ou doit voter si les conditions d'âge ou de non condamnation judiciaire sont remplies, sans tenir compte, ni de la fortune, ni de l'origine sociale, ni du sexe.

2 - *A contrario*, le **suffrage restreint** peut imposer des conditions de fortune, d'origine sociale ou autre pour pouvoir être électeur.

3 - Les **suffrages valablement exprimés** sont les votes émis en faveur d'un candidat, d'une liste ou d'un parti politique, en dehors des bulletins nuls ou des votes blancs.

À titre d'illustration, le **suffrage direct** des scrutins municipal, législatif ou présidentiel opéré par tous les électeurs s'oppose au **suffrage indirect** des sénatoriales effectué par les conseillers municipaux et les conseillers régionaux (cf. art. 222 du code électoral).

419 . Suite (droit de …)

Le **droit de suite** peut s'appréhender sous plusieurs aspects entre autres :

- Sur le plan du droit privé, le **droit de suite** peut être la possibilité dont dispose un créancier hypothécaire de saisir l'immeuble hypothéqué entre les mains d'un tiers acquéreur.

De même, c'est le droit dont disposent les auteurs d'œuvres d'art ou leurs héritiers, d'effectuer un prélèvement sur le prix de revente de leurs œuvres tant que celles-ci ne sont pas incorporées au domaine public.

- Sur le plan du droit international, le **droit de suite** est le droit reconnu aux agents d'un État de poursuivre et capturer en territoire étranger, les auteurs d'infractions à la loi pénale.

C'est également la prétention qu'évoquent les armées nationales pour pouvoir poursuivre les rebelles en territoire étranger.

420 . Suppléance (suppléant)

La **suppléance** est le remplacement provisoire d'une autorité compétente par une autre préalablement désignée par un texte.

Dans le cadre de certains postes électifs au Cameroun, sur une liste soumise au vote, on a autant de titulaires que de suppléants, tous élus dans les mêmes conditions. Par exemple à l'Assemblée nationale ou au Sénat, chaque poste titulaire est doublé d'un **suppléant**. Un suppléant ne peut remplacer un titulaire que sous certaines conditions ; celui-ci n'a aucun rôle actif à jouer tant que le titulaire est en place.

Dans ce cadre, un suppléant ne peut remplacer le titulaire que si celui-ci est promu à un autre poste incompatible avec le mandat de député ou de sénateur. Il faut d'ailleurs noter qu'en cas de décès, il est procédé aux élections partielles.

421. Surnom

Le **surnom** d'un individu est une appellation communément utilisée par le public pour désigner cet individu.

Le surnom n'a aucune valeur juridique ; cependant, il peut parfois être utilisé dans des documents administratifs afin de mieux identifier la personne dont il s'agit.

422 . Sursis à exécution

Un **sursis à exécution** est une procédure judiciaire qui vise à faire retarder l'exécution d'une décision administrative. Il peut aussi s'agir d'une partie qui veut faire appel d'une décision de justice dont elle demande la suspension de l'exécution.

423 . Syndicat

Un **syndicat** est une association de personnes exerçant la même profession, des métiers semblables ou des professions connexes en vue de la défense de leurs intérêts pour le progrès social, économique, culturel et moral de leurs membres (cf. article 3 à 15 de la loi n°92/007 du 14 août 1992 portant code du travail).

La demande d'enregistrement d'un syndicat doit porter la signature d'au moins 20 personnes pour un syndicat de travailleurs et d'au moins 05 personnes pour un syndicat d'employeurs.

Les travailleurs et les employeurs sont libres de s'affilier au syndicat de leur choix sans visée d'ingérence les uns envers les autres.

Un syndicat professionnel n'a d'existence légale qu'à partir du jour où un certificat d'enregistrement lui est délivré par le greffier des syndicats.

T

424 . Taxe (... sur la valeur ajoutée)

Une **taxe** est un prélèvement fiscal généralement destiné à financer l'exécution de certains services publics (ex. : taxe d'enlèvement des ordures dans certaines villes).

La **taxe sur la valeur ajoutée (TVA)** est un impôt indirect prélevé sur la consommation des biens et services et dont le montant payé par le consommateur final est reversé à l'État par les entreprises qui le perçoivent.

425 . Témoignage (faux ...)

Un **témoignage** est une déclaration officielle d'un tiers en vue d'éclairer le juge sur les faits litigieux.

Un **faux témoignage** est celui qui consiste à rapporter à la justice des faits inexacts dans le but d'influencer la décision de justice à venir. C'est un délit réprimé par l'article 164 du code pénal.

426 . Témoin (... à charge, ... à décharge)

Un **témoin** est une personne dont la présence sert de garant à un accord ou à un engagement (ex. : témoin de mariage).

Un **témoin** est également une personne qui expose sous serment les faits dont elle a connaissance. Toutefois, une personne régulièrement citée en justice et qui refuse, sans excuse valable, de comparaître ou de prêter serment ou de déposer peut se retrouver sous le coup de l'article 173 du code pénal.

1 - Un **témoin à charge** dans ce sens, est celui qui est entendu par les juges pour appuyer les éléments visant à faire condamner un prévenu ou un accusé.

2 - Un **témoin à décharge** est celui qui vise à innocenter un prévenu ou un accusé.

On parle aussi de **témoin oculaire** (qui a vu) ou de **témoin auriculaire** (qui a entendu).

427 . Terrorisme

Le **terrorisme** est, selon la définition de la loi n°2014/028 du 23 décembre 2014 portant répression des actes de terrorisme, tout acte ou menace d'acte susceptible de causer la mort, de mettre en danger l'intégrité physique, d'occasionner des dommages corporels ou matériels, des dommages aux ressources naturelles, à l'environnement ou au patrimoine culturel dans l'intention de :

a) intimider la population, provoquer une situation de terreur ou contraindre la victime, le gouvernement et/ou une organisation, nationale ou internationale, à accomplir ou à s'abstenir d'accomplir un acte quelconque, à adopter ou à renoncer à une position particulière ou à agir selon certains principes ;

b) perturber le fonctionnement normal des services publics, la prestation de services essentiels aux populations ou créer une situation de crise au sein des populations ;

c) créer une insurrection générale dans le pays.

N.B. Ladite loi prévoit la peine de mort à celui qui, à titre personnel, en complicité ou en coaction, commet un acte terroriste.

428 . Timbre (… communal, … fiscal, … poste)

Le **timbre** est une marque, parfois cachetée, parfois détachable qu'on appose sur un document ou acte pour justifier du paiement de la taxe perçue par les services de l'État. Son taux peut varier selon la dimension du papier, en fonction de la valeur de l'acte à authentifier, ou encore peut avoir un taux fixe (voir **légalisation***).

La valeur du timbre est fixée chaque année par la loi de finances. Toute personne qui fait usage d'un timbre déjà utilisé ou falsifié est passible d'une condamnation selon les termes de l'article 208 du code pénal.

Le législateur a exempté certains documents de la perception de cette taxe : - les contrats de travail - les dossiers de pension à la CNPS - les documents d'état civil à leur établissement (actes de naissance, de mariage ou de décès) - les actes judiciaires en matière électorale - les extraits d'acte de naissance nécessaires pour établir l'âge des électeurs et des candidats.

N.B. Bien qu'à leur établissement les documents d'état civil soient dispensés du droit de timbre, pour ces mêmes documents, les timbres fiscaux et communaux sont apposés sur les extraits et copies à certifier, sauf pour les cas limitativement énumérés ci-dessus.

1- Les **timbres communaux** sont mis à la disposition des communes par l'État pour être vendus au niveau des mairies au profit de celles-ci.

2- Les **timbres fiscaux** sont vendus dans les postes du Trésor, aux taux fixés par la loi.

3- Les **timbres-poste** sont émis par les services postaux ; ils comportent des valeurs différentes qui sont utilisées selon les spécifications au profit de l'administration postale pour l'affranchissement des courriers.

429 . Titre foncier

Un **titre foncier** est un document administratif qui a pour objet, la certification officielle de la propriété immobilière sur une parcelle de terrain du territoire national, au bénéfice de toute personne ayant satisfait dans le cadre de cette procédure aux conditions fixées par les lois et règlements en vigueur.

Le titre foncier s'obtient à travers plusieurs procédures qui dépendent de la qualité du demandeur (personne physique ou morale, personne privée ou publique, de nationalité camerounaise ou étrangère) et de la nature juridique du terrain concerné (domaine privé des particuliers, domaine privé de l'État, domaine public ou domaine national). Les procédures choisies ici intéressent particulièrement les personnes physiques sans distinction de sexe : immatriculation directe, concession, transactions immobilières privées, etc.

1 - L'**immatriculation directe** est selon les textes, « la procédure d'obtention du titre foncier à partir du **domaine national*** occupé ou exploité », ouverte aux seuls citoyens camerounais. Il s'agit des terrains occupés ou mis en valeur avant le 5 août 1974 qui marque l'entrée en vigueur de la réforme foncière par la publication de l'ordonnance n°74/1 du 06 juillet 1974.

La procédure d'immatriculation directe prévoit que le requérant (collectivité coutumière ou individu) présente un dossier (formulaires remplis et signés en 4 exemplaires dont l'original est timbré avec une photocopie ou copie d'un document d'identification) par parcelle de terrain occupée ou mise en valeur, à déposer à la sous-préfecture du lieu du terrain à immatriculer. Un récépissé signé du sous-préfet lui est remis.

Le sous-préfet transmet le dossier au chef du service départemental des affaires foncières qui présente le calendrier de descente sur le terrain de la commission consultative. Ce programme est confirmé par décision du sous-préfet.

Cette commission présidée par le sous-préfet comprend entre autres, le responsable départemental des affaires foncières, ceux du cadastre, des domaines, le chef traditionnel et 02 notables. Elle constate les mises en valeur, règle les litiges éventuels avec les voisins et dresse procès-verbal de ses travaux signé de tous les membres présents.

Le paiement des frais de bornage auprès du receveur des domaines permet que le dossier soit envoyé au délégué régional sous le couvert du délégué départemental du ministère en charge des domaines et des affaires foncières ; le dossier est ainsi transmis au chef du service régional des affaires foncières pour visa et publication de l'avis de clôture de bornage. S'il n'y a pas d'opposition, le dossier avec les plans visés par le chef du service régional du cadastre est transmis au conservateur foncier qui établit la propriété du requérant sur la parcelle concernée et l'inscrit ainsi dans le livre foncier ; en outre, il délivre au requérant une copie ou duplicatum généralement connu sous le nom de « **titre foncier** ».

N.B. Après examen et avis de la commission consultative, tout litige (opposition ou demande d'inscription de droit sans suite amiable) est réglé par arrêté du gouverneur de région territorialement compétent.

Le conservateur ne peut mettre en mouvement le régime juridique sur la publicité foncière en vue de la délivrance du titre foncier dans une procédure litigieuse qu'en exécution d'une décision (portant sur ledit litige) administrative ou judiciaire devenue définitive (cf. art. 6 du décret n° 76/165 du 27 avril 1976 fixant les conditions d'obtention du titre foncier).

2 - L'acquisition d'un terrain par voie de **concession** se fait quand l'État (par arrêté ministériel pour moins de 50 hectares et par décret présidentiel pour un terrain de plus de 50 hectares) autorise une personne qui le souhaite à occuper un espace du domaine national de 2e catégorie

pour le mettre en valeur pour une période de 05 ans. Cette acquisition se fait sur la base d'un contrat signé entre l'État et l'acquéreur avec un cahier des charges contenant des clauses résolutoires.

L'attribution définitive, qui est en fait l'annulation des clauses résolutoires, intervient par l'établissement d'un titre foncier après le constat de la réalisation des travaux proposés à l'État par la commission compétente présidée par le sous-préfet.

N.B. S'agissant d'un étranger et en cas de respect des clauses, la procédure se conclut par un bail emphytéotique d'une durée de 18 à 99 ans suivant une autorisation accordée par arrêté ou décret selon la superficie du terrain. Ce bail est susceptible d'hypothèque.

3 - Une **transaction immobilière privée** peut être la vente, la cession gratuite ou l'échange d'un immeuble entre particuliers (cf. art. 1 du décret n° 79-017 du 13 janvier 1979).

Toute personne titulaire d'un titre foncier peut décider de céder tout ou une partie de celui-ci à un tiers. Cette procédure, qui varie selon qu'elle concerne une personne de nationalité camerounaise ou étrangère, s'effectue devant notaire. Elle est appelée **mutation** lorsqu'elle concerne tout le titre foncier et **morcellement** ou démembrement lorsqu'il s'agit d'une parcelle du terrain titré.

L'établissement d'un **certificat de propriété*** auprès du conservateur foncier permet de vérifier si le titre en question est libre de toute hypothèque et qu'il peut faire l'objet d'une transaction régulière.

- Pour un Camerounais :

Dès lors que le consentement entre les parties amène le propriétaire à signer auprès du service compétent du cadastre un imprimé de demande de morcellement de son titre foncier, après l'exécution des travaux de terrain et le paiement des frais cadastraux, le dossier technique (plans et procès-verbal décrivant la parcelle concernée par la transaction) peut être remis aux deux parties qui se transportent chez le notaire territorialement compétent pour confirmer leur engagement par écrit.

L'acquéreur doit s'acquitter des frais d'enregistrement et de notaire pour permettre à ce dernier de saisir le conservateur pour la délivrance du titre foncier. Le dossier à produire par le notaire est composé de : copie originale du titre foncier, plans et PV de bornage de la parcelle, certificat d'urbanisme et d'accessibilité, acte notarié enregistré.

Cette même procédure s'applique à une personne ou un groupe de personnes possédant un titre foncier collectif voulant sortir de l'indivision, c'est-à-dire avoir un titre foncier en ses (ou leurs) noms. Il y a cependant obligation que tous les copropriétaires indivis signent le document de mutation auprès du notaire.

- Pour une personne de nationalité étrangère :

Un étranger désireux obtenir un titre foncier par morcellement se conforme à la procédure ci-dessus citée, à la seule différence que le terrain ne doit pas se trouver à une zone frontalière (art. 10 de l'ordonnance 74/du 06 juillet 1974 fixant le régime foncier).

En plus, l'acte notarié doit revêtir le visa du ministre en charge des affaires foncières pour les particuliers et celui du ministre des Relations extérieures pour les missions diplomatiques et consulaires et pour les organisations internationales.

4 - Les missions diplomatiques et consulaires, et les organismes internationaux peuvent avoir des propriétés foncières au Cameroun sous réserve du principe de réciprocité. Il leur suffit de saisir le ministre en charge des domaines sous couvert du ministre des Relations extérieures en déterminant clairement le but de l'opération et en joignant un plan du terrain sollicité.

L'attribution d'un espace du domaine national aux missions diplomatiques se fait par décret ; celui-ci permet la mise en mouvement du régime juridique sur la publicité foncière par l'établissement du titre foncier au nom de la structure bénéficiaire et n'entraîne pas l'aliénation des ressources du sous-sol dont la propriété appartient au Cameroun.

5 - Voir aussi **préemption*** (droit de ...), **mutation*** (droit de ...).

430. Titre minier

Un **titre minier** est une autorisation relative aux activités minières accordée à une personne physique ou morale par les autorités compétentes et inscrite dans le fichier du conservateur minier.

Le titre minier peut comporter les autorisations d'exploitation artisanale, les permis de reconnaissance ou de recherche, les permis d'exploitation.

Un titre minier peut donner lieu à une cession, un nantissement, un gage, une saisie, etc. (cf. art. 20 de la loi n°2001/001/du 16 avril 2001 portant code minier).

431 . Torture

La **torture** est la souffrance physique ou morale infligée à une personne pour obtenir des aveux ou quelque chose. L'obtention des aveux par la torture lors d'une enquête est une violation de procédure qui est sanctionnée par la nullité absolue. Celle-ci peut être évoquée à toute phase de la procédure par les parties (cf. art. 3 du code de procédure pénale).

432 . Tourisme (activité de ..., agence de ..., établissement de ...)

Le **tourisme** est l'ensemble des activités liées à l'organisation des voyages et des séjours d'agrément et de loisirs dans des sites ou établissements agréés. Il peut s'agir d'une agence de tourisme, d'un établissement d'hébergement ou d'un site touristique.

1 - Une **activité touristique** est toute activité commerciale qui concourt à la prestation d'hébergement, de restauration et/ou de gestion des voyages et sites touristiques (cf. art. 2 de la loi n°98/006 du 4 avril 1998 relative à l'activité touristique).

2- Une **agence de tourisme** est une entreprise créée en vue d'organiser et de vendre de façon habituelle des voyages, des séjours ainsi que toute activité s'y rattachant.

L'ouverture d'une agence de tourisme est subordonnée à l'obtention d'une licence d'exploitation délivrée par arrêté du ministre du Tourisme sur présentation d'un dossier comprenant 10 exemplaires dont un original et 09 (neuf) copies conformes des éléments suivants : demande timbrée, copie certifiée conforme de la carte nationale d'identité, du permis de séjour ou des statuts de la société, extrait de casier judiciaire n°3 du postulant, certificat d'inscription au registre du commerce, copie certifiée conforme de la carte de contribuable, copie certifiée conforme de l'attestation d'assurance, attestation de garantie financière délivrée par un établissement agréé, copies des diplômes ou de qualification professionnelle du gérant, copie du rapport des lieux présenté par le délégué régional du tourisme, copie du titre de propriété ou du contrat de bail d'une durée minimum de 05 ans du local devant abriter l'agence de tourisme.

Ledit dossier est déposé contre récépissé à la délégation régionale du tourisme du lieu du siège de l'agence avant de le transmettre avec avis motivé au ministre du Tourisme. Passé un délai de 60 jours, la licence est réputée accordée au postulant (cf. art. 18 du décret n°99/443 du 25 mars 1999 fixant les modalités d'application de la loi n°98/006 du 14 avril 1998 relative à l'activité touristique).

3- Un **établissement de tourisme** est une structure créée par une personne physique ou morale en vue de fournir au public des prestations d'hébergement, de restauration, de loisirs ou de détente.

L'ouverture au public d'un établissement de tourisme est autorisée par arrêté du ministre du Tourisme sur présentation d'un dossier en 10 exemplaires dont un original et 09(neuf) copies comprenant les pièces suivantes et déposé contre récépissé à la délégation régionale du tourisme du ressort : demande timbrée, copie certifiée conforme de la carte nationale d'identité, du permis de séjour ou des statuts de la société, numéro du registre du commerce, copie certifiée conforme de la carte de contribuable, copie certifiée conforme de l'autorisation de bâtir, dossier d'études techniques établi par un architecte agréé par l'ordre national des architectes.

L'autorisation d'ouverture d'un établissement de tourisme est délivrée à titre individuel, c'est-à-dire qu'elle ne peut être louée ou cédée à une tierce personne. Elle ne peut non plus être transférée à un autre local que celui pour lequel elle a été donnée.

433 . Transfert de corps

Le **transfert de corps** est le fait de déplacer un corps, du lieu où le décès a été constaté, vers un autre lieu pour l'y inhumer.

Ce déplacement doit être autorisé par décision du sous-préfet du lieu du décès lorsqu'il s'agit d'aller d'une commune à une autre à l'intérieur d'un même département, en cas de maladie non contagieuse et si la distance à couvrir doit dépasser 100 kilomètres. En deçà de cette distance, une attestation d'un médecin ou d'un infirmier suffit pour déplacer un corps à inhumer à l'intérieur d'un même département (cf. article 8 du décret n°74/199 du 14 mars 1974 portant réglementation des opérations d'inhumation, d'exhumation et de transfert de corps).

Lorsque le corps doit être transporté d'un département à un autre à l'intérieur du Cameroun, le préfet du lieu du décès doit autoriser, par arrêté, le transfert des restes mortels sur présentation d'un dossier comprenant :

- une demande sur papier timbré de transfert de corps présentée par un membre de la famille ou son représentant ;

- un certificat de genre de mort délivré par un médecin. Celui-ci doit attester que le décès est ou n'est pas consécutif à une maladie contagieuse telle que le choléra, la variole, la typhoïde, la méningite, la peste, la diphtérie, etc.

- un acte de décès ;

- un permis d'inhumer délivré par le médecin si la cause du décès n'est pas une maladie contagieuse.

434 . Transhumance

La **transhumance** dans l'élevage est une migration saisonnière d'un troupeau de bêtes pour rejoindre une zone de pâturage, généralement la plaine pendant la saison sèche (voir **passeport pour bétail***).

Les déplacements d'animaux d'élevage sont subordonnés aux autorisations des responsables en charge de l'élevage et doivent emprunter les pistes à bétail et itinéraires définis par le ministre de l'Élevage sur proposition des commissions départementales présidées par le Préfet et comprenant les représentants des services locaux de l'élevage, de l'agriculture, des domaines, des routes, des collectivités locales et coutumières.

435 . Transport mixte

Le **transport mixte** combine le transport des personnes et des biens dans des conditions différentes du transport public exclusif des personnes. Le véhicule concerné doit être spécialement aménagé pour assurer la sécurité des personnes à transporter. Ce mode de transport des personnes et des marchandises doit se faire sur autorisation du responsable compétent du ministère des Transports.

Le transport des personnes dans des véhicules de transport de marchandises, peut être sollicité et accordé pour une durée de 10 jours pour le transport occasionnel des membres d'une famille se rendant à une cérémonie ou à une réunion ; il peut aussi être accordé pour un an renouvelable pour le transport du personnel d'une entreprise dans un rayon de 10 kilomètres autour du lieu de travail (cf. arrêté n°003959/A/MTP du 23 juillet 1991 portant réglementation de l'aménagement et de l'exploitation des véhicules de transport en commun des personnes et des véhicules de transport mixte).

436 . Transport public

L'activité de **transport public** consiste à transporter dans un véhicule adapté, d'un lieu à un autre, des personnes ou des objets moyennant rétribution. Les tarifs à payer sont homologués par l'État (ministère du Commerce). On parle ainsi du transport en commun des personnes.

1- Un véhicule de transport urbain de personnes (taxi) doit avoir les documents suivants nécessaires à sa mise en service sous peine de payer une amende de trois mille francs CFA :

- carte de transport public (**carte bleue***) ;
- certificat de visite technique en cours de validité ;
- carte de stationnement de la mairie du lieu d'exploitation ;
- patente ;
- vignette automobile ;
- police d'assurance ;
- carte grise ;
- droit de timbre ;
- fiche des tarifs officiels.

En outre, le conducteur doit présenter son permis de conduire catégorie B, un permis spécial dit certificat de capacité et l'impôt libératoire.

2- Pour les cars et autobus dans le cadre du transport interurbain, il faut pour le véhicule, en plus de toutes les pièces ci-dessus énumérées :

- une boîte à pharmacie ;
- un extincteur ;
- les itinéraires empruntés.

Le chauffeur quant à lui doit avoir un permis de conduire de la catégorie D et l'impôt libératoire.

3- Pour les camions, sont nécessaires, toutes les pièces exigées pour les cars (sauf les itinéraires), en plus d'une taxe à l'**essieu*** demandée pour les camions de 7 tonnes au moins.

437 . Troubles (... de jouissance, ... dans le service)

Un **trouble** est un dérangement causé par une personne pour nuire à la société ou à un individu.

1 - Par **trouble de jouissance,** on entend la pénétration par un individu, dans les conditions de perturber la paix publique, dans les terres paisiblement occupées par autrui, même si ces terres lui appartiennent. La peine d'emprisonnement est de 15 jours à 1 an (cf. art. 239 du code pénal).

2 - Les **troubles dans le service** sont susceptibles d'être perpétrés par quelqu'un qui perturbe le fonctionnement d'un service auquel il est étranger (cf. art. 185 du code pénal).

U

438 . Uniforme

Un **uniforme** est un vêtement de coupe et de couleur réglementaires porté par divers corps organisés, soit en permanence, soit à des occasions précises.

Porter indûment l'uniforme militaire est un délit passible de poursuites judiciaires, sauf si cela est fait au cours d'un spectacle ou à l'occasion d'un jeu d'enfant (cf. articles 116, 218 et 221 du code pénal).

439 . Université

Une **université** est un établissement supérieur d'enseignement ou de recherche. Il y a des universités d'État, et des universités privées à l'instar de l'UCAC (Université catholique d'Afrique centrale) et l'Université protestante de Nanga-Eboko. Ces universités privées, au même titre que les universités d'État, délivrent des diplômes reconnus. L'entrée au premier cycle d'une université est accordée au titulaire du baccalauréat ou d'un diplôme équivalent (voir **enseignement supérieur***).

440 . Utilité publique (expropriation pour cause d'...)

1 - L'**utilité publique** est un statut particulier que l'État accorde à une institution ou à une opération pour le bien du public et qui entraîne de ce fait l'application d'un régime juridique particulier, voire exorbitant de droit commun.

Cette opération se traduit souvent par des actions précises, notamment la déclaration d'utilité publique, l'expropriation pour cause d'utilité publique, etc.

2 - L'**expropriation pour cause d'utilité publique** est une mesure exceptionnelle visant à aliéner au profit de l'État ou d'autres structures publiques, des propriétés foncières privées, pour la réalisation des projets d'intérêt général, par exemple la construction d'une route. Elle est prononcée par arrêté du ministre en charge des domaines et entraîne de

ce fait la mutation des titres fonciers concernés au profit de l'État ou de toute autre structure publique bénéficiaire. Cette procédure peut être initiée, soit par un département ministériel, soit par une collectivité publique décentralisée, un établissement public, une société à capital public ou un concessionnaire de service public.

Les personnes morales de droit public autres que l'État, avant de recourir à l'expropriation, doivent négocier avec les propriétaires concernés selon le régime des transactions immobilières privées. C'est en cas d'échec et si l'arbitrage du ministre chargé des domaines est infructueux que la procédure d'expropriation peut être engagée.

Le dossier constitué par le service demandeur à transmettre au ministre des Domaines comprend : - une demande assortie d'une note explicative indiquant l'objet de l'opération - une fiche dégageant les caractéristiques principales des équipements à réaliser en précisant la superficie approximative, le coût du projet avec les frais d'indemnisation, la date approximative de démarrage des travaux, les indications de l'imputation budgétaire des crédits d'indemnisation.

L'expropriation pour cause d'utilité publique donne droit, en principe, à une indemnisation préalable par l'État ou l'organisme bénéficiaire, après évaluation faite par une commission de constat et d'évaluation des mises en valeur compétente conformément aux dispositions de la loi n°85/09 du 04 juillet 1985 relative à l'expropriation pour cause d'utilité publique et aux modalités d'indemnisation et de son décret d'application n°87/1872 du 16 décembre 1987. La commission d'évaluation est présidée selon le cas par le ministre chargé des domaines, le gouverneur ou le préfet territorialement compétent et comprend les responsables techniques des domaines, du cadastre, de l'agriculture, des travaux publics, les autorités municipale et traditionnelle, le député concerné, etc. Ces travaux doivent s'inspirer de l'arrêté n°00832/Y.15.1/MINUH/D000 du 20 nov. 1987 fixant la base de calcul de la valeur vénale des constructions frappées d'expropriation pour cause d'utilité publique et du décret n°2003/418 PM du 25 février 2003 fixant les tarifs des indemnités à allouer au propriétaire victime de destruction pour cause d'utilité publique.

Le dossier d'évaluation produit par la commission permet au ministre des Domaines de préparer le décret présidentiel d'expropriation pour cause d'utilité publique et d'indemnisation.

L'indemnisation porte sur les terrains nus immatriculés, les cultures au taux en vigueur, les constructions acceptables et toutes autres mises en valeur constatées par la commission d'évaluation.

En cas de contestation du montant des indemnités fixées par la commission de constat et d'évaluation compétente, l'exproprié peut adresser une requête à l'administration chargée des domaines. S'il n'est toujours pas satisfait, il peut saisir le tribunal judiciaire compétent du lieu de situation de l'immeuble (cf. article 12 de la loi susvisée).

N.B. L'arrêté ministériel de déclaration d'utilité publique d'une zone donnée est suspensif de toute transaction, de toute mise en valeur, et de toute délivrance de permis de construire dans ladite zone. Toutefois, ledit arrêté devient caduc si au bout de 2 ans à compter de sa date de notification, il n'est pas suivi d'expropriation effective. Il peut tout de même être prorogé d'un an une seule fois par le ministre des Domaines.

V

441 . Vagabondage

Le **vagabondage** est le fait pour un individu de se retrouver dans un lieu public, sans pouvoir justifier ni d'un domicile certain ni des moyens de subsistance. Il s'agit d'une infraction réprimée par l'article 247 du code pénal.

442 . Vide juridique

Il y a **vide juridique** lorsque le juge chargé de juger une affaire ne trouve pas d'éléments de droit susceptibles de l'aider à statuer sur ladite affaire. Il est obligé de combler le vide juridique ainsi constaté pour éviter un déni de justice en s'inspirant des décisions prises par d'autres juridictions surtout supérieures dans des cas similaires. On parle ainsi de la **jurisprudence***.

Les chefs de circonscriptions administratives utilisent souvent le bon sens ou la coutume locale dans le cadre du règlement des conflits fonciers pour combler de tels vides.

443 . Viduité (délai de …)

Il s'agit d'un délai au cours duquel il est interdit à une femme veuve ou divorcée de se remarier pour prévenir des confusions de paternité relatives à une éventuelle grossesse. C'est un délai fixé à 180 jours (cf. art.77 de l'ordonnance n°81/002 du 29 juin 1981 portant organisation de l'état civil et diverses dispositions relatives à l'état des personnes physiques).

444 . Vignette (… auto)

1 - La **vignette**, qui est un impôt indirect, est un droit de timbre institué par la loi. Chaque année, la loi de finances spécifie les montants des vignettes selon les cas.

2 - La **vignette auto** est exigible pour tout véhicule automobile et engin à moteur à deux roues en circulation sur tout le territoire camerounais ; son montant varie selon la puissance de l'engin.

La vignette auto comporte trois parties : une souche, un volet détachable ou reçu à être présenté lors des contrôles routiers, une vignette ronde détachable et adhésive de nature à être collée sur le pare-brise de la voiture.

La non-présentation ou le défaut de paiement de la vignette constituent des contraventions (cf. art. 362 du code pénal).

445 . Ville

Une **ville** est une agglomération d'une certaine importance. Dans notre contexte, la ville correspond généralement au chef-lieu d'une unité administrative (région, département, arrondissement) quelle que soit sa taille.

La détermination du périmètre d'une zone urbaine se fait par décret présidentiel après avis d'une commission présidée par le préfet territorialement compétent et comprenant le sous-préfet, le maire de la commune concernée, un représentant du service local de l'urbanisme, un représentant du service local des domaines, un représentant du service local du cadastre, une notabilité locale.

Le dossier ainsi constitué sous la supervision du ministre en charge des domaines est transmis avec les plans y afférents à la Présidence de la République (cf. décret n°79/183 du 17 mai 1979 réglementant la délimitation des centres urbains).

446 . Viol

Le **viol** est une relation sexuelle imposée à une femme frauduleusement ou à travers des violences physiques ou morales par un homme qui n'est pas son époux (cf. articles 296 et 298 du code pénal).

Est irrecevable toute action en reconnaissance d'un enfant issu d'un viol (cf. al.3 de l'art. 43 de l'ordonnance 81/002 du 29 juin 1981 portant organisation de l'état civil et diverses dispositions relatives à l'état des personnes physiques).

447 . Violation de domicile

La **violation de domicile** est le fait pour un individu de s'introduire dans un domicile d'autrui sans en avoir qualité ou le mandat légal à cet effet.

Elle est punie conformément à l'article 299 du code pénal et est différente de la **perquisition***.

448 . Visa (... d'entrée au Cameroun, ... préalable)

Le **visa** est une mention portée sur un document par une autorité compétente pour lui reconnaître une certaine valeur ou pour qu'il produise des effets de droit.

Le **visa d'un passeport** autorise son titulaire à entrer dans le pays sollicité, sauf accord spécifique entre les deux pays.

1 - Le **visa d'entrée au Cameroun** est réglementé par la loi n°97/012 du 10 janvier 1997 fixant les conditions d'entrée, de séjour et de sortie des étrangers au Cameroun et son décret d'application n°2000/286 du 12 octobre 2000.

Les visas d'entrée au Cameroun sont accordés par les missions diplomatiques ou les postes consulaires compétents. Toutefois, en cas de non-représentation du Cameroun, les étrangers désireux d'y entrer peuvent soumettre leur dossier au poste de police frontalier ou d'immigration. En cas de refus du visa, notification en est faite au demandeur dans les 24 heures qui suivent le dépôt de la demande.

Il y a quatre catégories de visas d'entrée au Cameroun : le visa de transit, le visa de tourisme, le visa temporaire, le visa long séjour.

- Le **visa de transit** est accordé à l'étranger en transit et ne peut excéder 05 jours avec plusieurs entrées et sorties. Sa délivrance est subordonnée à la production de : un passeport ou tout autre titre de transport ayant une validité de 06 mois au moins, un billet d'avion jusqu'à la destination finale ou tout autre justificatif de voyage, un visa ou une autorisation d'entrée dans le pays de destination finale le cas échéant, des certificats internationaux de vaccination requis.

- Le **visa de tourisme** peut être individuel ou collectif. Il est délivré sur production de : un passeport ayant une validité de 06 mois au moins, un billet d'avion ou tout autre titre de transport valable jusqu'au Cameroun, des certificats internationaux de vaccination requis, la garantie de rapatriement ...

- Le **visa temporaire** peut être délivré sur présentation de : un passeport ou tout autre titre de transport ayant une validité de 06 mois au moins, un billet d'avion ou tout autre titre de transport circulaire, des certificats internationaux de vaccination requis, des justificatifs de l'objet de la visite et les justificatifs des moyens de subsistance suffisants pour la durée du séjour, un certificat d'hébergement (délivré par la personne qui s'engage à héberger le visiteur avec le visa du maire territorialement compétent, une invitation à une manifestation organisée sur le territoire national ou une réservation ferme d'hôtel) pour la durée du séjour, un ordre de mission pour les missions officielles.

• Le **visa long séjour** est subordonné à la production de : un passeport ou tout autre titre de transport ayant une validité de 06 mois au moins, un billet d'avion ou tout autre titre de transport valable jusqu'au Cameroun, des certificats internationaux de vaccination requis, la garantie de rapatriement, un contrat de travail dûment visé par le ministre du Travail pour les étrangers désireux d'exercer une activité salariale au Cameroun, selon le cas une autorisation d'exercer une profession quelconque ou d'être stagiaire ou étudiant(cf. article 30 du décret susvisé).

2 - Le **visa préalable** est celui que certaines autorités publiques, en tant que hiérarchie, doivent apposer sur des projets d'actes précis avant signature par l'autorité compétente (cas d'un arrêté ou décision que soumet un ministre au visa préalable du Premier ministre avant leur signature par ledit ministre).

Il s'agit aussi de l'approbation préalable par certaines autorités nommément désignées (préfets et gouverneurs de région) assurant la tutelle sur les collectivités territoriales décentralisées, des actes limitativement énumérés à signer par les magistrats municipaux par exemple (cf. article 70 de la loi n°2004/017 d'orientation de la décentralisation).

449 . Visite technique de véhicule

La **visite technique d'un véhicule** est un contrôle général de son état technique qui permet de s'assurer que celui-ci est en bon état de marche susceptible de ne pas mettre en danger la vie des passagers ou des passants. Elle est assurée par les services compétents du ministère des Transports ou par tout autre organisme agréé par l'État.

Tout véhicule automobile, toute semi-remorque et toute remorque sont soumis au contrôle technique selon une périodicité bien établie : - véhicule-école (tous les 3 mois) - tout véhicule servant au transport public de personnes (tous les 3 mois) - véhicule de transport de marchandises, camion ou camionnette (tous les 6 mois) - voiture de tourisme (tous les 12 mois) - véhicules spéciaux, engins mécaniques, matériels agricoles et engins de travaux publics (tous les 12 mois).

Pour les véhicules neufs mis en circulation, la première visite technique doit avoir lieu dans un délai maximum de : 3 ans pour les voitures de tourisme et 2 ans pour tous les autres véhicules.

Le défaut de présentation d'un certificat de visite technique en cours de validité d'un véhicule ou d'un engin entraîne le paiement d'une amende de 3.000 (trois mille) francs.

450 . Vote (bureau de ..., bulletin de ..., commission locale de ...)

Le **droit de vote** est la liberté qui permet à un citoyen, remplissant les conditions fixées par la loi (voir **incapacité électorale***), de participer au choix de ses représentants ou à la prise d'une décision. Le vote n'est pas obligatoire, mais il s'agit d'un devoir civique du citoyen.

La majorité électorale est de 20 ans au Cameroun, à condition d'être inscrit sur une liste électorale (voir **capacité électorale***).

Un électeur atteint d'une infirmité ou se trouvant dans l'impossibilité matérielle de voter peut se faire assister par un électeur de son choix, à condition que ce dernier soit lui-même inscrit sur la même liste électorale du bureau de vote et qu'il ne soit ni candidat ni mandataire de candidat ou d'un parti politique. En plus, il ne peut assister plus d'une personne le jour du scrutin (cf. article 105 du code électoral).

1 - Un **bureau de vote** est un espace aménagé avec isoloir, occupé par la commission locale de vote et qui sert de cadre aux opérations de vote pour environ 500 électeurs inscrits sur la liste électorale dudit bureau. Les bureaux de vote sont créés par le directeur général des élections (cf. article 96 du code électoral) à travers les arrondissements et les communes pour rapprocher les électeurs des endroits où ils doivent exercer leur droit de vote. Il est présidé par un président de la commission locale de vote qui assure la police du bureau de vote.

2 - Un **bulletin de vote** est un morceau de papier imprimé officiellement et représentant un candidat, une liste de candidats ou un parti politique à une élection. Dans une élection, il y a autant de spécimens de bulletins de vote que de candidats ou listes de candidats. Pour voter, tout électeur inscrit sur une liste électorale, après s'être fait identifier par la commission locale de vote, doit se diriger vers l'isoloir pour y mettre le bulletin de son choix dans une enveloppe prévue à cet effet, en secret, avant de venir la glisser dans l'urne placée devant tous les membres de la commission. Les enveloppes contenant ainsi les

bulletins déposés dans l'urne en faveur de tel candidat ou telle liste de candidats seront dépouillées et comptabilisées à la clôture du scrutin.

Dans certains pays, tous les candidats sont inscrits sur un bulletin unique par circonscription électorale, l'électeur se chargeant de choisir son candidat avant de glisser le bulletin dans l'urne.

3 - Au niveau de chaque bureau de vote se trouve une **commission locale de vote** (cf. article 54 du code électoral) présidée par un responsable désigné par l'organe chargé des élections. Cette commission dont la composition est constatée par décision du responsable départemental d'Elections Cameroon, comprend outre le représentant de l'Administration désigné par le sous-préfet territorialement compétent, un représentant de chaque candidat, liste des candidats ou parti politique. En plus, 4 scrutateurs parmi les électeurs inscrits sur la liste du bureau de vote concerné, sont désignés au moment du dépouillement du scrutin.

Z

451 . Zone de chasse ou **zone cynégétique** (voir **Faune***, **Guide de chasse***)

Une **zone de chasse** est toute aire protégée réservée à la chasse et dans laquelle tout acte de chasse est subordonné au paiement d'un droit dont le montant est fixé par la loi de finances.

Aucun acte de chasse ne peut y être pratiqué contre les espèces intégralement protégées.

452 . Zone franc

La **zone franc** est définie par *Le lexique de termes juridiques Dalloz* comme la zone monétaire regroupant autour de la République française, l'ensemble géographique des États ayant en commun l'usage d'une monnaie, le **franc CFA***.

453 . Zone franche (... industrielle)

1 - Une **zone franche** est une partie du territoire national qui, bien que restant sous la responsabilité politique de l'État, est soustraite aux règles douanières et commerciales en vigueur dans cet État. Le texte de base de la zone franche est l'ordonnance n°90/001 du 29 janvier 1990 créant le régime de la zone franche au Cameroun.

2 - Le régime de **zone franche industrielle** et de **point franc industriel*** vise à encourager les investissements privés dans notre pays. La zone franche industrielle correspond à une aire géographique délimitée et clôturée avec un accès contrôlé ; le régime de la zone franche s'applique autant sur la zone concernée que sur les entreprises y implantées.

Les entreprises de la zone franche industrielle et du point franc industriel doivent être à vocation exclusivement exportatrice sauf dérogation spéciale prévue aux articles 15 et 21 de la loi n°90/031 du 10 août 1990 régissant l'activité commerciale au Cameroun.

Conclusion

Dans nos pays en construction, la gouvernance est un idéal. Toutes les personnes de bonne foi devraient s'en préoccuper et participer à sa mise en œuvre.

Profiter de l'ignorance des citoyens ou des populations pour les spolier ou porter atteinte à leurs droits, est un exercice malsain se situant aux antipodes des missions de tout service public.

La formation civique, la maîtrise du fonctionnement des institutions, la connaissance des droits et des obligations de tous, sont à encourager dans un environnement où la conscience professionnelle n'est pas la chose la mieux partagée et où règne parfois l'illettrisme. La démocratie à bâtir est au prix de la pleine connaissance des droits des citoyens qui leur permette ainsi de participer à la vie de la communauté. Il est question d'assumer sa citoyenneté, non seulement en participant à la vie politique notamment au choix des dirigeants ou des représentants, mais en maîtrisant autant que possible les éléments relatifs à la vie entre les membres de la société, et ceux nécessaires à l'interaction de l'État avec le citoyen.

Ces droits, convient-il de le rappeler, ont fait l'objet de nombreux combats à travers les âges, sous nos cieux ou ailleurs. Il est question de donner raison à tous ces pionniers en leur prouvant que leurs luttes n'ont pas été vaines.

Bibliographie sommaire

i. Ouvrages

- Hilarion Alain Bitsamana, *Dictionnaire du droit OHADA*.

- Me Boubou Pierre, *Le droit à la portée de tous*, tome 1(Avenir 1998) et tome 2 (Sopecam 1991).

- Brunet Roger, Ferras Robert, Thery Hervé, *Les mots de la géographie dictionnaire critique*, Collection Dynamiques du territoire ;

- Furois Sylvie, *Le Dico du citoyen*, Éditions LES DICOS ESSENTIELS Milan, 1998.

- Guiffo Mopo, Jean-Philippe, *Le Cameroun de toujours*, Éditions de l'Essoah.

- Kamto Maurice, *Droit administratif processuel du Cameroun*, Presses universitaires du Cameroun, 1990.

- Mbarga Gervais, *Le drapeau du Cameroun*, L'Harmattan 2014.

- Mendelsohn Didier, *Les 1000 questions-clés en matière administrative, juridique et fiscale*, Editions De Vecchi Paris 1974.

- Mvongo Grégoire, *Autorités administratives et cérémonies publiques au Cameroun* L'Harmattan 2011.

- Ndong Godfroid, *Le répertoire chronologique de l'histoire du Cameroun*, Les Grandes Éditions, 2006.

- Noah Manga Léon, *Pratiques des relations du travail au Cameroun*, édit. L'Harmattan 2010.

- Olama Omgba François, *Le guide pratique des formalités administratives et juridiques du Cameroun*, Édition Imprimerie nationale du Cameroun.

- Ombiono Siméon, *Textes et lois relatifs à l'état des personnes*, Collection Documents juridiques (2e édition).

- Weshiba David, *Droit des usagers et nouvelle pratique de la police judiciaire*, Sopecam, 2009.

ii. Autres documents

- *Les 100 questions de l'usager*, ministère des Domaines et des Affaires foncières, 2008.

- *Recueil des textes en vigueur en matière de prévention et de sécurité routières au Cameroun*, ministère des Transports.

- *Encyclopédie juridique de l'Afrique*, Les Nouvelles Éditions Africaines, 1982.

- *Glossaire des termes utilisés dans la loi forestière de 1994* (Ministère des Forêts et de la Faune).

- *Recueil des textes juridiques et de la jurisprudence en matière de Fonction publique* (tomes 1, 2, 3), 2008.

- *Recueil des textes sur les transports routiers au Cameroun*, vol 1 et 2, par Hubert Ngabmen.

- *Lexique pratique commercial* par CIDA, Regif.

- *Droits et libertés*, Sopecam, décembre 1990.

TABLE DES MATIÈRES

Le Cameroun aux éditions L'Harmattan

Dernières parutions

PROFILS ET PRATIQUES D'ENTREPRENEURS CAMEROUNAIS
Expériences et témoignages
Kamdem Emmanuel - Avec la collaboration de Raphaël Nkakleu
Cet ouvrage présente des monographies d'entreprises effectuées au Cameroun, dans le but de mieux connaître l'organisation et le fonctionnement des PME. Il est le résultat d'une étude de terrain menée auprès des différents acteurs impliqués dans la création et la gestion des entreprises. Les différentes expériences entrepreneuriales camerounaises présentées dans cet ouvrage invitent à relativiser ces images et à penser qu'un tel diagnostic peut et doit être revisité. L'ouvrage propose également un cadre de modélisation de l'évolution de la PME camerounaise.
(Coll. Diversité culturelle et dynamique des organisations, 25.50 euros, 246 p.)
ISBN : 978-2-343-03731-8, ISBN EBOOK : 978-2-336-37950-0

L'AUTONOMIE FINANCIÈRE DANS LA MISSION D'ÉVANGÉLISATION DE L'ÉGLISE EN AFRIQUE
Le cas du Cameroun
Ngono Honorine - Préface de Mgr Joseph Atanga
Les Églises d'Afrique connaissent des difficultés dans la réalisation de la mission d'évangélisation, dont la principale est la prise en charge financière des besoins pastoraux. Face à cette situation, l'auteur propose ici quelques orientations pastorales telles que penser et construire l'autonomie financière de l'Église, revitaliser les structures de gestion des diocèses, renforcer la communion des fidèles et planifier la gestion des ressources.
(Coll. Églises d'Afrique, 39.00 euros, 408 p.)
ISBN : 978-2-343-06180-1, ISBN EBOOK : 978-2-336-37687-5

LA PRATIQUE DU CONTRÔLE FISCAL DES PRIX DE TRANSFERT DANS L'ESPACE CEMAC
Le cas du Cameroun
Ayangma Ayangma Joseph - Préface de Pierre Alaka Alaka
L'appartenance à un groupe de sociétés confère des privilèges dont les prix de transfert sont l'illustration majeure. L'administration fiscale camerounaise doit donc être précautionneuse face aux flux intergroupes car il y a souvent manipulation frauduleuse des prix de transfert. Le Cameroun a initié, à l'instar des autres États de la CEMAC, des dispositifs juridiques de contrôle. Ce dispositif en chantier et inabouti est de nature ambivalente au regard de son caractère national et transnational.
(Harmattan Cameroun, 37.00 euros, 364 p.,)
ISBN : 978-2-343-04069-1, ISBN EBOOK : 978-2-336-37410-9

LE NATIONALISME CAMEROUNAIS DANS LES PROGRAMMES ET MANUELS D'HISTOIRE
Segnou Etienne
Préface d'Albert Mandjack - Postface de Ferdinand Chindji-Kouleu
Plus de 50 ans après les faits, un ouvrage tente d'étudier scientifiquement ce qu'on enseigne aux élèves et étudiants camerounais sur l'histoire de la lutte indépendantiste, au Cameroun, ainsi que sur celle de toutes les luttes anticolonialistes dans ce pays. Dans les programmes et manuels

d'histoire, le nationalisme camerounais est occulté, présenté de façon vague. L'histoire du nationalisme camerounais renferme des faits qui, s'ils étaient connus de la jeunesse camerounaise, pourraient ébranler les fondements de l'État camerounais.
(Harmattan Cameroun, 38.50 euros, 392 p.,)
ISBN : 978-2-343-04706-5, ISBN EBOOK : 978-2-336-37361-4

DOUALA ET LA RÉPARTITION SPATIALE DES ENTREPRISES
Polarisation et fragmentation
Essombe Edimo Nya Bonabebe Jean-Roger - Préface de Bernard Pecqueur
Cet ouvrage se veut une introduction à la compréhension de l'économie de la ville de Douala, à travers les mutations spatiales à l'œuvre sur ce territoire et sous l'effet des dynamiques de localisation des entreprises en son sein. L'analyse est proposée en intégrant les questions vives de l'économie territoriale (attractivité territoriale, mondialisation, compétitivité...) et en interrogeant le rôle des acteurs situés (privés et publics) pour le développement futur de la ville.
(Harmattan Cameroun, 29.00 euros, 280 p.)
ISBN : 978-2-343-05701-9, ISBN EBOOK : 978-2-336-37402-4

JOSEPH CUNIBERT NKONDONGO OBAMA
Héraut de l'éducation (1913-1980)
Yumbi Protais – Préface de Jean Paul Messina – Postface de Bienvenu Obama
Cette biographie retrace le parcours atypique d'un homme, héraut de l'éducation et du christianisme social au Cameroun, dont l'existence et l'œuvre sont reléguées aux oubliettes. Pourtant, il a marqué de son empreinte indélébile la vie de plusieurs générations et l'activité socioéducative au Cameroun, dépendant et indépendant. Cet ouvrage constitue un devoir de mémoire et un hommage mérité, car un proverbe dit que «celui qui a planté un arbre avant de mourir, n'a pas vécu inutilement».
(Harmattan Cameroun, 16.50 euros, 160 p., , Illustré en noir et blanc)
ISBN : 978-2-343-05885-6, ISBN EBOOK : 978-2-336-37421-5

MIGRATION CHINOISE ET DÉVELOPPEMENT AU CAMEROUN
De Prince Pokam Hilaire
Cette étude vise à explorer le rôle de la migration chinoise dans le processus de développement depuis l'établissement des relations diplomatiques entre le Cameroun et la République populaire de Chine. Les migrants chinois au Cameroun créent avec le pays d'origine et le pays d'accueil une structure sociale triangulaire dynamisée par leurs multiples activités et contribuent à la réussite de la stratégie «gagnant-gagnant-gagnant». Ils sont à la fois acteurs, effets et enjeux de la mondialisation.
(Coll. Études africaines, série Économie, 12.50 euros, 106 p.)
ISBN : 978-2-343-05606-7, ISBN EBOOK : 978-2-336-37206-8

COMMUNICATION ET ENTRAIDE ENTRE MORTS ET VIVANTS EN AFRIQUE
L'exemple des Maka du Cameroun
Tchouand Mpa John Tomy - Préface d'Eugène Booh Bateng
Cet ouvrage essaie de montrer en quoi la communication cachée, «crypto-communication», peut constituer un vecteur d'entraide entre morts et vivants chez les Maka du Cameroun. À cet effet, une analyse, fondée sur le structuro-fonctionnalisme, l'ethnométhodologie et l'approche dynamiste, a permis de mettre en relief la philosophie existentielle, l'économie communicative et l'entraide entre les morts et les vivants au sein de l'ethnie Maka.
(Coll. Harmattan Cameroun, 15.50 euros, 152 p.)
ISBN : 978-2-343-05500-8, ISBN EBOOK : 978-2-336-37139-9

LE VAMPIRISME DES ENTREPRISES CAMEROUNAISES
Un frein à l'émergence
Verla Fonkika Dinven
Le vampirisme des entreprises camerounaises ne se limite pas aux seules activités économiques ou à leur rapport avec l'État. En réalité, elles vont jusqu'à aspirer la richesse des populations qui

sont expropriées de leurs terres et de leurs ressources. Quand bien même ces populations sont embauchées dans les entreprises, elles perçoivent des salaires dérisoires. Ce livre décrit tout en la décriant la situation dans laquelle des entreprises sans scrupules mettent en péril le projet d'émergence du Cameroun.
(Coll. Harmattan Cameroun, 13.00 euros, 112 p.)
ISBN : 978-2-343-05496-4, ISBN EBOOK : 978-2-336-37189-4

UN BÂTISSEUR DE RÊVES
Récit de vie
Walch-Virgili Dominique
C'est au cours d'une mission au Cameroun que Dominique Walch-Virgili a rencontré Pierre-Blaise Ango. Cet homme hors du commun est un *leader* inédit du développement agricole africain. Destiné par son grand-père à devenir chef de village traditionnel du centre-est du Cameroun, son parcours atypique l'a conduit à occuper des postes à responsabilité. Sa force : n'avoir jamais renié ses origines et ses valeurs. Cet ouvrage retrace son parcours et sa philosophie.
(22.00 euros, 224 p., Broché, Illustré en noir et blanc)
ISBN : 978-2-343-05713-2, ISBN EBOOK : 978-2-336-37283-9

L'ÉDUCATION AU CAMEROUN, ENTRE CRISES ET AJUSTEMENTS ÉCONOMIQUES
Fozing Innocent
Cet ouvrage procède à la mesure des paramètres du développement éducatif, de rendement scolaire et des possibilités d'insertion des jeunes issus du système éducatif dans les secteurs productifs de l'économie nationale en période d'ajustement économique. Puis il en tire des enseignements de politique éducative dans une perspective d'engagement du système éducatif dans une dynamique de contribution réelle au processus de développement économique et social du Cameroun.
(Coll. Éducations et sociétés, 23.00 euros, 220 p.)
ISBN : 978-2-343-05076-8, ISBN EBOOK : 978-2-336-37183-2

SPECTACLES VIVANTS AU CAMEROUN
De la production à l'organisation d'une tournée
Bizo Aimey, Clerget Marie-Anne
Ce guide richement illustré met à disposition des conseils, des techniques et des méthodes utiles à la production et à l'organisation d'un spectacle au Cameroun et à l'entrepreneuriat de sa tournée sur un plan local et international : démarches administratives pour l'obtention des autorisations et des visas, méthodes techniques et de financement de la production, de la diffusion et de l'administration d'un spectacle ou d'une tournée, exemples de fiches, de contrats et de budgets...
(35.00 euros, 376 p.)
ISBN : 978-2-343-04443-9, ISBN EBOOK : 978-2-336-37223-5

DIDATTICA DELL'ITALIANO
Livello 1
Bikitik Mathias Hyppolite
Questo libro è destinato agli alunni di classe di 4ème. È il primo di una serie di cinque, per ogni classe della 4ème alla Terminale. (Ouvrage entièrement en Italien.)
(Coll. Harmattan Cameroun, 20.00 euros, 116 p.)
ISBN : 978-2-343-05366-0, ISBN EBOOK : 978-2-336-37123-8

THÉORIE ET PRATIQUE DU COURS ENTRE PÉDAGOGIE ET DIDACTIQUE
Traité de didactique générale à l'usage du normalien
Mbia Claude Marie
La volonté politique d'amélioration du taux d'alphabétisation au Cameroun a entraîné une véritable inflation de la diffusion pédagogique des savoirs, au point que beaucoup perçoivent et conçoivent la fonction pédagogique non pas comme un métier qui s'apprend mais davantage comme une activité relevant du bricolage ou de l'improvisation. Ce traité voudrait contribuer à faire des

amateurs de l'enseignement d'aujourd'hui de véritables professionnels de la communication des savoirs de demain.
(Coll. Enseignement et éducation en Afrique, 15.50 euros, 152 p.)
ISBN : 978-2-343-05813-9, ISBN EBOOK : 978-2-336-37204-4

L'ADAMAOUA TRÉSORS CULTURELS ET PATRIMONIAUX (Tome 1)
Peuples, traditions et identités culturelles
Hermenegildo Adala - Préface d'El Hadj Hamoa Hamatoukour
Arabes Choa, Dii, Gbaya, Kaka, Kwanja, Mboum, Foulbé, Mbororo, Nyem-Nyem, Pérè, Tikar, Vouté, Wawa, etc., chacun de ces peuples est mis ici en valeur à travers ses originalités et spécificités propres. Aujourd'hui, dans un contexte d'institutionnalisation de la diversité culturelle et de la culture de la tolérance, chaque groupe s'implique dans la valorisation de sa culture. Une vériable dynamique culturelle habite les peuples de l'Adamaoua.
(Coll. Harmattan Cameroun, 23.00 euros, 220 p.)
ISBN : 978-2-343-04701-0, ISBN EBOOK : 978-2-336-36873-3

L'ADAMAOUA TRÉSORS CULTURELS ET PATRIMONIAUX (Tome 2)
Sites naturels et culturels, personnages de légendes
Hermenegildo Adala
Détaillé et documenté, cet ouvrage constitue une invite à un voyage à travers cette partie du Cameroun, pour découvrir le mystérieux lac Tison, dans les environs de Ngaoundéré, le lac sacré Sem-Sem des rois tikar à Bankim, les gigantesques et tumultueuses chutes de Lancrenon, la source thermale de Wouldé, les sources de la Sanaga près de Meiganga, le «fauteuil des singes» à Tignère, etc, une «malle au trésors» naturels et culturels avec ses personnages de légende.
(Coll. Harmattan Cameroun, 25.00 euros, 240 p.)
ISBN : 978-2-336-30974-3, ISBN EBOOK : 978-2-336-36874-0

ÉCOLES RURALES ÉLECTRONIQUES EN LANGUES AFRICAINES
Expérimentation au Cameroun et orientation politique panafricaine
Sous la direction de Maurice Tadadjeu
Voici un point sur l'expérimentation singulière, mais ambitieuse, de l'informatisation de l'enseignement des/en langues locales dans les écoles rurales africaines. La première partie décrit l'expérimentation de la phase pilote d'écoles rurales électroniques (ERELA) dans quelques langues camerounaises, puis en dégage les leçons et les perspectives, tandis que la deuxième partie présente l'orientation politique panafricaine d'ERELA.
(Coll. Harmattan Cameroun, 28.00 euros, 268 p.)
ISBN : 978-2-343-05029-4, ISBN EBOOK : 978-2-336-36967-9

L'APPROCHE PAR COMPÉTENCES
L'enseignement de l'histoire au Cameroun
Nkoumou Melingui Christian Georges
Aujourd'hui, l'enseignement et l'apprentissage de l'histoire au secondaire sont l'objet de profondes transformations. La révision des programmes d'études maintenant axés sur le développement des compétences oblige à concevoir l'apprentissage différemment et impose de nouvelles exigences. Ce livre témoigne de ces transformations, tout en permettant de faire le point sur le débat qui traverse l'introduction de l'approche par compétences dans le secondaire.
(Coll. Enseignement et éducation en Afrique, 24.00 euros, 240 p.)
ISBN : 978-2-343-05368-4, ISBN EBOOK : 978-2-336-36905-1

L'Harmattan Italia
Via Degli Artisti 15; 10124 Torino
harmattan.italia@gmail.com

L'Harmattan Hongrie
Könyvesbolt ; Kossuth L. u. 14-16
1053 Budapest

L'Harmattan Kinshasa
185, avenue Nyangwe
Commune de Lingwala
Kinshasa, R.D. Congo
(00243) 998697603 ou (00243) 999229662

L'Harmattan Congo
67, av. E. P. Lumumba
Bât. – Congo Pharmacie (Bib. Nat.)
BP2874 Brazzaville
harmattan.congo@yahoo.fr

L'Harmattan Guinée
Almamya Rue KA 028, en face
du restaurant Le Cèdre
OKB agency BP 3470 Conakry
(00224) 657 20 85 08 / 664 28 91 96
harmattanguinee@yahoo.fr

L'Harmattan Mali
Rue 73, Porte 536, Niamakoro,
Cité Unicef, Bamako
Tél. 00 (223) 20205724 / +(223) 76378082
poudiougopaul@yahoo.fr
pp.harmattan@gmail.com

L'Harmattan Cameroun
BP 11486
Face à la SNI, immeuble Don Bosco
Yaoundé
(00237) 99 76 61 66
harmattancam@yahoo.fr

L'Harmattan Côte d'Ivoire
Résidence Karl / cité des arts
Abidjan-Cocody 03 BP 1588 Abidjan 03
(00225) 05 77 87 31
etien_nda@yahoo.fr

L'Harmattan Burkina
Penou Achille Some
Ouagadougou
(+226) 70 26 88 27

L'Harmattan Sénégal
10 VDN en face Mermoz, après le pont de Fann
BP 45034 Dakar Fann
33 825 98 58 / 33 860 9858
senharmattan@gmail.com / senlibraire@gmail.com
www.harmattansenegal.com

L'Harmattan Bénin
ISOR-BENIN
01 BP 359 COTONOU-RP
Quartier Gbèdjromèdé,
Rue Agbélenco, Lot 1247 I
Tél : 00 229 21 32 53 79
christian_dablaka123@yahoo.fr

Achevé d'imprimer par Corlet Numérique - 14110 Condé-sur-Noireau
N° d'Imprimeur : 133854 - Dépôt légal : novembre 2016 - *Imprimé en France*

www.ingramcontent.com/pod-product-compliance
Lightning Source LLC
LaVergne TN
LVHW011310061026
849535LV00005B/1483